行走 发现

——北京教育科学研究院通州区第一实验小学优秀教学设计集锦

实施发现教育，培育多元之才

主 编◎陈金香　副主编◎林蕊馨

人民日报出版社

图书在版编目（ＣＩＰ）数据

行走　发现：北京教育科学研究院通州区第一实验小学优秀教学设计集锦／
陈金香主编. -- 北京：人民日报出版社, 2019.3
ISBN 978-7-5115-5906-7

Ⅰ.①行… Ⅱ.①陈… Ⅲ.①小学—教学设计 Ⅳ.
①G622.0

中国版本图书馆CIP数据核字(2019)第058601号

书　　名：行走　发现：北京教育科学研究院通州区第一实验小学优秀教学设计集锦
主　　编：陈金香

出 版 人：董　伟
责任编辑：万方正
封面设计：贺　迪

出版发行：人民日报出版社
社　　址：北京金台西路2号
邮政编码：100733
发行热线：（010）65369527　65369846　65369509　65369510
邮购热线：（010）65369530　65363527
编辑热线：（010）65369533
网　　址：www.peopledailypress.com
经　　销：新华书店
印　　刷：北京盛彩捷印刷有限公司

开　　本：710mm×1000mm　1/16
字　　数：277千字
印　　张：18
印　　次：2019年4月第1版　　2019年4月第1次印刷

书　　号：ISBN 978-7-5115-5906-7
定　　价：54.00元

CONTENTS

第一章　语文篇

第二章　数学篇

第三章　英语篇

第四章　品德与社会篇

第五章　科学与信息技术篇

Chapter

01

第一章

语文篇

《卖木雕的少年》教学设计

赵雅娟

一、教学背景与设计

学科	语文	所用教材	北京市义务教育课程改革实验教材第7册	任课教师	赵雅娟	年级	四年级
课题			《卖木雕的少年》				
本课教材分析			1.内容 　　本课是北京版课程改革实验教材第七册第七单元第三篇课文，本节课为第二课时。文本讲的是一位非洲少年对中国人民的友谊，写"我"到非洲旅行时，想买一个非洲木雕做纪念，又担心路途遥远，木雕沉重，只好放弃了这个打算。为了不让"我"带着遗憾离开非洲，卖木雕的少年送给我一个方便携带的一模一样的小木雕。本课感情真挚，耐人寻味。引导学生通过人物的语言和动作揣摩人物的内心活动，感受少年美好心灵和对中非两国的深厚友谊。 2.地位 　　本单元的四篇课文均是赞扬人物美好心灵的文章，目的是使学生受到爱的熏陶，体会美好心灵给他人带来的温暖，树立真善美的人生观。纵观几篇课文，都是通过叙事来表现对人物形象的塑造，从而感受人物的内心世界。在学科核心素养领域中既有语言建构与运用，也有思维发展与提升。通过多种思维方式的综合运用，获得对语言和文学形象的直觉体验，丰富自己的感受与理解；通过观察、分析、归纳、推理、批判等方式，形成自己对现实生活和历史文化的认识。				

学科	语文	所用教材	北京市义务教育课程改革实验教材第7册	任课教师	赵雅娟	年级	四年级
课题			《卖木雕的少年》				

本课教材分析	3.价值 　　当代人的发展需要不断吸取全人类的智慧，本课通过课前预习探究，课上研讨以及课后延伸，培养学生可持续学习能力，为今后的长久学习而服务。通过收集筛选资料使学生体会中国与非洲人民的关系、国家发展和进步的关系等，学习用发展的眼光看待身边的事物，从而形成可持续发展价值观，明白中国梦的实现离不开和平的国际环境和稳定的国际秩序。
课标要求及解读	课程标准明确指出："语文课程丰富的人文内涵对学生精神领域的影响是深广的，学生对语文材料的反应又往往是多元的。因此，应该重视语文的熏陶感染作用，注意教学内容的价值取向，同时也应该尊重学生在学习过程中的独特体验。" 　　因而课堂上让学生在主动积极的思维和情感活动中学习，通过表格和导图等形式丰富学生的理解和体验，使学生对文章主旨有所感悟和思考，受到情感熏陶，获得思想启迪，这是一种可持续学习能力的培养。通过资料的调查和筛选，以及课堂上小练笔的设置，关注学生的个性发展、潜能和智慧的发展，培养具有长远的、可持续发展学习能力的人才，这样才能适应社会的发展、科技的进步。
本课教学目标	**知识**：准确、流利、有感情地朗读课文，理解课文内容，积累词语，为今后的写作打基础。 　　**能力**：抓住对少年语言神态的描写，揣摩人物的内心，感受少年的美好心灵，提高对人物的评价能力。 　　**情感、态度与价值观**：结合生活实际和资料，体会中非两国的深厚友谊，关注民族经济的发展延续，了解"一带一路"的相关举措，互惠互利的关系，形成促进世界和谐发展的意识。
学情分析	学生对记叙文的学习已有一定的基础，能理清事情的发展脉络，把握主要内容。所以本课把以上设计作为课前预习的内容，把授课重点放在对人物内心的揣摩和对人物形象的刻画上。难点为通过材料的引入引导学生体会中非人民的深厚友谊。学生分析筛选信息的能力还比较弱。因此在课堂上引导学生用以往的学习经验进行自主合作探究，鼓励学生勇于发表自己的看法。

（续表）

学科	语文	所用教材	北京市义务教育课程改革实验教材第7册	任课教师	赵雅娟	年级	四年级
课题			《卖木雕的少年》				

可持续发展教育渗透点	立足自主发展，在基本学法上突出"信息搜集和利用能力"的培养，注重实践，训练技能，提高知识迁移和应用的灵活程度。中非之间深厚友谊的相关资料；"一带一路"的新举措对中国经济发展的促进作用，都是要求学生重点了解的。
教学重点	通过对少年语言、神态的描写的分析，揣摩人物的内心，感受少年的美好心灵，提高对人物的评价能力。
教学难点	结合生活实际和资料收集，体会中非之间的友谊，理解民族经济要发展延续，促进世界的和谐发展，实现中华民族伟大复兴的中国梦离不开和平的国际环境和稳定的国际秩序。

二、教学过程

（一）课前预习探究

知识预习	探究问题	预期学习效果		
		科学知识	基础-可持续学习能力	价值观与行为方式
1.初读课文，搜集有关非洲的风景名胜的文字及图片资料。要求：学生能提出不懂的问题。2.了解本文故事发生的背景和中非两国的关系。要求：课前调查相关资料。3.本课的生字和新词。要求：学生能正确朗读，个别词语能理解意思。4.文章内容和事情发展顺序。要求：学生能用不同形式表现，例如：表格、导图等。	探究问题1：这篇课文叙述了一个怎样的故事？要求：能通过自己绘制的表格或导图，呈现出文章的事情发展经过，并用语言表达汇报。探究问题2：文中的少年为什么说"中国人是我们的朋友"？要求：查找中非两国的经济文化交流的相关资料，能有选择地使用这些非连续性文本材料，并在课上汇报交流。	1.字词的写法和意思。2.故事发生的背景。3.文章主要内容。	基础学习能力：阅读理解能力，收集信息的能力。可持续学习能力：收集、整理信息的能力及独立思考与分析问题的可持续学习的能力。	鼓励学生自己利用图书馆、网络搜集需要的信息和资料，去获得对社会、对人生、对自然的独特感受和体验。

（二）课上合作探究

时间	各阶段任务与设计意图	教师活动	学生活动	预期学习效果		
				科学知识	基础-可持续学习能力	价值观与行为方式
3分钟	一、复习导入：激发学习兴趣。	1.出示本课的词语，引导学生读准字音，理解个别词语的意思。 2.提出思考题，帮助学生整体感知主要内容。	1.复习词语指名多人朗读，再看图填空理解词语。 2.回顾课文：少年与"我"发生了怎样的故事。用通顺流利的语言概括。	1.成语的积累，通过图片理解词语的意思。 2.课文主要内容的把握。	1.概括能力，流利的朗读表达能力。 2.整体感知的能力。	培养学生整体感知文章内容和理解的能力。
12分钟	二、合作探究，把握文章结构和大意。	1.组织学生分组汇报主要内容，并评价采用的形式和梳理的内容。 2.结合预习单元梳理学生质疑的问题。 3.提炼板书。	1.小组研讨：通过自己绘制的表格或导图，呈现出文章的事情发展经过，并用语言表达汇报。 2.多种形式补充汇报。 如：课本剧；表格式复述课文；画思维导图或其他图示说明等。	1.把握主要内容。 2.梳理文章事情发展顺序，把握文章结构。 3.提倡学生用多种方式展示自己对课文主要内容的理解。调动学生用不同的方法多感官参与。	探究式学习为今后学习打下基础。	充分利用已有经验进行学习。掌握解决问题的方法，把握课文内容。

（续表）

时间	各阶段任务与设计意图	教师活动	学生活动	预期学习效果		
				科学知识	基础-可持续学习能力	价值观与行为方式
14分钟	三、深入探究课文内容。	1.引导探究（预设）：（出示学习提示）少年为何白送给"我"一个小木雕？从中可以看出少年是一个怎样的人？ 2.指导利用材料方法。 3.找出描写少年的句子，引导学生体会少年是一个怎样的人。	1.自学提示：读4~6自然段，画出描写少年语言动作神态的词句，体会少年心情变化，以及少年是一个怎样的人。按自学提示学习，再汇报。 2.利用资料袋中的资料进行分析讨论。 3.有感情地朗读，谈体会。	1.找出相关的句子 2.整理运用材料。 3.抓语言、动作、神态对人物进行评价。	通过品读、讨论等方法培养探究能力。	感受少年的美好心灵。
10分钟	四、联系生活拓展延伸。	1.组织学生汇报"一带一路"与非洲相关的内容。 2.小练笔补白训练。 3.小结：中非两国的深厚友谊是我们有目共睹的，"一带一路"的新举措，使各国之间建立互惠互利的关系，为今后的社会经济的持续发展奠定了基础，祖国的明天也等着你们去贡献力量！	1.小组汇报相关内容并谈感受。 2.小练笔：10年后，我再次来到非洲又一次见到少年……想象少年的发展、非洲的发展，写在任务单的背面。 3.通过教师总结产生美好憧憬，为今后的中非乃至于与其他国家的多方面持续发展建立信心。	1.关心国家大事和政策，树立远大理想。 2.畅想有了中国的帮助非洲人民经济生活发展前景展望。	形成解释的能力；与他人合作、探究解决问题的能力；关注并参与解决身边、社会可持续发展问题的能力。	培养学生用发展的眼光看世界，看中国发展感受祖国强大，激发爱国之情。通过自己所感所悟为今后的社会经济的持续发展建立信心。

（续表）

时间	各阶段任务与设计意图	教师活动	学生活动	预期学习效果		
				科学知识	基础-可持续学习能力	价值观与行为方式
1分钟	五、布置作业。	出示课下探究的作业，鼓励学生继续探究。	记下作业： 1.积累本课的成语。 2.续编故事：今日非洲之旅。 3.继续了解"一带一路"的相关知识。	巩固本课的重点内容，延伸探究内容。	继续鼓励学生探究，同时形成可持续的学习能力。	展望美好未来，产生建设国家发展的信心。

（三）课后应用探究

作业内容	方式与要求	预期学习效果		
		科学知识	基础-可持续学习能力	价值观与行为方式
1.续编故事：今日非洲之旅。 2.积累本课的成语。 3.继续了解"一带一路"的相关知识。感受中国同世界各国的友好关系，对祖国未来充满希望！	探究民族经济发展延续，实现中华民族伟大复兴的中国梦离不开和平的国际环境和稳定的国际秩序。	1.准确、熟练地朗读课文。 2.感受文章塑造人物形象的方法。	基础学习能力：朗读能力，理解能力。 可持续学习能力：主动收集、概括资料的能力。	了解国家经济发展，关注解决身边、社会可持续发展问题的能力。

三、教学反思

　　每一次经历都是一种财富！参加了这次的可持续发展教育现场教学活动，我感触良多！
　　首先对我的教育思想产生了极大的影响。当今社会对基础教育的要求越来越高，但说到底，还是要关注学生的个性发展，可持续发展教育理念正是关注学生的潜能和智慧的发展，培养具有长远的、可持续发展学习能力的人才。可持续发展教育的整体育人目标是在学校教育与其他类型教育中，帮助受教育者树立可持续发展价值观；掌握可持续发展科学知识；提高可持续学习能力；践行可持续生活方式；关注和参与解决可持续发展实际问题。这是传统的教育模式所欠缺的。思想的转变直接影响了我教学设计的方向。

（续表）

　　其次，我作为这节课的设计实施者，在本课的教学设计中渗透了学科阅读方法的指导，如结合资料或联系文本对人物的描写等。在教学时，我通过指导方法、利用多媒体和课外资料等途径帮助学生理解重点，突破难点，并鼓励学生用做导图、画表格、情景剧等多种方法梳理故事内容，感受少年的美好心灵，为进一步探究打下基础。主动建构知识，培养学生终身学习所需要的思维习惯和学习能力。同时引导学生感受中国与非洲发展经济合作关系，学习这种政治经济文化共同发展的可持续发展价值观。

　　再有，在我撰写教学设计的过程中，北京教科院可持续发展教育团队的各位专家老师给予我的指导也让我成长许多，王鹏老师和崔静平老师在"目标的确定""知识预习""可持续发展教育渗透点"等各个环节都给予了我相当细致的指导意见，真是受益匪浅！

　　当然展示课的过程中也存在些许遗憾，例如怎样选择更恰当的文本渗透点以便更有效地培养学生可持续的学习能力，如何选择有价值的材料达到对学生可持续发展价值观的培养等。通过本次活动，提高的不仅是教师的教学能力，更是学生的学习能力，改变的不仅是教师的教学观念，更是学生的价值观念，并为学生的可持续发展奠定基础。我也将在研究的路上一直走下去！

《鲸》教学设计

赵雅娟

课题名称			
课题课时	《鲸》（第一课时）		
学科	语文	年级	五年级
教材版本	北京版教材小学语文第10册		
教学设计参与人员			
	姓名	单位	
设计者	赵雅娟	通州区第一实验小学	
实施者	赵雅娟	通州区第一实验小学	
指导者	李英杰　闫勇	基教研中心	
课件制作者	赵雅娟	通州区第一实验小学	
其他参与者	无		
指导思想与理论依据			

国家核心素养：

在国家核心素养"自主发展"这一方面中对"学会学习"的素养的具体表现，在语文学科中进行了描述：能养成良好的语文习惯，掌握适合自身的学习方法；能自主学习具有终身学习的意识和能力。

课程标准：

《课标》中也明确指出：阅读说明性文章，能抓住要点，了解课文的基本说明方法，能抓住要点读懂说明文，把握课文主要内容。能主动进行探究性学习，在实践中学习、运用语文。

学科学业标准：

《小学语文学业评价标准》五年级下册中提出：阅读说明性文章，能抓住要点，了解文章的基本说明方法，归纳内容和概括要点。

（续表）

教学背景分析

教学内容：《鲸》是一篇常识性的说明文，知识性较强。课文介绍了鲸的形体特点、种类和生活习性等方面的知识。本文在表达上运用列数字、做比较、举例子、打比方等多种说明方法，对鲸的特点做通俗的说明。选编本文的意图是使学生了解鲸的一些知识，学习作者用多种方法说明事物特点的表达方法。同时，通过学习培养学生探索动物世界的兴趣。由于本节课是第一课时，因此我主要对学生的整体感知能力培养进行了设计。

学情分析：本文文字浅显，条理清晰，融知识性与趣味性于一体，学生乐读易懂，如今是信息化的时代，所以学生的课外补充是很充足的。如果只停留在"课文介绍了什么"的层面上，而忽视"课文是怎样介绍的"，即表达方法的深层次探究上，则是无效的教学活动。所以我在整体感知课文以后，重点分析第一自然段的逻辑顺序，并运用所学小组合作完成一段话。

说教法

根据教材内容和学生认知特点，选择了灵活多样的教学方法，用语言启发学生思考，对学生进行点拨；设计活动，组织小组合作学习；结合生活实际产生联想，表达自己独特的感受等，创设愉悦民主的教学气氛，使学生成为教学的着眼点和落脚点，培养了学生良好的阅读能力。

说学法

本课时教学中，我引导学生充分交流、讨论，再进行汇报，通过这些环节让学生了解课文的整体结构，感受文章的表达顺序。我还让学生观看很多清晰的图片，增强感性认识，通过对材料收集、筛选、整理、选择，到最后的使用，培养了学生的信息意识，尝试运用新的技术手段获取信息最后让学生进行交流，让他们谈谈自己的想法、感受，使学生在探究活动中，能力得以提升。

教学目标及教学重难点

一、教学目标：
1.能正确流利地朗读课文，用提炼关键句、关键词的方法，整体感知课文内容。
2.学习课文第一自然段，感受作者是怎样把鲸"形体大"这一特点说明清楚的。
3.体会第一自然段的逻辑关系，能利用材料写一段话。

二、教学重点：培养学生整体感知的能力。

三、教学难点：能利用收集的材料，写一段有逻辑性的话。

（续表）

教学过程			
教学阶段	教师活动	学生活动	设置意图
图片导入	1.同学们今天我们要认识一位新的朋友，请看出示图片（鲸）（简单讲述鲸的种类及特点） 2.鲸给你留下了怎样的印象？（板书课题）	观看图片，听介绍。 了解这是一篇说明文。	明确文体。看图片引起学生学习兴趣。
整体感知课文内容	1.通读课文，提出要求。 2.反馈字词。 3.出示思考。 4.指名概括，分别出示重点句子。 5.每段中还有一个可以高度概括的关键词，圈画出来。 6.每一方面都可用一个说明性强的书面语言来概括，划分部分。引导学生总结关键词：形体、种类、食性、呼吸、睡眠、繁殖。（板书）第2、3、4、5段还可以用一个次概括。 7.小结：作者从这几方面介绍了鲸，内容多丰富啊，使我们全面地了解了它。	1.借助生字表读正确，读通顺。 2.读课文，思考问题每段都写出了鲸的一方面的特点，能画出这样的关键句么？ 3.指名回答。 4.圈出关键词，全班共同讨论。 5.进行概括，指名说，全班共同讨论，再讨论给课文划分部分。	通过"找关键句、圈关键词、再概括"的层次设计，使学生抓住要点读懂说明文，整体感知课文内容，把握文章结构。

（续表）

学习课文第一自然段	1.课文是怎样把它大的特点写具体的呢？ 2.出示这段话。 3.理解段落的构成。 出示图和句子，让学生体会逻辑顺序。 4.出示任务。 围绕"鲸是庞大的动物"，写一段话。 5.要求： （1）仔细阅读材料，选择有用的材料使用。 （2）把句子抄写在小纸条上。 （3）小组合作把句子连成一段有逻辑性的话。 6.组织汇报。 7.小结活动情况。	1.自读本段，思考哪句话让你感受到鲸很大，说明感受，用到了哪些说明方法。 2.学生读句子。 3.看图观察第2、3、4句的关系。 4.自读感受这段的逻辑关系。 5.学生按照要求进行学习。 读自己的材料，标出写鲸大的特点的句子； 把句子抄写在小纸条上。 6.小组中把句子连成一段话，注意逻辑顺序。 7.汇报。 8.修改。	引发学生结合生活实际进行联想，体会鲸体型庞大的特点，感知句子之间的逻辑关系。 主动进行探究性学习，在实践中学习、运用语文。
总结延伸	这节课学习了第一自然段，感受了鲸的庞大，课文的其他段落也有提到大的特点的句子，那么课文安排材料是否因为存在一定的逻辑顺序呢？下节课我们继续研究。	引发深度思考。	
作业	收集其他动物资料，写一段有逻辑性话。	记下作业。	

（步骤可添加）

（续表）

板书设计

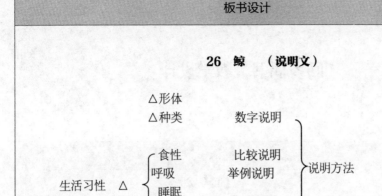

26　鲸　（说明文）

△形体
△种类　　　数字说明

生活习性　△　{ 食性　　　比较说明
呼吸　　　举例说明　} 说明方法
睡眠
繁殖　　　逻辑顺序

本次教学设计特点

　　《鲸》这课是一篇说明文，是在**"探寻学生阅读能力发展路径——课内外阅读整合的教学策略研究"**这一课题下展开设计的。其主要研究学生阅读能力几种阅读能力的培养，即阅读积累、整体感知、提取信息、形成解释、做出评价和实际运用等，这节课我主要对培养学生的整体感知能力。

　　这节课我本着将"以文本内容为目标"转变为"以能力的培养为目标"的思想，设计了两个学习目标：一是整体感知课文结构，二是体会说明文的逻辑顺序。所以课堂的前一部分是通过找关键句、画关键词、再抽象概括说明性的词来设计教学活动。在课堂上充分探寻学生的相关能力，把原有的教学环节打开，放慢。呈现出学生的思维过程，看到学生的能力发展点。

　　后一部分是体会说明文的逻辑顺序，在理解第一自然段的基础上，引导学生联系生活、联系资料、联系自己理解的同时，内化成自己的能力，逐步形成实践的过程！最后小组合作完成一段话，将完整的独立的写话训练放到课下的练笔中。

　　课的结束部分又抛给学生一个思考的点，就是从鲸体型大这一特点出发，课文中的其他段落中也有提到，那么课文每个自然段之间又存在着怎样的联系，整篇课文存在的逻辑顺序是怎样的。本次教学设计我力求做到"一课一得"，而是把重点放在了整体感知能力的培养上。

　　以上就是我对本次教学设计的一点想法，不妥之处还请指正！

《回乡偶书》教学设计

郭宝影

教学基本信息					
课题	《回乡偶书》				
是否属于 地方课程或校本课程	否				
学科	语文	学段	第二学段	年级	四年级
相关领域	古诗词				
教材	书名：北京市义务教育课程改革实验教材第8册 出版社：北京出版社　　　出版日期：2007年12月				

教学设计参与人员		
	姓名	单位
设计者	郭宝影	通州区第一实验小学
实施者	郭宝影	通州区第一实验小学
指导者	崔丽萍	通州区第一实验小学
课件制作者	郭宝影	通州区第一实验小学
其他参与者		

指导思想与理论依据

　　《课程标准（2011版）》指出：第二学段要求学生诵读优秀诗文，注意在诵读过程中体验情感，领悟内容。背诵优秀诗文50篇。本学段特别强调要通过诵读来体验作品情感，培养学生对诗歌的直觉感悟能力。

　　在设计本节课时，我着重设计了各种形式的诵读，力求在读中理解诗中所表达的情感，在读中理解诗句的意思，同时，还注意调动学生参与的积极性，让学生乐于参与到诵读过程中来，从而使他们对诗歌的感悟能力得以提高。

（续表）

教学背景分析

教学内容：

《回乡偶书》是北京课改版小学语文第八册第21课《古诗三首》中的第一首，它的作者是唐代诗人贺知章。这首诗的写作背景是：贺知章在天宝三年辞去官职、告老返回故乡越州永兴（今浙江萧山），当时他已80多岁，离开家乡已经50多年了。人生易老，世事沧桑，心中无限感慨，因此作成此诗。这首诗在"笑问客从何处来"中悄然作结，有问无答，而弦外之音却如空谷传音，哀婉备至，久久不绝。学生可以从中体会诗人那种世事变迁的感伤之情。

学生情况：

四年级的学生对古诗已经有了一定的积累，也具备了一定的理解能力。他们已经掌握了很多理解古诗的方法，能够先理解重点字词，进而理解古诗句意思，并能够相互交流。基本能够在读中理解、在读中感悟、在读中体会。但是，对于学生来说，体会诗人思想感情还是有一定的难度。

教学方式：

1.引导式。充分发挥教师的主导作用，体现学生的主体地位，课上注重引导学生思考、发言。

2.小组合作探究式。培养学生在小组中与其他学生合作学习的意识，并且能够在轻松的氛围里积极思考发言。

教学手段：

教师引导、小组讨论交流。

技术准备：

准备课件。

教学目标（内容框架）

教学目标：

1.学会《回乡偶书》中的三个生字。

2.朗读、背诵古诗《回乡偶书》。

3.理解古诗内容，体会诗人贺知章的伤感之情。

教学重点：

理解古诗内容，体会诗人贺知章的伤感之情。

教学难点：

理解古诗内容，体会诗人贺知章的伤感之情。

（续表）

教学过程（文字描述）

一、导入：

师：我们学过很多思乡的古诗，比如：《九月九日忆山东兄弟》《静夜思》。投影出示。

学生齐读。

【设计意图：利用学生对思乡古诗的积累，拉近学生与新诗的距离】

二、学习古诗：

师：远离家乡，多么希望回去呀！就像唐代诗人贺知章一样，年少时离家，在他80多岁时终于回到了阔别50多年的家乡，但是当他踏上家乡的土地时，发现世事沧桑，已是物是人非，心中无限感慨，于是写下了《回乡偶书》。今天，我们就一起来学习这首诗。在学诗之前，我们先了解一下诗人。出示诗人简介，一名学生读简介。

【设计意图：使学生了解诗人，进一步为学习《回乡偶书》做好准备。】

师：下面我们就开始学习这首诗。

（一）理解诗题

出示诗题：《回乡偶书》

学生齐读

师：看到题目你知道了什么？

生：个别发言

师：对，正是因为偶然间写的，诗中所表达的感情才更是来自于生活、发自于心底。大家自己试着读一读这首诗。

自由读古诗

个别读

【设计意图：带领学生初步了解古诗。】

（二）学习生字

师：（出示生字章、鬓、衰）在这首诗中，有3个生字，大家自己试着读一读。

看到这些字，你想给同学什么样的提示？

学生交流

师：指导"衰"字。

学生记

师：指导"鬓"字。

上半部biāo"髟"，形旁，"宾"声旁。"髟"，意思是头发长。带有"髟"的字多与毛发有关，如：鬃、鬓本义：鬓发。面颊两旁近耳的头发，动手自己摸一摸，组词有：鬓发、鬓角。

师：刚刚我们学习了生字，下面自己试着再读古诗，注意字音、停顿。出示古诗。

学生自由读，学生点评，齐读

【设计意图：通过对生字的学习，为学习古诗扫清字词障碍。】

（三）理解古诗：

师：贺知章回家时看到了什么，听到了什么，这些看到的、听到的，又给他以怎样的感受，让他写下了这首诗？下面我们就细细地读一读这首诗。

师：出示第一句古诗。

生自己读读，以小组为单位，理解句意。

师：组织交流第一句的意思。

生回答交流

师：少小离家老大回，80多岁的老人为什么要历尽艰辛回到自己的家乡？

生发言交流

教师总结：爱家乡

师：俗话说落叶归根，在自己暮年时终于回到了日思夜想的家乡，作者是什么样的心情？

生交流

师逐一引导发言的学生体会心情读诗。

【设计意图：通过对第一句的学习理解，使学生体会诗人爱家乡、思念家乡以及回到家乡的喜悦心情。】

师：是呀，回来了，终于回来了，当他怀着激动喜悦的心情一路走来时，更让他喜悦的是看到了孩子们，孩子们的一句话又让他感慨万千，于是写下了第二句古诗。（出示诗句）

师：假如你就是贺知章，你们就是孩子们，你们能把当时的情景演一演吗？

一组展示

师：他是客吗？

从哪看出他不是客？

【设计意图：让学生通过表演来理解第二句诗的意思。】

师：满怀欣喜地回到家乡，孩子的一句话如同一盆冷水，作者此时的心情是怎样的？

体会这种难过的心情，读读这两句话。

师：作者走过了山山水水，容貌虽然发生了变化，但是爱家乡的心却没有变，正是因为如此，作者的乡音才没有变化。作者怀着这颗爱家乡的心，踏上家乡的土地时，喜悦是无法言表的，但孩子们的一句话却让他难过至极，这种悲喜交加的感伤之情，通过短短的28个字表达了出来，下面带着这种心情让我们再读一遍古诗。

生各种形式地读

【设计意图：各种形式地读，丰富多彩地引读，调动学生读的兴趣，使他们在读中悟情感。】

（续表）

三、课外积累：

积累《回乡偶书二》

师：孩子们，你们知道吗？其实贺知章的《回乡偶书》是两首，今天我们学习的是第一首，还有一首《回乡偶书二》

生：读古诗。

师：孩子们的一句"笑问客从何处来"让他觉得什么变了？

生答

师追问：他又认为只有什么没变？

生答

师：让我们带着这种悲喜交加的心情再读一读这首《回乡偶书二》。

【设计意图：让学生能够更多地积累古诗，培养学生对古诗文的喜爱。】

四、下面我们将古诗工工整整地抄写一遍。

五、学生抄写古诗，教师展示。

六、学生背诵古诗。

七、作业：

1.默写《回乡偶书》。

2.了解《回乡偶书二》。

板书设计：

回乡偶书

爱家乡

喜悦　　悲伤

思念家乡　　↓

悲喜交加

学习效果评价设计

评价方式

1.教师评价：针对学生的发言及作业，教师进行评价。

2.生生互评：学生针对同学的朗读进行评价。

评价标准

1.知识掌握情况评价：能完成对诗句的理解并勇于交流。（优）

2.学生能够积极参与课上的诵读练习，并能够有感情的诵读《回乡偶书》。（优）

3.课上表现活跃，在小组中乐于与他人合作、交流，勇于在集体交流过程中表达自己的想法。（优）

（续表）

本教学设计与以往或其他教学设计相比的特点（300～500字）

　　在本节课的教学中，我注重培养学生对古诗的积累，课前从思乡古诗导入，和学生一起积累了《九月九日忆山东兄弟》《静夜思》两首古诗，从而引发了学生对本节课古诗《回乡偶书》的学习兴趣。同时在课上，我以读为本，让学生得以充分诵读古诗，在读中感知，在读中感悟，在读中培养语感，在读中体会诗的意境，在读中受到情感的熏陶，进而培养学生对诗歌的直觉感悟能力。在读的过程中，学生能主动地点评其他同学的优点，在点评的过程中，他们会不由自主地就联系了古诗的内容，思考了诗人的情感，从而使学生也真正做到了在读中理解感悟。

　　我在教学时考虑到学生喜欢交流的特点，所以精心设计了各种交流活动形式，放手让学生参与到课堂中，在参与中体验、感悟，学生的主动性被充分调动，学习热情高涨。这样不仅能充分调动了学生的参与性、主动性和积极性，也更注重了在语文学习过程中促使学生多角度、全方位思考问题，充分发表自己的看法。真正做到了还课于学生，使学生在主动参与中充分获得提高。

《我希望有一支神笔》教学设计

季馨雅

教学基本信息					
课题		《我希望有一支神笔》			
是否属于地方课程或校本课程		否			
学科	语文	学段	小学中年级	年级	三年级
相关领域		现代文学领域			
教材	书名：北京市义务教育课程改革实验教材 出版社：北京出版社　　出版日期：2006年12月				

教学设计参与人员		
	姓名	单位
设计者	季馨雅	通州区第一实验小学
实施者	季馨雅	通州区第一实验小学
指导者	耿淑红	通州区研修中心
课件制作者	季馨雅	通州区第一实验小学

指导思想与理论依据

　　小学诗歌教学要以读为本，可以通过自由朗读、范读、配乐朗读等形式多样的朗读方式，让学生在诗歌中读出想象、读出情感、读出韵味。而语文教学还要体现学科本身的工具性，因此在诗歌教学中教师要以教材文本为依托，在多种形式的诵读中引导学生与文本对话进行语言训练，来促进学生语文素养的提高。

教学背景分析

　　教学内容：《我希望有一支神笔》是一首以第一人称写的儿童诗。全诗分为四个小节，以"我希望有一支神笔"为开头，展开了丰富的想象，表达了"我"对身边的人、小鸟、小树等发自内心的关爱，展现了"我"美好的心灵和纯真的爱心。

（续表）

学生情况：三年级学生具备了初步的阅读能力，朗读、默读也有了一定基础，在前面的学习中也接触过儿童诗歌。在这样的基础上，来学习这首儿童诗，诗歌的内容并不难理解，和学生们的生活实际、思维水平很接近。以"我希望有一支神笔"为开头完成一节小诗的创作对学生来说是难点。因此在教学中设计"教、扶、放"有梯度的阅读训练，这样便降低了阅读与习作的难度，提高了学生思维创作的能力。

教学目标（内容框架）

1.有感情地朗读课文，能读出诗歌特点，结合课文内容进行语言训练。
2.引导学生逐步提炼出文章的结构，并以"我希望有一支马良的神笔"为开头进行仿写。
3.通过在读中感悟和联系实际想象的方法，体会"我"纯真的爱心，懂得关爱他人。

教学过程（文字描述）

一、复习导入 整体感知
同学们，今天我们继续学习18课，齐读课题。老师编了一首和课文内容有关的小儿歌，但需要大家的帮助才能完成。（拿出课前发的小卷完成第一题）
师订正，纠错。写错字的同学按照大屏幕改正，全对的同学出声音读这首儿歌。
（设计意图：利用教师自编的一首和课文相关的儿歌，来复习巩固字词，并激发学生兴趣，同时这首儿歌还为后面内容的学习做铺垫。）
刚才我们一起创作完成了小儿歌，下面我们该回到课文中，请大家快速认真地读一遍课文，看看"我"用神笔给谁画了什么？（课件板书）

二、细读了解 发现结构
1.学习第1小节：**教**
过渡语：你们看，有了神笔"我"第一个想到了好朋友西西，请你自己朗读第一小节，看看你都知道了什么？你能用自己的话来说一说吗？（生说一说）
你们想一想"西西没有好腿会有什么困难？"
课件出示插图文本提示：先来看
当我们在无边的田野里奔跑的时候，西西会想……（引导学生想象回答）
是呀！西西多么向往外面那美好的世界！
可是，西西没有好腿，她只能……自己说——到文中找一找
当我们迎着春风在外面放风筝的时候，西西想……（引导学生想象回答）
西西没有好腿，她只能……拿起书我们一起回答

（续表）

是呀！当我们去跳绳、去转呼啦圈、去跳高、甚至去登上山脊等许多丰富多彩的课外活动的时候，西西她只能（齐读）：坐在屋里，望着窗外……

所以拥有一双好腿对西西来说是多么重要啊，这时，我希望有一支马良的神笔，要给西西画一双好腿，生：她再也……

想一想：西西有了好腿会多么开心！

有了好腿，她可以……（展开想象来回答）

让我们回到文中去感受这份快乐吧，谁能带着自己的感受来读一读这小节。（跟作者一样的心情，让西西拥有好腿，去感受快乐！）

（设计意图：教会学生通过想象在朗读中感悟，通过语言训练"当我们在无边的田野里奔跑的时候，西西会想……""西西没有好腿，她只能……""有了好腿，她可以……"来理解诗歌的内容和作者所表达的情感产生共鸣。）

（二）**学习第2小节：扶**

过渡：文中的"我"就是用一支神笔给好朋友西西最需要的帮助，其实我还帮助了更多的人呢，比如邻居飞飞！自读第二小节，看看你能知道什么？谁来说说？你知道了这么多，能不能把这小节读给大家听听？

其他同学思考：因为飞飞做了什么事情，"我"非要给他画一架真正的飞机？（生回答）

"我"为什么感到"委屈"呢？你再读读这首小儿歌吧！到里面去找找答案。

所以，爸爸的批评让他感到委屈，见到他留下委屈的泪滴，此时，我希望有一支马良的神笔……（齐读这小节）

（设计意图：巧妙地利用文章开始老师编的那首小儿歌来解决了本小节的难点"犯了错被爸爸批评这很正常，我为什么还委屈？"）

感知诗的结构：

我们来看看这两小节，仔细观察，从它们的结构上你能发现了什么？（生说结构变红）

那咱分工读一读，我读结构相同的红色部分，大家读黑色部分。

（设计意图：引导让学生观察一二小节，发现整理出结构的特点。）

（三）**学习第3、4小节：放**

其实，这篇课文四个小节都是按这样的结构来创作的，请大家自学3、4小节，看看"我"又是怎样帮助身边的动物和植物的。

出示自学提示：（1）默读3、4小节。（2）试着填空。

交流：第3小节，谁来填一填。谁知道鸟妈妈是怎样奔波忙碌地搭窝？这么辛苦，不搭窝行吗？为什么？

所以"我"不想让鸟妈妈为搭窝奔波忙碌，更不想让小鸟冻得哭泣。我用马良的神笔为它们画一个温暖的家！

（续表）

　　第4小节：大家一起来填一填？那你知道"我"为什么给小树画了个太阳而且还画了会变雨的白云吗？在交流四小节时让学生闭上眼睛，听老师轻轻地叙述："冬天来了，寒冷的北风呼呼地刮着，小树孤零零地站在窗外，被风吹得摇摇晃晃，冻得瑟瑟发抖。小树你在想些什么？睁开眼睛告诉我。（生发言）所以我在天空画了个小太阳，温暖的阳光撒向大地，小树不冷了，在阳光下快活地成长。日子一天天过去，春天过了，夏天来了，好久没有下雨啦，大地干得裂开了口子，小树蜷缩着身子，轻轻叹息，小树你想说什么？告诉我。好我马上给你画朵会变雨的白云！马上就会下雨，你们还热吗？还渴吗？"带着我们的感受来读一读这一小节吧！（齐读）

　　展出填空，这样你还会填吗？试着在文中选一小节填一填背一背。

　　展示一小节。

　　小结：抓住文章的结构，就能帮助我们快速准确地背诵下来，按照这个结构你们课下再选一小节试着背一背。

　　（设计意图：以填空形式来感知文章结构，并指导学生抓住结构特点来背诵。）

　　三、总结归纳　仿写指导

　　文中的我，用一支神笔为身边的人、身边的动植物送去温暖和快乐，那你觉得"我"是个什么样的人？（善良、乐于助人、有同情心、有爱心……）其实生活中并没有神笔，但我们每个人都可以用自己的爱心去帮助身边需要帮助的人或物！这样为别人送去快乐的同时自己也体验着快乐。（板书画"心"，写"快乐"）

　　（设计意图：通过以上学习，引发学生发现并提炼出文章的情感。）

　　过渡：有人说，爱心就像冬天里的一缕阳光它可以给贫困山区的孩子送去温暖；有人说爱心就像沙漠中的一股泉水，可以滋润失明孩子的心田；有人说爱心就像风雨中的一把小伞，可以为灾区的孤儿挡风遮雨；有人说爱心像风雪中的一棵大树，可以成为流浪动物们的避风港湾！现在，用你那支马良的神笔，将爱记录下来。

　　请你从这四组需要我们去帮助的人物中任选一个，也可以自己选择要帮助的人或物，按文章的结构来写仿写一小节。

　　展示学生作品，找同学读一读，老师帮整理。

　　（设计意图：启发学生能结合自己的生活，展开想象，师生合作、生生合作将自己的爱心用文中的结构表达出来。）

　　四、布置作业　独立创作

　　课下像这样多完成几小节，说不定未来的大诗人就出自我们这个班！

　　（设计意图：鼓励学生按方法、按结构来继续进行仿写，提高学生习作能力。）

（续表）

本教学设计与以往或其他教学设计相比的特点（300～500字）
1.诗歌教学有方法，环节设计有层次。 　　为了达到教学目标，突破重难点，结合学生实际情况，我采取运用了启发式教学法、发现教学法、合作教学法、体验式教学法来调动学生学习诗歌的兴趣，利用"教—扶—放"有层次的教学设计，引导学生与文本对话、同人物共鸣、揣摩文章结构，实现人文性与工具性的和谐统一。 2.关注学生想象，注重语言实践。 　　在教学中我利用图片、创设情境、引导学生换位体验等来激发学生想象，并结合想象，依托文本进行语言训练，使诗歌教学更加有滋有味！

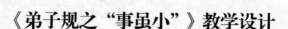

《弟子规之"事虽小"》教学设计

路旭

教学基本信息					
课题	《弟子规之"事虽小"》				
是否属于地方课程或校本课程	否				
学科	语文	学段	小学低年级	年级	二年级
相关领域	国学领域				
教材	书名：《弟子规》 出版社：人民教育出版社　　出版日期：2011年7月				
教学设计参与人员					
	姓名	单位			
设计者	路旭	通州区第一实验小学			
实施者	路旭	通州区第一实验小学			
指导者	杨万明	通州区第一实验小学			
课件制作者	路旭	通州区第一实验小学			
指导思想与理论依据					

　　语文课标指出：课堂教学应遵循学生的身心发展规律和学习的规律，以学定教，选择教学策略，充分尊重孩子们的学习需要。教学《弟子规》，也应该如此。明确学生是学习的主人，在教学中注重激发学生的学习兴趣，要善于营造一种宽松的课堂氛围，尽可能引导学生进行思考，在思考中锻炼学生语言能力，培养学生的求异思维、创新能力。

　　教学国学经典，要从儿童扎根深化教育教学做起——所谓童蒙养正，首推《弟子规》，在儿童心性最清明的时候，让他们接受最佳的启蒙教育，教材文义以三字一句、两句一韵编纂而成，易于背诵、理解、实行；具体列出为人子弟在家、出外、待人接物、求学应有的礼仪与规范，堪称是启蒙养正的最佳读物。

（续表）

　　国内外已有许多幼儿园、小学将《弟子规》列为课程之一，帮助他们建立明确的价值观念、养成良好的生活习惯、培养敦厚善良的心性。《弟子规》是做人的根本指导，是当今净化社会人心的良药，是启迪我们心灵的钥匙，也与当前我国所提出的"建设和谐社会"十分应机。因此，学习、力行《弟子规》，是做好人的根本，是家庭和睦的根本，是社会和谐的根本！

教学背景分析

　　教学内容：《弟子规》以《论语·学而》中"弟子入则孝，出则悌，谨而信，泛爱众，而亲仁，行有余力，则以学文"为总纲要。分为五个部分，具体列述弟子在家、出外、待人、接物与学习上应该恪守的守则规范。是启蒙养正，教育子弟敦伦、尽分、防邪、存诚，养成忠厚家风的最佳读物，是集中国传统家训、家规、家教之大成！

　　《弟子规》基本为三字一句，每句押韵，十二字表达一个相对完整的意思，全文三百六十句，共九十行一千零八十字，内容浅显易懂，很快流传开来，且影响之大，读诵之广，仅次于《三字经》。现代的研究学者指出，《弟子规》的核心内容是倡导通过坚持修己爱人达到家庭和睦、社会和谐，是人生第一规，是做人的根本！

　　学生情况：二年级学生具备了初步的阅读能力，朗读、默读也有了一定基础，在前面的学习中接触过《三字经》。在这样的基础上，来学习《弟子规》的内容并不难理解，和学生们的生活实际、思维水平很接近。以"我希望有一支神笔"为开头完成一节小诗的创作对学生来说是难点。因此在教学中设计"教、扶、放"有梯度的阅读训练，这样便降低了阅读与习作的难度，提高了学生思维创作的能力。

教学目标（内容框架）

　　教学目标：
1.正确认读"事虽小"一课内容。
2.学会诵读课文，感受"弟子规"的语言魅力。
3.了解课文大意，体会自己的言行对自己及长辈的影响，能在生活中实践。

教学过程（文字描述）

　　一、复习导入
1.同学们，你们喜欢唱歌吗？让我们用歌声来唱唱学过的弟子规吧！（播放歌曲弟子规）
　　（设计意图：创设学习氛围，激发学生学习兴趣）
2.今天我们来学习弟子规的第四课。一起读读题目：事虽小

（续表）

二、学习新知

（一）正音正字

1.出示所学内容。

事虽小 勿擅为 苟擅为 子道亏

物虽小 勿私藏 苟私藏 亲心伤

2.自己借助拼音读读课文，借助拼音，读准字音。

3.好，谁能试着读读？其他同学听听他的字音是否准确。

4.他的字音真准确，我们一起读读。

5.看，这里有几个变红的汉字，我们来认一认。师带读：擅、为、苟、道、亏，齐拼读。注意"为"字平时读四声调，但是在这里读二声调。和老师再来拼读为。

6.把它们放到句子中自己读一读课文：

事虽小，勿擅为，苟擅为，子道亏。

物虽小，勿私藏，苟私藏，亲心伤。

7.谁能教大家读读课文？

8.去掉拼音还能读课文吗？自己快来读读！

9.现在请女生读红色字，男生读蓝色字。大家接得真流利！

10.每组同学读一句，最后一句我们一起读。

11.大家配合得真默契啊，哪组同学想开启小火车来读读？一组学生开火车读读！你们的火车开得真快啊！

12.现在请男生说第一个字，女生接后两个字，好，男生来，女生接。同学们反应真快！

13.听老师的节奏，学着老师的样子（慢节奏），自己试试，请大家起立，我们一起来边拍手边读读！

14.老师发现你们学得特别快，现在我们身坐正，腰挺直，读的时候把口腔打开，声音放出来，加快速度试试。（老师起头：拍手快速读，嗒嗒嗒的节奏）自己试试，谁来试试刚才的节奏？

15.我们一起来按照这个速度加上动作来读一读。

你们读得干脆有力量，你还想用什么节奏或者其他动作读课文呢？自己先试试！谁来用自己的方式读读课文？

大家的创意真是无限啊！

（设计意图：通过多种形式帮助学生有兴趣地快速读准字音，认准生字）

（二）正读正义

1.刚才同学们用了很多方法读课文，你们想知道老师是怎么读的吗？

2.老师范读（出示课件）讲解一声、二声调的字读得长一些，声音低一些，三声、四声调的字读得短一些，声音高一些。（平长仄短，平低仄高）来，跟着老师来吟诵课文。（重复教一次）

（续表）

3.自己试试吧。谁学会了，来试试？

4.我们一起起立配合着手势来吟诵试试。大家读得真漂亮啊！

5.如果加上音乐就更美了，听（教师范读配乐），你们想试试吗？

6.你也能和老师读得一样，自己试试。女生读读，读出你的柔美；男生读读，读出你们的阳刚之气。我们一起站起来合着音乐读读。大家读得太棒了！

（设计意图：在活动中正确读好国学内容，在读中理解文意）

（三）正心正行

1.老师给大家讲一个小故事，请你认真听一听。一天，小明想要折一架纸飞机，找了很久，没有找到可以用的纸，突然，他看到爸爸的书桌上有几张写满字的纸条。于是，他就拿起爸爸的几张纸，开始着折了起来。这时小明的爸爸焦急地跑过来问："小明，你看到我放在桌子上的文件了吗？""没，没有啊，爸爸，那个很重要吗？""是啊，现在爸爸需要那份文件，写一份重要的合同，你看到了吗？""爸爸，我，我不知道是不是这几张纸啊？"说着，小明拿出手中的飞机。爸爸立刻看了看，没错，就是这几张，如果丢了，就会影响爸爸明天的工作了。这时小明后悔地低下了头。同学们，你们想对小明说什么呢？能用今天学的课文告诉他吗？（板书：勿为）

2.看来你们已经理解了课文的意思，那以后再遇到这样的小事我们应该怎么做？

"事虽小，勿擅为，苟擅为，子道亏"的意思就是事情虽然细小，不可不禀明父母就擅自作主；如果任性而为，有亏做人子女的本分。

3.第2个故事：课间，小红看到地上有一块自己一直想要的橡皮，于是她就趁其他同学不注意的时候悄悄把橡皮藏了起来，这件事刚好被隔壁班路过的同学看到，告诉了老师。老师对小红说："即使是一块很小的橡皮，不是自己的也不能拿，这样不仅伤害了丢失橡皮的人，而且你的父母知道了……"你们猜猜老师接着会对她说什么呢？（板书：勿藏）

4.同学们，你们已经理解了课文的意思。（出示在屏幕上）

私藏：私自藏起，占为己有。

"物虽小，勿私藏，苟私藏，亲心伤"的意思就是物品虽然微小，不可私自藏起；如果占为己有，会使父母亲感到羞愧、伤心。

5.我们来看看这篇课文的意思：（出示视频观看视频讲解）谁能带着自己的理解自己来读读课文？

6.让我们谨记作为子女该做的孝道和本分，再来有韵味地诵读课文。只有这样才不会子道亏，也不会亲心伤。

7.我们还可以这样填空读

事虽小，（　　　），苟擅为，（　　　）

物虽小，（　　　），苟私藏，（　　　）。

你能这样诵读吗？

（　　　），勿擅为，（　　　）子道亏

（续表）

（　　），勿私藏，（　　）亲心伤。

现在你能背诵了吗?

尝试背诵

（设计意图：在学习中受到启发，能与生活联系其所学内容，从而指导生活，最后把课文熟记于心，顺利背诵好课文。）

三、总结

今天就学习到这里，你学会了什么?

希望大家都做一个懂得孝顺长辈、以礼待人的少年。今天就学习到这。

（设计意图：通过以上学习，引发学生发现并提炼出文章的情感。）

四、板书设计

事虽小

　　　　勿为

物虽小

　　　　勿藏

（设计意图：明确课文所学主要内容及其意思。）

本教学设计与以往或其他教学设计相比的特点（300～500字）

1.内容教学有方法，环节设计层次鲜明。

教学中，我把教育作为课堂的主要目标，紧紧围绕"事虽小，勿擅为，苟擅为，子道亏。物虽小，勿私藏，苟私藏，亲心伤。"这两句话的思想教育内容展开，和学生的生活实际相结合，让学生真正明白如何去为人处世，切实把思想教育的核心牢牢抓住。

2.认真开展以《弟子规》为内容的小活动，巩固教学实验效果。

课堂上我设计了运用讲故事的环节，要求学生根据特定的环境，使用恰当的《弟子规》语言，来规劝或赞扬别人。这个环节主要是促进《弟子规》的运用，真正让《弟子规》学习落实在学生的行动中，使《弟子规》的思想深深在学生心中扎根。

（本教学设计在第五届全国传统文化进课堂教学研讨会中，荣获录像课优秀奖。）

《孔雀变了》教学设计

董桂平

教学依据

　　语文课标中指出："学生是学习的主体。要爱护学生的好奇心、求知欲，鼓励自主阅读、自由表达，充分激发他们的问题意识和进取精神。"教师要积极倡导自主、合作、探究的学习方式为策略，努力建设开放而有活力的语文课堂，通过识字写字、朗读、口语交际综合性的教学，让学生"知""能"并举。

　　《孔雀变了》是北京版教材第五单元的第25课，课文紧紧围绕"变"展开，之前孔雀自以为漂亮，对谁都没礼貌。"一出口就是'喂、喂'"，而小猫则不然，同样是问路，孔雀问路的结果是谁都不理他，而小猫问路，大象会微笑着告诉得清清楚楚。后来，孔雀听了大象的话，认识到自己的错误，很惭愧，也变得懂礼貌了。课文第二、三自然段分别具体地描写了孔雀和小猫问路的过程，孔雀的无礼与小猫的懂礼貌形成了鲜明的对比，大象对孔雀和小猫的态度也截然不同。这样的对比，使形象更加鲜明，所以表达的道理更加突出。

　　二年级孩子有着好奇心大，求知欲强，爱表达并且活泼好动，爱展示自己的特点。他们最喜欢做有挑战性的事情，能够展示自我的游戏。通过一年的语文学习，他们能够借助拼音流利地朗读课文，对简单的句子有自己的理解。对学习语文有着一定的兴趣，乐于参加各种学习活动。因此围绕教学重点我设计了四个团队活动，其中一个是为了使学生更好地朗读和理解课文奠定基础的复习词语的环节。另一个是通过学生自主探究回答问题，找出同样是问路，大象告诉小猫却不告诉孔雀的原因。最后两个活动是通过学生表演朗读，将课文内容再次升华拓展，充分感受文明有礼的重要性。

学科	语文	领域与课题	《孔雀变了》	课型	新授课
学习目标	1.复习巩固孔雀、迷路、附近、搭理、告诉、应该、惭愧、礼貌等词语。 2.学生能够正确、流利、有感情地朗读课文。分角色朗读课文。 3.使学生感受到文明有礼的重要性，懂得如何尊重他人。				
学习过程					

环节及时间分配	活动内容	活动规则	活动依据及设计意图
一、导入目标（2分钟）	视频导入新课，解读本课的学习目标。	观看视频，回顾课文解读学习目标。	通过观看视频对课文进行回顾。明确本节课学习目标。
二、团队合作，复习词语（4分钟）	团队任务一：复习词语 1.认真读词语，把字音读准确。 2.容易错的词语多读几遍。	评价规则： 1.声音洪亮 +1 2.读音准确 +1 3.分工合理 +1	通过复习上节课认读过的词语，为朗读课文做准备。低年级的小学生更喜欢比赛式游戏，团队合作读，更能激发孩子的学习的积极性。
	自读课文	回顾孔雀的变化（孔雀由什么样变成什么样）	通过朗读课文，回顾孔雀的变化，体会题目《孔雀变了》，为下一步的整体研读感悟奠定基础。
三、理解课文，指导朗读（20分钟）	团队任务二：学习第2、3自然段。 1.画出孔雀问路的句子。 2.画出小猫问路的句子。 3.为什么大象告诉小猫却不告诉孔雀？	评价规则： 1.答案准确 +1 2.声音洪亮 +1 3.团队合作完成 +1	通过对于文中词语和句子的品读，理解词语的意思，并通过朗读表达自己的感受。感受到文明有礼的重要性，懂得如何尊重他人。

（续表）

三、理解课文，指导朗读（20分钟）	分角色朗读课文 1.分工明确 2.有感情地朗读课文	评价规则： 　1.声音洪亮 +1 　2.有适当的表演动作 +1 　3.团队合作完成愉快 +1	团队合作，让学生自主选择自己喜欢的角色进行朗读，这样一来，学生眼里文字不再枯燥，通过这种思维和情感的体验，使学生对课文内容有更深的感知，体会礼貌的重要性。
四、语言拓展练习（7分钟）	团队任务三：变了的孔雀来到熊伯伯的店里，买她爱吃的豆子…… 1.请你自编自演，变了的孔雀会和熊伯伯有怎样的对话？	评价规则： 　1.团队成员合作愉快 +1 　2.规定时间内完成 +1 　3.语言表达清楚 +1 　4.表演生动 +1	语言是在一定情景中使用的，创设趣味情景，不仅可以提高学生的兴趣，激发他们的想象力，更重要让课堂教学与生活实际相结合，培养学生的语言实践能力。
五、学习生字（7分钟）	学习生字"礼、貌"	学生活动：记"礼，貌"二字。听老师讲解"貌"字的意义。	使学生理解象形文字，加深学生对"貌"字的理解。
板书设计 学习目标	25.孔雀变了 傲慢　　　　　没 　　　　　　　　礼貌 谦虚　　　　　有		

《金色花》教学设计

奚志会

一、教学背景与设计

学科	语文	所用教材	北京义务教育课程改革实验教材	任课教师	奚志会	年级班级	六（5）班
课题			《金色花》				

本课教材分析：

本文是一篇状物的文章，讲述了"我"养仙人掌的经过，赞颂了仙人掌的坚强，表达了对仙人掌的敬佩和喜爱之情。虽然文章写的是仙人掌，但在描写过程中，作者加入"我"的情感描写，使文章生动自然且真实感人。

课标要求及解读：

《语文课程标准》中指出：语文课程应注重运用多种教学手段，使学生在不同内容和方法的相互交叉渗透中提高教学学习效率，努力建设开放而有活力的语文课堂，同时应该注重平时学生的语文素养的形成与发展，达到语文工具性与人文性的统一，这样才能推动语文课程的发展。我们更应该关注每一个学生，关注他们的知识技能，关注他们的情感需要，充分发挥他们的智能优势，不断提高他们的基础技能和学习能力，给学生创设一个良好的学习氛围，使语文课堂充满亲和力和生命力——"语文味"更浓。

本课教学目标：

知识：

1.认读9个字。

2.积累运用喜欢的语句。

能力：

1.能联系上下文理解"我"曾无所顾忌地狂笑过仙人掌的丑陋，现在却为自己的浅薄庸俗而感到惭愧，这是为什么？

2.揣摩文章的表达顺序，体会"我"的思想感情转变的原因，感受金色花的美丽，仙人掌的坚强。

行走　发现——北京教育科学研究院通州区第一实验小学优秀教学设计集锦

（续表）

学科	语文	所用教材	北京义务教育课程改革实验教材	任课教师	奚志会	年级班级	六（5）班
课题			《金色花》				

3.写一首赞美仙人掌的小诗。
4.培养学生分析信息和应用相关信息的能力。
5.培养学生独立学习和合作、探究、互动的学习能力。
6.关注美好的生存环境，体会植物的多样性和差异性。

情感态度价值观：
1.仙人掌的顽强精神值得我们赞美，仙人掌值得我们喜爱。
2.地球上的生物种类多样，我们的生活需要多种植物，要与他们和谐相处。
3.人在成长的过程中需要顽强精神，这种精神是我们可持续发展不可缺少的条件。

学情分析：
从表面上看学生对仙人掌这种植物比较熟悉，也有人看过仙人掌的花。但是他们中几乎少有人喜欢仙人掌这种植物，更别说对仙人掌的顽强生长、努力开花的过程进行理性的思考。作者从独到的视角观察品评仙人掌这一顽强植物，也给学生一次很好的教育机会，也让学生喜欢上这种特殊植物——仙人掌，从而感受生活的五彩斑斓，热爱身边的一切动植物。

可持续发展教育渗透点：
渗透植物的多样性和差异性，构建人与自然的和谐关系，让地球上的一切生物生生不息。
从小树立顽强精神，让顽强精神成为可持续发展的动力。

教学重点：了解"我"的思想感情转变的原因，感受金色花的美丽、仙人掌的坚强，体会作者对仙人掌的敬佩和喜爱之情。

难点：体会作者对仙人掌的敬佩和喜爱之情。

二、教学过程

课前：预习探究
1.课前发放预习作业单：认识9个认读字，给课文分三段，写段意。
小组探究，完成表格。思考：仙人掌发生了怎样的变化？"我"的心情发生了怎样的变化？
2.搜集仙人掌的有关知识。
小组调查阳台的花并拍照，探究"美"不"美"，可制作PPT。
【设计意图】帮助学生养成课前预习、搜集相关知识的习惯与能力；学会主动探究，热爱学习生活，发现植物的美。

（续表）

课中：合作探究

第一环节：调查铺垫引发兴趣（7分钟）

1.汇报课前小调查：我家阳台的花

组长用PPT汇报调查情况。学生发表意见。

2."我"养了仙人掌，开出了"金色花"。"我"用这些词来形容金色花，大家来读词。

学生读词。

3.打开书，回忆课文分哪三部分内容？学生发表意见。

【设计意图】此环节意在以前期的调查铺垫引发兴趣，培养学生整理、加工信息和语言表达的能力，感受人与植物和谐相处的美好境界。

第二环节：合作学习揣摩文字（23分钟）

1.交流课前探究表格：仙人掌发生了怎样的变化？"我"的心情发生了怎样的变化？

2.小组合作：用思维导图展现仙人掌的变化和"我"的情感变化。探讨："我"曾无所顾忌地狂笑过仙人掌的丑陋，现在却为自己的浅薄庸俗而感到惭愧，这是为什么？（小组探究学习）

3.小组学习交流（各组展示导图）

4.品味语言领悟情感。

师生配合朗读：

（师读）这是我看过的最美的花——（生读）是的，是一朵花，并且是一朵异常漂亮的花。金黄色，12个绸缎般富有光泽的花瓣；敏感地轻颤着柔软的花穗，细密地遍布着雪乳般滋润的花粉。它凝然静立，却闪烁着宫殿般辉煌灿烂的光芒。

（师读）这是我想到的最顽强的花——（生读）是的，是一朵花，并且是一朵异常漂亮的花。金黄色，12个绸缎般富有光泽的花瓣；敏感地轻颤着柔软的花穗，细密地遍布着雪乳般滋润的花粉。它凝然静立，却闪烁着宫殿般辉煌灿烂的光芒。

【设计意图】此环节意在以思维导图打开学生的思路，创造多角度解决问题的途径，从而实现学生与文本以及作者心灵的对话，感受学科间知识的联系性，感受仙人掌的顽强精神。

第三环节：应用文字赞美小花（6分钟）

运用本课的词语，完成赞美仙人掌的诗歌。

【设计意图】此环节意在将词语进行积累应用，锻炼写的能力，进一步赞美仙人掌是美丽与顽强的结合体。这既是对文章内容的一个归纳，同时也是对文章中心思想的一个提升，同时创造课堂美好氛围。

（续表）

第四环节：讨论总结美好生活（4分钟）

1.讨论：仙人掌这样的好，以后我们都种它好不好？

2.咱家阳台的花一样美，学生PPT交流美阳台。

3.诗词总结：地球上的植物五彩缤纷，用心去爱她们，共同创造美好生活！

【设计意图】此环节意在让学生通过合作交流全面认清植物与人类的关系，树立可持续发展理念，并为地球的生生不息而付出行动。学生在学习中建立系统性、批判性思维。

课后：应用探究

1.写一首小诗赞美一种喜欢的植物，亦可诗配画。

2.自己养一种植物，可写观察日记。

【设计意图】锻炼学生搜集信息、观察、绘制、写作等综合能力。在实践中体会每种植物都有独特性，要观察、学习，才可以维护自然境界的生生不息。

三、反思

1.本课在设计时关注了"学习是终身学习"的问题，通过围绕《金色花》进行课前探究身边的美，到课中探讨什么是美，再到课后践行"美"的行为，都是在尊重学生的认知水平，调动学生的自主性，让学生感受到学习语文是终身学习，同时也是终身发展的需要。另外，也让学生关注身边的环境，保护动植物，为地球的和谐发展尽微薄之力。

2.营造对话氛围，提升人文素养。新课程改革要求课堂中的每个人都是平等学习的对话者。在《金色花》一课的学习中，我通过探讨情感线，多种形式汇报，写赞美仙人掌的小诗，讨论"美"与"不美"，品读优美词句等环节，让学生进行个性化阅读，不断与文本进行生命的对话，张扬个性，使学生既有读书之乐，又有发现之喜。当然在这一过程中，教师的引导、合作的作用又尤为重要。课堂是动态的，应把握语文工具性和人文性的统一，让学生既掌握了一些学习基本技能，又对仙人掌的坚强性格有更深的理解，让顽强成为未来发展的有力因素。

3.培养学生运用多种方法锻炼语言表达能力，同时在教学中运用多种形式教给孩子们一些学习的方法，促进批判性和系统性思维、协作决策等能力的培养。

《守株待兔》教学设计

杨月欣

教学设计个人信息				
	姓名	单位		
设计者	杨月欣	通州区第一实验小学		
教学基本信息				
课题	《守株待兔》			
学科	语文	学段	中年级学段	年级	四年级

1.指导思想与理论依据

　　《语文课程标准》中指出：语文教学要注重语言的积累、感悟和运用，注重基本技能的训练，给学生打下扎实的语文基础。学生只有在教师的引领下，体会文本情感，再用朗读形式表达自己的感受，才能真正地了解文本内容，感受阅读的快乐。

　　《守株待兔》是一篇文言文的寓言故事，用词精练、恰当，用简短的故事揭示了深刻的道理。教学中力求通过多种形式的读，使学生走进文本，读出自己的理解，读中感悟文本中蕴含的道理。并通过多种形式的练习，帮助学生积累和运用所学知识。

　　只有教师创设相关情境，才能增强学生体验、激发学生思维活动、提高学生自主表达的意识。现代教育技术与学科的整合，就有助于教师创设相关情境，有助于学生认知的建构。运用现代教育技术手段，可以增强学生的感性认识，实现文本内容的重组，既为因学定教提供可能，也为学生认知建构搭建了平台。

2.教学背景分析

　　本课是第八册第6单元的一篇课文。课文讲述了宋国有个种田人，看到一只兔子撞死在他田中的树桩上，便毫不费力地将这只兔子捡回家，并从此放下手里的农具守在树桩旁，希望再捡到兔子。最后，他不但没有得到兔子，而且还遭人耻笑。这篇寓言虽然短小，但寓意深远，值得品味。

　　四年级的学生已经具有一定的学习古文的能力，基本掌握了借助字典、词典和课下注释，理解字词含义的学习方法。另外，有一部分学生已经阅读过白话文的《守株待兔》，所以可以放手让学生自学，在感悟寓意时教师可适当地引领、点拨。

3.教学目标（含重、难点）

教学目标：
1.学会本课生字。
2.朗读、背诵课文。
3.能用自己的话把故事讲给别人听。
4.了解寓言故事的内容，懂得其中的道理。

教学重点：
了解寓言故事内容，懂得其中的道理。

教学难点：
懂得寓言所要说明的道理。

4.教学过程

一、谈话导入，揭题解题：
1.这节课我们继续学习23课《寓言二则》中的《守株待兔》，齐读课题。
2.板书课题：伸出手和老师一起写课题。
　　强调：题目中的"株"是生字，谁知道它是什么意思？（树桩子）。指名试着说一说题目的含义（对照屏幕说）。
3.现在我们一起来看看故事的原文。
　　出示原文，自由读；纠正字音，再次自由读；指名读一读；强调停顿（出示断句的方法），再次自由读；放慢速度指名读。

二、理解句意，感悟道理：
师：课文读好了，下面咱们得好好地来了解一下这个小故事的内容。
（一）自学课文
1.指名读自学提示：（1）了解重点字词的含义，串连字词的含义了解每句话的意思。（2）思考：这则寓言讲了一件什么事？（3）提出自己不懂的问题。
2.一起回忆了解古文中字词含义的方法有哪些？（如：查字典、看注释、联系旧知识等）
3.学生自学，和同桌交流。

（续表）

（二）集体交流

1.宋人有耕者，田中有株，兔走触株，折颈而死。

（1）指名读原句，说字义。

"耕者"中"者"的含义，举例说一说哪篇文章中遇到过。（《刻舟求剑》）

"走"在文中是跑，古人用哪个字表示"走"的意思呢？（行）

举例说明：a.三人行，必有我师焉。b.舟已行矣，而剑不行。

"触"的含义是什么？

"颈"的含义是什么？带页字旁的字还有哪些？与什么有关？（与头有关）

（2）指名说一说句意。

（3）师：一只兔子跑得非常快，砰，撞在树桩上，撞断脖子死了。被谁看到了？（种田人）种田人看到撞死的兔子会怎么想？指名说。

（4）师：白白得到一只兔子，还美美地吃了一顿，种田人有了这次意外的收获后，他是怎么做的呢？用原文回答（引出第二句）。

2.因释其耒而守株，冀复得兔。

（1）指名读原句，说字义。

"因"的含义是什么？

"释"的含义是什么？师："走"的含义已经改变，"释"的含义至今仍在沿用，如："爱不释手""手不释卷"等。

"耒"的含义是什么？出示"耒"的演变过程及带有耒字旁的字。

"冀"的含义是什么？"复"的含义是什么？分别指名说一说。

（2）指名说一说句意。

（3）创情境朗读：

师：一天过去了，别人已经干完地里的活儿回家了，可是这个种田人却——生读第二句；一个月过去了，地里的庄稼已经枯萎了，可是这个种田人却——生读第二句；一年过去了，田地已经荒芜了，可是这个种田人仍然——生读第二句。

（4）出示填空：像他这样"因释其耒而守株，冀复得兔"简直就是（　　　）。

引导学生用四字词语填一填，为理解寓意做准备。

师：像他这样结果会怎样呢？引导学生用书上的句子回答。（引出第三句）

3.兔不可复得，而身为宋国笑。

（1）指名读原句，说字义。

"身"的含义是什么？

"为"的含义是什么？"为"有两种读音，一起看一看（课件出示）。这里应选择哪种？把"为"读成二声是根据字义确定字音的。

（2）指名说一说句意。

4.了解了每句话的含义，谁来说一说寓言写了一件什么事？

5.师：还有不理解的吗？（学生质疑）老师有一个问题：种田人被宋国人嘲笑，你觉得可笑吗？为什么？

（续表）

6.通过学习你知道什么了？师针对学生的回答，抓重点词板书。

三、拓展延伸、回归整体：

1.带着感悟读全文。

2.出示名言警句，自由读。（a.麦芒掉进针眼——凑巧了。b.一劳永逸的话是有的，而一劳永逸的事是没有的。c.幸福的生活是靠劳动创造出来的。）

师：作为一个旁观者我真想对这个种田人说：意外得到兔子只是"麦芒掉进针眼——凑巧了。"千万别把偶然发生的事当成必然。

假如你就是种田人的邻居或朋友，你打算怎么劝他？可以用上这些名言警句。

3.练笔：他听了我们的劝告会怎样做？日子过得如何？写一写。

4.带着我们的理解再次朗读全文；这么经典的故事让我们试着背一背。自由背、指名背。

四、总结。

师：希望大家在生活中、学习上不做守株待兔的人，因为幸福的生活是靠劳动创造来的。

五、作业：

1.完成、修改小练笔

2.背诵课文

板书：　　　　守株待兔

　　　　　　　不劳而获

　　　　　　偶然（不等于）必然

5.学习效果评价设计

按原文填空练习。

解释重点字词的含义。

说明：以上两题，可作为对学生学习效果的考查。

6.教学反思

本课与其他教学设计最大的区别，就在于教师在教学中能根据学生的心理特征、教学的需求，发挥现代教育技术的优势，创设情境，来激发学生浓厚的学习兴趣，诱发学生强烈的学习动机，调动学生学习的积极性。所以，在此教学设计中我利用现代教育技术做到了：

1.以读为本，读中理解、感悟寓意。

（1）初读时，要求学生读准字音、读通句子、读出韵味，为理解课文打好基础。

（2）理解中读，为学生创设情境，带着自己的理解读，为理解寓意做准备。

（3）理解后读，让学生带着自己的感悟读，加深理解，为背诵打下基础。

（续表）

2.注重积累和运用，加强语言文字的训练。

语文课教师的主要任务不应该只是让学生理解课文内容，应该借助课文内容，设计各种语言训练的情境，千方百计地让学生进行各种形式的语言实践活动。这堂课的教学设计，我比较注重培养学生对知识的积累和运用。比如在理解"者、走、释、颈"这些字的同时，引导学生归纳相关的知识点；又如在帮助学生理解寓意时出示的三句格言。这样既帮学生巩固了旧知识，又拓展了学生的认识。

3.读写结合，培养想象力。

通过最后的小练笔，引导学生发挥想象力，提升认识。

总之，现代信息技术媒体介入教学中，能极大地提高教学效率，帮助教师培养学生健康的情感、兴趣与创造力。随着新课改的深入，只要我们持之以恒地将现代信息技术媒体合理运用于教学中，小学语文教学的课堂一定会更加有声有色、丰富多彩。

《梅花魂》教学设计

杨月欣

教学基本信息			
课题	《梅花魂》		
姓名	杨月欣	学科	语文
学校	通州区第一实验小学	年级	六年级

1.设计理念

新课标指出："阅读教学应引导学生钻研文本，在主动积极的思维和情感活动中，加深理解和体验，有所感悟和思考，受到情感熏陶，获得思想启迪，享受审美乐趣。"

在新课程理念的指导下，本设计力图强调读者与文本之间对话的过程。在引导学生阅读的过程中，利用文本提供的教学空间，最大限度地开发教材资源。开发学生已有的知识积累、思想情感，对课文内容进行补充、拓展，与作者、文本进行深入对话，通过有感情朗读训练使学生深入感悟文章的内涵。同时，借助电教手段创设情境，提升学生学习兴趣，提高课堂教学质量。

2.教学背景分析

教材分析

《梅花魂》是小学语文第12册第七单元的一篇课文。课文从故乡的梅花又开了引入，追忆了漂泊他乡、葬身异国的外祖父的一些往事。通过对外祖父珍爱梅花，在归国之际将墨梅图与绣着血色梅花的手绢送给外孙女的回忆，体现了外祖父对祖国深深的眷恋之情。课文运用借物喻人的写法，用梅花来赞誉中华儿女的品格，从中表达了外祖父对中华儿女以及祖国深深的爱意。课文感情真挚，语言优美。选编本文的意图在于：通过学生对文本的阅读与感悟，能够领会到文本中所传达的深深的爱国之情，从而激发学生对祖国的热爱之情。

学情分析

六年级学生具有一定的概括、分析能力，而且本班大部分学生思维活跃，善于思考，特别是部分男生课外知识丰富，表达能力强。

（续表）

对于《梅花魂》这种感情真挚、深沉的课文，如何带领学生深入体会情感是教学的重点。文中外祖父是一个身在异乡几十年的老华侨，他对祖国的眷恋之情，是小学生最难以理解的，因为这种情感远离学生的生活，孩子们无法亲身体验。但是由于孩子们的思维比较活跃，又有一定的积累，教学时可利用多种方法为学生创设情境，放手让学生多阅读，在读中去体会、去感悟。

前期教学状况
1.已经掌握课文中的生字，理解了课文中的新词。
2.初读了课文，归纳了主要内容，了解了"读诗落泪""思国痛哭"这两件事，感受到了华侨老人浓浓的思乡情。

教学方式和手段
1.通过多形式的朗读，了解课文内容，体会华侨老人眷恋祖国的思想感情。
2.用对比、想象等方法加强语言训练，感受语言文字的魅力。
3.运用多媒体，力求达到"情"与"景"的交融，体会文中的思想感情。

3.教学目标（含重点、难点）

教学目标
1.联系课文内容，体会文中的思想感情，理解"梅花魂"的含义。
2.有感情地朗读课文。背诵第13自然段。
3.了解课文的内容，体会华侨老人眷恋祖国的思想感情。

教学重点:
了解有关梅花的三件事，体会华侨老人眷恋祖国的思想感情。

教学难点
理解"梅花魂"的含义。

4.教学过程

一、复习导入
1.齐读课题《梅花魂》。
2.快速浏览课文，回忆分别是哪五件事。
3.本节课重点研读与梅花有关的三件事。
【设计意图：回顾课文内容，为下面的学习做好铺垫。】

二、品读文本
(一) 珍爱梅图
1.默读第3自然段，看一看从哪些语句中能感受到外祖父分外爱惜墨梅图？
边读边做好批注。

（续表）

2.交流汇报：

（1）学生读所画的句子，说一说自己的理解。【课件出示句子】

（2）引导学生抓重点词、修辞方法等体会外祖父对墨梅图喜爱。

（3）归纳写作方法：细节描写。

（4）带着自己的理解读此段。

【设计意图：让学生将自己的理解融入朗读中，在读中体会外祖父对墨梅图的喜爱。】

（二）赠墨梅图

1.根据自学提示自学13自然段。【课件出示自学提示】

2.出示描写梅花秉性的句子，说一说自己做了哪些批注，为什么会有这样的感受？【学生交流】

【设计意图：为感受梅花的品质做铺垫。】

3.有感情地朗读描写梅花秉性的句子，并练习背诵。

【设计意图：积累佳句，同时为背诵全段减轻负担。】

4.外祖父是在借梅花赞美具有梅花品质的人，了解具有这种品质的人物。

【出示"几千年来……他们就像这梅花一样。"这段话和相关人物图片。】

5.创情境朗读这段话，体会含义。

6.归纳写作方法：借物喻人。

7.说一说自己怎么理解"外祖父为什么会将珍爱的墨梅图送我？"这个问题。【学生谈自己的理解】

（三）送梅花绢

1.自己读14、15段，回忆"送梅花绢"这件事，想象当时的情景。

2.发挥想象，完成练习。

出示"回国的大客轮起航了，站在码头上的外祖父面对离别的亲人，面对茫茫的大海，面对朝思暮想的祖国，心里想：（　　　　　　　）。"

【设计意图：通过想象练习，体会外祖父眷恋祖国的心。】

三、拓展延伸

1.说说你对外祖父又有了哪些新的认识？

2.理解课题"梅花魂"。

3.课外资料介绍。

4.完成小练笔，指名读一读。

【设计意图：培养学生的写作能力，并有助于学生体会文中的思想感情。】

（续表）

四、布置作业：写读后感

板书设计：

浓	梅花魂	拳
浓		拳
思	读诗落泪　爱墨梅图	爱
乡	思国痛哭　赠墨梅图	国
情	送梅花绢	心

5.学习效果评价设计

1.有感情地朗读课文。

2.积累描写梅花的句子。

3.将学习课文后的感受写下来。

《赠汪伦》教学设计

于子洋

课题	《赠汪伦》	授课教师	于子洋
单位	通州区第一实验小学	授课年级	四年级

教学目标：

会写七个生字，掌握多音字"踏"。

朗读课文。看注释、查字典了解诗句的意思；想象古诗描绘的情景，体会诗人的思想感情。

背诵并默写古诗。

教学重点：

看注释、查字典理解诗句的意思。

朗读课文，想象所描写的情景，体会诗人的思想感情。

教学难点：

想象所描写的情景，体会诗人的思想感情。

教学材料：

纸质资料。

教学环节	教师活动	学生活动	教学意图	时间
导入	播放歌曲《赠汪伦》，引导学生聆听歌词。 揭示诗题	聆听歌曲，想象歌曲中的画面。 书空诗题	激发学生的学习兴趣。 理解诗题	3分钟

（续表）

新授	**一、初读古诗** 1.自读古诗 2.指名读古诗 3.理解古诗的意思 （1）理解重点字词 （2）理解句意 （3）以小组为单位说说每句话的意思是什么。 （4）串联四句诗，说这首诗的主要内容。	学生读古诗，其他学生倾听。 学生完成小卷。 以小组为单位汇报。	初读，扫清字词障碍。 掌握学习古诗的基本方法。	5分钟 10分钟
	二、提出质疑 1.在理解古诗意思的基础上思考你对这首诗有哪些疑问? 2.教师出示材料，学生阅读古诗背景。 3.理解诗人表达的情感。 4.指导学生朗读课文。 指名读	学生提出自己的疑问。 学生从材料中找到问题的答案。 学生练读。	再读古诗学会质疑。 拓宽知识面，提高阅读能力，培养提出问题、解决问题的能力。 概括思想感情。	10分钟
	三、体会夸张的修辞方法 1.提问:桃花潭有多深呢?能测出来吗? 2.积累使用夸张手法的诗句。 3.提示夸张的手法并思考夸张的作用是什么。	学生默读三、四句。 学生思考。	拓宽知识面，引导学生感受夸张的作用。	5分钟
练习	1.创设情境读古诗。 2.抄写古诗。		学会背诵并默写古诗。	5分钟
作业	1.积累送别诗。 2.背诵古诗。	融会贯通。		
板书设计	<center>**赠 汪 伦**</center> <center>李白</center> <center>水深（夸张）</center> <center>李白 ⟶ 汪伦</center> <center>情深</center>			

《天鹅的故事》教学设计

于子洋

课题名称：天鹅的故事			
课题课时	第二课时		
学科	语文	年级	四年级
教材版本	北京市义务教育课程改革实验教材		
教学设计参与人员			
	姓名	单位	
设计者	于子洋	通州区实验一小	
实施者	于子洋	通州区实验一小	
指导者	张春红	通州区实验一小	
课件制作者	于子洋	通州区实验一小	
其他参与者			
本课研究专题			
一、专题名称：语文学科小组合作学习模式研究 一、研究专题背景（以研究教学过程中出现的具体问题为主） 二、研究专题分析（根据研究专题分析教材、学情等） 三、专题解决思路（根据研究专题制定指导思想及理论依据、教学方法等）			
教学目标及教学重难点			
一、**教学目标：** 　1.学习天鹅团结起来破冰取食的过程，感受天鹅勇敢、顽强、团结的精神。 　2.能够说出感受最深的地方，写成一段话。 二、**教学重点：**感受天鹅勇敢、顽强、团结的精神。 三、**教学难点：**能够把读了这篇课文的感受写下来。			

（续表）

教学过程

一、复习导入

1.复习导入，思考故事的主要内容。

2.创设情境，讲述故事发生的背景。（强调初春，贝加尔湖畔）

【预设】学生根据六要素简述天鹅的故事。突出破冰、取食。

【意图】温故知新。创设情境，吸引学生的学习兴趣。了解故事的起因，为后文理解天鹅的行为做铺垫。

二、学习课文的5~7自然段。

（一）整体感知课文

1. 整体感知天鹅破冰过程。

起初，一个老天鹅_____

接着，有几个天鹅_____

然后，整群天鹅_____

终于，_____

（二）自学5~6自然段

1. 出示自学提示，让学生找到5、6段中令人感动的词句。

2. 交流第5自然段。

（1）找出第5自然段中表现天鹅勇敢、顽强的词句。

【点拨】

①体现勇敢：突然，一个个儿特别大的老天鹅腾空而起，不过它并没有飞走，而是利用下落的冲力，像石头似的用自己的胸脯和翅膀重重地扑打着冰面。

②体现顽强：经过这沉重的一击，镜子般的冰面被震得颤动起来。接着是第2次，第3次……

（2）指导第5自然段动作描写的写作手法。

【点拨】

去掉一些表示动作的词语，让学生体会准确使用词语的好处。

（3）指导第5自然段朗读。

【点拨】

创设情境朗读第5自然段，通过自读、指名读和齐读的方式让学生加深理解。

3.分享第6自然段感动的词句。

【点拨】

抓住"破冰勇士"和天鹅的团结，体会天鹅群团结的精神。

句子：（1）这时，别的天鹅似乎被这一举动惊住了。它们呆呆地站在那里，瞧着这位"破冰勇士"。

（2）很快，整群天鹅，大约有百十来只都投入了破冰的工作。它们干得那样齐心，那样欢快！

4. 重温天鹅破冰取食的画面。

（续表）

（三）学习第7自然段

1.出示文本。

2.找到天鹅破冰以后的表现。

3.理解天鹅叫声的含义。

【点拨】

　　教师串讲天鹅的三次叫声，提出问题：天鹅发出胜利的欢呼声，天鹅可能在说"有吃的了，真开心呀！"等。

（四）学习第8自然段

　　理解"挂枪"，体会天鹅对生命的热爱。

【点拨】

　　让学生理解斯杰潘老人挂枪不仅是因为天鹅的顽强、勇敢、团结，还因为天鹅对于生命的尊重。也体现出老人的善良，对生命的热爱。

　　三、拓展阅读《藏羚羊的跪拜》

板书设计

18.天鹅的故事

勇敢

顽强 } 热爱生命

团结

《城市的标志》教学设计

于宗花

教学基本信息					
课题	《城市的标志》				
是否属于 地方课程或校本课程	否				
学科	语文	学段	小学	年级	六年级
相关 领域					
教材	书名：北京市义务教育课程改革实验教材第十一册语文 出版社：北京出版社　　　　出版日期：2011年6月				
教学设计参与人员					
	姓名	单位			
设计者	于宗花	通州区第一实验小学			
实施者	于宗花	通州区第一实验小学			
指导者	崔丽萍	通州区第一实验小学			
课件制作者	于宗花	通州区第一实验小学			
其他参与者					
指导思想与理论依据					

　　《课标》指出："阅读是学生的个性化行为，不应以教师的分析来代替学生的阅读实践，应让学生在主动积极的思维和情感活动中，加深理解和体验，有所感悟和思考。"因此，本节课为学生创设良好的阅读情景，激发学生的主动积极思维。课堂上学生在多种形式的多次朗读中初步感知文章的内容，并且能从整体上了解课文内容，提出疑难问题。教师起到组织者、合作者和引导者的作用，不断在关键处、重点处给予点拨和引导，渗透了阅读方法的指导，学生始终围绕着"自读生疑、再读释疑、品读感悟、升华感情"这一流程，进行自主、合作、体验、感悟，最后合作交流形成自己的认识，在整个教学过程中遵循自主性、探索性的统一，使学生做到乐读趣学。

（续表）

教学背景分析

教学内容：

《城市的标志》一课是北京版实验教材第十一册第二单元中的第二篇课文。课文主要介绍了现在的现代化城市中，相同的东西越来越多，只有树木可以作为城市的标志，说明了每个地方的不同仅仅在于树木，用细腻的描写赞美了树——城市特有的标志。此篇课文的特点在于作者把树当作一座城市的标志，其作用是表达对现代化城市树木的珍爱，提醒和号召人们要自觉保护我们的生存环境，使之与人和谐共存、共同发展。

学生情况：

本班共有43名学生，大部分学生思维活跃，善于思考，特别是大部分女生课外知识丰富，表达能力强，回答问题积极。并且班级中大部分学生已经养成课前预习的好习惯，课前让学生搜集各种树的特点以及城市的历史，学生们查找得很细致，并且还找了各省市的代表花是什么。由于所处的地域问题，有些学生对文中所提到的树种及"树已经成为'城市仅存的个性'"不太了解，因此，对学生进行环保教育迫在眉睫。

教学方式：

1.通过多形式的朗读，了解课文内容，懂得文本所揭示的道理。

2.了解比喻、排比等多种修辞手法表达的思想感情。

教学手段：

1.运用多媒体课件进行教学。

2.渗透学法、引导思考，通过对重点语句的揣摩读懂课文。

3.加强朗读，运用课外资料，发散思维，促进情感升华。

技术准备：PPT演示文稿

教学目标（内容框架）

教学目标：

1.知识：正确、流利并有感情地朗读课文；默读课文，了解作者为什么会说"我们的城市和城市，已经变得越来越像多胞胎了"，树已经成为"城市仅存的个性"；体会排比的作用。

2.能力：通过预习探究、合作探究等方法培养学生联系生活实际和联系上下文解决问题的能力。

3.情感态度价值观：对城市"多胞胎"现象进行思考，产生"以心去爱我们城市的树"的强烈愿望。

教学重点：

默读课文，了解作者为什么会说"我们的城市和城市，已经变得越来越像多胞胎了"，树已经成为"城市仅存的个性"。

（续表）

教学目标：

1.知识：正确、流利并有感情地朗读课文；默读课文，了解作者为什么会说"我们的城市和城市，已经变得越来越像多胞胎了"，树已经成为"城市仅存的个性"；体会排比的作用。

2.能力：通过预习探究、合作探究等方法培养学生联系生活实际和联系上下文解决问题的能力。

3.情感态度价值观：对城市"多胞胎"现象进行思考，产生"以心去爱我们城市的树"的强烈愿望。

教学重点：

默读课文，了解作者为什么会说"我们的城市和城市，已经变得越来越像多胞胎了"，树已经成为"城市仅存的个性"。

教学难点

理解课文内容，对城市"多胞胎"现象进行思考，产生"以心去爱我们城市的树"的强烈愿望。逐步形成爱护树木的自觉意识和主动行为。

问题框架（可选项）

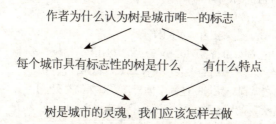

作者为什么认为树是城市唯一的标志

每个城市具有标志性的树是什么　　有什么特点

树是城市的灵魂，我们应该怎样去做

教学流程示意（可选项）

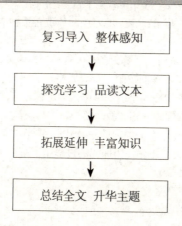

复习导入　整体感知

探究学习　品读文本

拓展延伸　丰富知识

总结全文　升华主题

（续表）

教学过程（文字描述）

一、复习导入　整体感知

1.同学们，今天我们继续学习第6课，请齐读课题。

2.打开书，快速浏览全文，说一说课文的主要内容。

3.师导入：作者认为树是城市唯一的标志。那么作者为什么会有这样的想法呢？这节课我们带着这个问题继续研读课文。

【设计意图】：回顾课文内容，找到本节课的研究问题，有的放矢地学习。】

二、探究学习　品读课文

（一）学习7~14自然段

1.默读课文7~14自然段，读完后同桌交流课前的预作—表格，相互补充。

2.汇报交流：作者首先向我们介绍了哪个城市的树？其特点是什么？找一组学生汇报，PPT出示。其他人补充。

3.课件出示第8自然段，在你的头脑中，"王者风度"是什么样？作者用"王者风度"这个词形容香樟树，看看从哪些地方能够感受到？指名说一说。

（1）强调"遒劲"的读音和意思。

（2）两个人合抱试试，体会树粗。

（3）联想：巨大的龙爪是什么样？树叶茂盛的样子。图片理解。

（4）自己读一读，想象王者风度的样子。

（5）总结写法，都写了香樟树的哪些方面？（树干、树枝、树叶、小果子、香气）

（6）把你感受到的香樟树的王者风度读出来。指名读这一段。

【设计意图】：在抓词、品句的过程中体会作者对树的喜爱。】

4.杭州是个什么样的城市呢？看资料，了解杭州的历史（古都之一）。看图片，想象杭州的美丽（雷峰塔、三潭印月、国际会议中心）。

5.你觉得杭州这个城市和香樟树有什么关系吗？

6.让我们一起来读这一段，感受作者笔下香樟树的王者风度。

7.体会省略号的作用。思考：哪些地方还能体现香樟树的"王者风度"？学生补充资料。

【设计意图】：通过交流资料，了解更多有关香樟树和所在城市的知识。】

8.师总结学习方法：刚才我们按照"交流表格—读课文—交流资料—再读课文"的方法了解了杭州的香樟树，现在以小组为单位按照这种方法，了解文中所写的其他树。

7.以小组为单位学习后面的内容。教师巡视，参与交流。

【设计意图】：在以小组为单位学习的过程中，掌握"交流表格—读课文—交流资料—再读课文"的学习方法。并在合作探究的过程中了解更多有关树的知识，感受树在城市中起到的作用。】

8.集体汇报：交流、完善表格。

（续表）

9.看法国梧桐的图片，体会描写的细致与准确。

10.了解南京和上海的资料，体会树与城市的关系。

【设计意图】：通过了解城市的资料，让学生找到树和城市的特点是有关系的。】

11.学习第12至13段，看屏幕上出示的图片，猜一猜树名、特点及所在城市。

12.通过刚才的学习，说说你喜欢哪种树及理由。带着自己的理解读一读这部分。

13.查看修改自己的表格。

【设计意图】：通过猜一猜的形式，激发学生的兴趣，并通过阅读表达对树的喜爱之情。】

过渡语：通过朗读，我们体会到了作者对树的喜爱。那么作者为什么把树作为城市的标志呢？赶快读一读15~17自然段，边读边思考这个问题。

学习15~17自然段

1.读完15~17自然段，说一说自己的理解。

2.通过刚才的朗读你们体会到了作者怎样的情感？从哪儿体会到的？（引出3个"只剩下"）归纳出三点：守护水土维持性格滋润心灵

3."只"在字典中有2种解释，课文中选哪种？你从中感受到什么？教师引读此段。带着你对此段的理解再读一读。填空练习背诵第15段。

【设计意图】：通过品词、释义体会作者要表达的情感。】

4.教师引读最后一段话。你认为作者在告诉我们什么？归纳出：爱护环境。

5.作者以自己独特的视角把树作为城市的标志，通过刚才的学习，你理解这是为什么了吗？说一说自己的理解。为什么大笔墨写城市的雷同现象？试着说一说。

三、拓展延伸 丰富知识

过渡语：树是唯一不可被替代、不可被置换的标志，这是大自然给予我们的馈赠。那么除了文中提到的这些"城市标志"你还知道哪些城市的"标志"？

1.学生介绍自己收集到的有关资料。

2.教师出示课件，展示一些市树的图片。

3.小练笔：千城一面是件很糟糕的事情，唯有树是不可被置换的标志。你看见婀娜苗条的椰树——你是在海口；你看见（　　　）——你是在（　　　）。

交流汇报，并找3名同学按照排比的句式填一填。

【设计意图】：体会排比的作用，掌握排比的写法。】

四、总结全文 升华主题

1.总结：大自然赐予我们树，来净化空气、保护水土、滋润人的心灵，让我们牢记——引读16、17段的内容。

2.除了树可以作为城市的标准，花也是可以的，比如台北市的市花是杜鹃花，你还知道什么？指名说一说自己了解的知识。

（续表）

3.这节课你有什么收获？（梳理知识点）

【设计意图：对全文进行总结，并拓展课外知识，丰富学生的积累。】

五、作业自选超市（☆为选做题）

1.运用排比这种修辞方法写一段话。

2.背诵课文第12、15自然段。

☆3.为保护树木制作网页或设计宣传语。

☆4.阅读相关文章。

六、板书设计

<table>
<tr><td>城市的标志</td><td>树</td><td>守护水土
维持性格
滋润心灵</td><td>}</td><td>爱护环境</td></tr>
</table>

学习效果评价设计

评价方式

教师评价与学生自我评价相结合。

教师评价：

回顾文章主要内容，评价对文本主要内容的掌握情况。

学生了解树是城市的标志，教师评价学生对树和城市的关系的理解情况。

学生对重点句段进行朗读，教师即时评价。

学生进行对比阅读，教师评价学生对两种表达方式的理解感悟情况。

学生自我评价：

学生通过课后自我评价量规进行自我评价。

评价量规

教师评价量规、自我评价量规。

1.教师评价量规：

理解方面：结合文本所表达的感情，评价学生的理解感悟及语言表达。

朗读方面：结合文本所表达的感情，评价学生朗读的精彩片段。

拓展方面：通过巡视及交流分享，检查学生对文本的理解。

2.自我评价量规：

对自己的字词掌握情况进行评价。

对自己的朗读水平进行评价。（选择符合自己的选项）

能带着对文本的理解正确、流利地朗读。（　）

能带着对文本的理解读出作者强烈的期盼心理。（　）

对自己的阅读水平进行评价。

能够独立思考，读出自己的理解与感受，并进行简单批注。（　）

（续表）

能够结合文本内容，采用多种方式深入理解课文，并能用语言表达出来。（　　）

能够进行比较阅读，找到两种表达方式的区别。（　　）

本教学设计与以往或其他教学设计相比的特点（300～500字）

1.思中领悟，培养学生的理性思维

学习中学生围绕作者对树是城市唯一的标志进行思考，找出各个城市中作为标志的树是什么，有什么特点，然后思考城市的特点和树的特点有什么联系，建立对应关系，理解作者的说法是有据可依的。

2.读写结合，内化拓展

与文本紧密关联的资料补充、紧扣修辞方法的小练笔强化了文章主旨，帮助学生跳出了文本的圈圈，使学生更加全面地了解城市的标志。老师举例城市中标志性的花，推荐搜集资料，使学生懂得在大量的搜集相关信息中一定会有所收获、不断成长。

3.拓展延伸，在综合实践中培养运用的能力

文中写到城市的标志是树，让学生知道很多城市的标志还有花，让学生根据课件中的图片或收集的资料来了解更多的知识，激发学生热爱祖国、向往旅游的强烈愿望。

《春日》教学设计

于宗花

教学基本信息					
课题	《春日》				
是否属于 地方课程或校本课程	否				
学科	语文	学段	小学	年级	四年级
相关 领域					
教材	书名：北京市义务教育课程改革实验教材第十一册语文 出版社：北京出版社　　出版日期：2011年6月				

教学设计参与人员		
	姓名	单位
设计者	于宗花	通州区第一实验小学
实施者	于宗花	通州区第一实验小学
指导者	崔丽萍	通州区第一实验小学
课件制作者	于宗花	通州区第一实验小学
其他参与者		

指导思想与理论依据

　　《课标》指出："阅读是学生的个性化行为，不应以教师的分析来代替学生的阅读实践，应让学生在主动积极的思维和情感活动中，加深理解和体验，有所感悟和思考。"因此，本节课为学生创设良好的阅读情景，激发学生的主动积极思维。课堂上学生在多种形式的多次朗读中初步感知文章的内容，并且能从整体上了解课文内容，提出疑难问题。教师起到组织者、合作者和引导者的作用，不断在关键处、重点处给予点拨和引导，渗透了阅读方法的指导，学生始终围绕着"自读生疑、再读释疑、品读感悟、升华感情"这一流程，进行自主、合作、体验、感悟，最后合作交流形成自己的认识，在整个教学过程中遵循自主性、探索性的统一，使学生做到乐读趣学。

（续表）

教学背景分析

教学内容：

　　《春日》一课是北京版实验教材第八册第二单元中的第一课第一首诗。《春日》是一首表现喜爱、赞美春天的千古名篇，作者是宋代诗人朱熹。春天来了，东风扑面，万千春色，作者兴致勃勃，去寻芳赏春。以"胜日寻芳"开篇，奠定全篇喜悦之情，激发兴奋情感，再以"一时新"收束上联，表现春景来临之快、范围之广，喜悦之情更上一层楼；此时作者已是满怀激情，千古赞春之词便脱口而出："等闲识得东风面，万紫千红总是春"！上联喜春，下联赞春，字字珠玑，步步升华，读者无不身临其境，涌现喜春爱春之情。

学生情况：

　　本班共有43名学生，大部分学生思维活跃，善于思考，特别是大部分女生课外知识丰富，表达能力强，回答问题积极。并且班级中大部分学生已经养成课前预习的好习惯，课前让学生搜集描写春天的诗句、词语等，学生们查找的很多，对春天的美景有了印象。

教学方式：

　　1.通过多形式的朗读，了解古诗内容，想象画面，体会作者的思想感情。

　　2.注重引导学生反复诵读，读中想象情境，体会意境；并借助多媒体课件演示，尽量创设情景，帮助学生理解。

教学手段：

　　1.运用多媒体课件进行教学。

　　2.渗透学法、引导思考，通过对重点语句的揣摩读懂诗句。

　　3.加强朗读，运用课外资料，发展思维，促进情感升华。

　　4.运用了引导法、点拨法和想象法。在教学中加入描述、想象性的语言，用以填补课文内容因文字简练出现的情景空白，引出学生对诗歌上下联的衔接。

　　技术准备：PPT演示文稿。

教学目标（内容框架）

教学目标：

知识与技能

1.学会《春日》中的生字"泗"，理解"胜日、寻芳、等闲、万紫千红"等字词的意思。

2.能理解《春日》中诗句的意思，能熟读并背诵。

3.感受这首诗所描绘的自然美，感悟诗人寻春的愉快心情，并培养学生学诗的兴趣。

过程与方法：利用注释，展开想象，读懂古诗。

情感态度与价值观：体会感悟春天的美丽。

教学重点：理解诗句意思，感受春天无限美。

教学难点：想象诗歌所描写的意境，感受诗人的情感。

（续表）

教学流程示意（可选项）

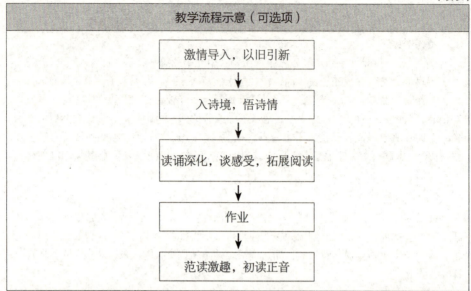

激情导入，以旧引新

↓

入诗境，悟诗情

↓

读诵深化，谈感受，拓展阅读

↓

作业

↓

范读激趣，初读正音

教学过程（文字描述）

一、激情导入，以旧引新

1.同学们，随着温度一天天升高，我们知道春天来了，那么你想做什么事吗？

【设计意图：老师的语言激发了学生的求知欲望，激起了他们的学习热情。】

2.古人也爱踏青郊游，他们还会把看到的用诗句描绘出来，留下了很多的千古名句。让我们一起读读描写春天的古诗。配乐、图片，一起朗诵几首描写春天的诗。

【设计意图：将学生原有的知识与新知识建立链接，从而顺利引出新课。】

3.学生读完诗后，我紧接着说："今天，我们学习一首宋朝朱熹描写春天的诗：《春日》（同时板书，介绍朱熹相关资料）。让我们跟着这位宋朝的诗人，迎着春风，踏着青草，一起去赏春吧。"

二、范读激趣，初读正音

1.读全首诗，注意生字读音。

2.考察对四个生字的了解，介绍泗水的资料，了解泗水滨的意思。

3.读全诗，有节奏地。

生自由读—师范读—个别读—师生接读—齐读。

【设计意图：学习古诗，多形式地，有效的读是十分重要地，有利于学生进入诗的意境。】

4.划分节奏读，齐读。

【设计意图：以诗歌特有的韵律美，将学生带入雅致悠远的古诗文情境。】

三、入诗境、悟诗情

1.我们掌握了生字，读熟了故事，下面我们要做什么工作呢？用什么方法去做呢？

2.出示自学提示，学生做小卷。

【设计意图：培养学生独立学习古诗的能力】

3.订正第一句中的词意，说说这句话的意思。

4.在这无边的光景里，作者的感受是什么呢？（板书：新）你在哪里感受到的？你会想到，春天来到，什么焕然一新吗？

【设计意图：运用了引导法、点拨法和想象法，让学生体会作者的感受。】

5.作者此时的心情如何？（高兴、喜悦……）你来读出这种心情。

【设计意图：训练学生的想象力和说话能力，以帮助学生理解下联】

6.作者朱熹此时看到了什么呢，他是怎么写的？齐读第二句。

7.订正词语意思，说第二句的意思。

8.在诗人眼中，感受到最深的是什么？（板书：万紫千红）

9.看图片，感受万紫千红的样子。

【设计意图：引导学生发现春天的色彩。】

10.你觉得，春天里还会有什么景色让你眼前一亮，说一说。

11.结合你看到的、听到的、想到的，写一写：春天来了，……

选择两份写得好的分享。

【设计意图：训练学生的想象和表达能力】

12.为什么会"等闲识得东风面"？再读第二句，感受诗人的情感。

13.反复朗读"万紫千红总是春"。小结："二月春风似剪刀"，春姑娘翩翩而来，挥舞剪刀，裁剪出了"千万条绿丝绦"，裁剪出了"千万朵鲜艳的红花、紫花、白花、黄花"，裁剪出了"万象更新"的春天，裁剪出了"生机勃勃"的春天，因此，"万紫千红"这个词语就有了新的含义。

【教学意图：合作探究，有利于学生养成严谨的学习态度，体现学生个体的个性。在个性化理解的基础上规范地表述诗意，对于学习古诗是很有必要的。】

14.回顾全诗，齐读。

四、诵读深化，谈感受，拓展阅读

1.诵读全诗。

2.检查背诵。

3.了解孔子和孔林。

4.了解朱熹的作品，有兴趣地回去找书读。

【设计意图：在学生充分理解诗意情感的基础上，我再组织学生按节奏有感情的、想象意境诵读，并要求突击背诵。】

3.说一说：这首诗主要描写了什么，表达了作者怎样的情感？

4.讨论："美好的春天，在你心中，认为她象征着怎样的事物呢？美好的事物，我们应该怎样对待她呢？"

【教学意图】：在老师引导中，孩子们不知不觉地就感受到了春天的美好，春天仿佛就在眼前！孩子们自然而然地进入佳境，随着诗人畅游，享受万紫千红、百花争艳的大好春光。这样学生进一步理解诗中暗含的道理，让学生更加领悟作者的情感，懂得珍惜美好的春天。】

5.诗句欣赏

【设计意图】：引导学生拓展阅读关于春天的词句、古诗，积累语言。】

五、作业自选超市（☆为选做题）

1.背熟《春日》并默写一遍。

2.诗配画。

【设计意图】：充分调动学生参与学习的积极性和主动性，学生的想象能力、绘画能力和写作能力也得到了培养，发挥了特长。】

☆3.积累春天的诗句。

六、板书设计

春日

朱熹

新　喜悦

万紫千红

学习效果评价设计

评价方式

教师评价与学生自我评价相结合。

教师评价：

1.回顾诗句主要内容，评价对诗句意思的掌握情况。

2.学生对重点诗句进行朗读，教师即时评价。

3.学生进行对比阅读，教师评价学生对两种表达方式的理解感悟情况。

学生自我评价：

学生通过课后自我评价量规进行自我评价。

评价量规

教师评价量规、自我评价量规。

（一）教师评价量规：

理解方面：结合文本所表达的感情，评价学生的理解感悟及语言表达。

朗读方面：结合文本所表达的感情，评价学生朗读的精彩片段。

拓展方面：通过巡视及交流分享，检查学生对文本的理解。

（二）自我评价量规：

1.对自己的字词掌握情况进行评价。

2.对自己的朗读水平进行评价。（选择符合自己的选项）

（1）能带着对文本的理解正确、流利地朗读。（　　）

（2）能带着对文本的理解读出作者强烈的期盼心理。（　　）

（续表）

3.对自己的阅读水平进行评价。

（1）能够独立思考，读出自己的理解与感受，并进行简单批注。（　　）

（2）能够结合文本内容，采用多种方式深入理解课文，并能用语言表达出来。（　　）

（3）能够进行比较阅读，找到两种表达方式的区别。（　　）

本教学设计与以往或其他教学设计相比的特点（300～500字）

1.思中领悟，培养学生的理性思维。

学习中学生围绕春天的美丽景色有什么，寻找特点，然后思考美景和美好的事物的联系，建立对应关系，感受文字中的美丽。

2.读写结合，内化拓展。

与文本紧密关联的资料补充、紧扣修辞方法的小练笔强化了文章主旨，帮助学生跳出了文本的圈圈，使学生更加全面地了解春天的美丽。老师举例春天的美景，推荐搜集资料，使学生懂得在大量的搜集相关信息中一定会有所收获、不断成长。

3.拓展延伸，在综合实践中培养运用的能力。

文中写到春天是美丽的，让学生知道美景不常有，而美好的事物常在，让学生根据课件中的图片或收集的资料来了解更多的知识，激发学生热爱祖国、向往旅游的强烈愿望。

《一个这样的老师》教学设计

张海兰

教学基本信息					
课题	《一个这样的老师》				
是否属于 地方课程或校本课程	否				
学科	语文	学段	高年级	年级	六年级
相关 领域					
教材	书名：北京市义务教育课程改革实验教材语文第十一册 出版社：北京出版社　　　　出版日期：2009年6月				
教学设计参与人员					
	姓名	单位			
设计者	张海兰	通州区第一实验小学			
实施者	张海兰	通州区第一实验小学			
指导者					
课件制作者	张海兰	通州区第一实验小学			
其他参与者					
指导思想与理论依据					

　　语文教学是凭借语言文字，训练学生口语表达，发展学生思维，让学生在理解、品味语言文字的过程中得到人文滋养的教学。

　　从学科本身的特点来说，语文课程必须注重读书，注重积累和语感培养，注重品味、感受和体验，注重语言文字运用的实践。本学段对阅读教学提出的目标是：能联系上下文和自己的积累，推想课文中有关词句的意思，辨别词语的感情色彩，体会其表达效果。教学实践中教师应引导学生潜心琢磨语言文字，在个性化阅读中加深理解和体验，有所感悟和思考，力争把语文课上得简单、扎实，使学生学有所获。

（续表）

教学背景分析

学习内容：

《一个这样的老师》是北京市义务教育课程改革实验教材语文第11册第8单元的一篇课文。这是美国作家大卫·欧文回忆自己少年时代学习生活时写的一篇文章。它叙述了科学课上怀特森老师运用"故弄玄虚策略"，教会学生"新怀疑主义"的故事，塑造了一个对学生产生了深远影响而又独具一格的老师形象。

学生情况：

六年级学生已经具备一定的阅读理解能力，已阅读过不少写人的文章，也写过这类作文。他们已经掌握写人文章的学习方法，形成学习习惯，也有一定的读写经验。这篇课文要求学生在充分感受、理解人物特点的基础上评价人物。对于学生来说，困难不大，但要把理由说充分，还是有一定的难度。

教学方式：

1.理解人物特点时，先让学生围绕自学提示，边自学边批注，然后指名板书批注内容，最后集体交流补充。

2.教学过程中，安排了质疑、解疑环节，使教学过程完整，结构严谨。

3.评价人物时，指导学生观点要鲜明，依据要具体，条理要清楚，语句要通顺。

教学手段：

根据教学目标与学生特点，制作了简单的幻灯片。课件设计直观、省时，简单、明确，使学生一目了然，提高了教学效率。作业单的设计简洁精确，包括生字的书写，重点词语的理解，以及句子的练习，使训练扎实有效。

技术准备： PPT演示文稿

前期教学状况、问题：

本班学生在之前的语文学习中，一直在进行自学批注的培养练习，大部分学生能准确批注自己的感受。对于语言的表达交流，也经过一段时间的训练，多数学生能围绕批注的内容，读出文中相关的语句，并准确表达自己的理解与感受。少数学生的批注还不是很准确，语言表达还不够完整。

教学对策：

语文课上，多关注存在问题的学生，并给予他们机会进行表达交流，教师注意关注学困生，并予以个别指导。

结成"一帮一"互助小组，由能力强的同学进行帮助、辅导，大家共同进步。

（续表）

本课教学目标设计

知识与技能：
1.培养学生边读边批注的能力。
2.指导学生准确写出对人物的评价。
过程与方法：
1.通过讨论交流，了解人物的特点。
2.通过分析理解，体会侧面描写的作用。
情感态度与价值观：
了解怀特森老师独特的教育方法、思想，及其对学生的深远影响，从而产生敬佩之情。

教学过程与教学资源设计

一、复习导入。（4分钟）
揭示课题《一个这样的老师》。
检查学习情况：（课件出示）学生完成学习单。
订正，改错。
回忆课文主要内容。
【设计意图：（1）设计学习单，使字词的教学做到扎实有效。（2）检查学生概括主要内容情况，做到整体感知课文内容。】

二、学生质疑，将问题归类。（师板书：写作方法。2分钟）
【设计意图：在学生课下质疑的基础上，将问题进行归类整理，以便课堂上有针对性地进行教学，提高课堂教学效率。】

三、根据自学提示，自学课文1~11自然段。（5分钟）
1.课件出示自学提示：
默读课文1~11自然段，根据你的理解，批注这是一个怎样的老师。
2.师巡视学生批注情况，指导学生将批注的词语写到黑板上。（预设：博学、与众不同、用心良苦、说到做到——）
【设计意图：（1）培养学生边读边批注的能力。（2）训练学生写粉笔字的能力。（3）给学生展示自己批注词语的机会，激发他们批注的兴趣。】

四、分析理解。（15分钟）
（一）怀特森老师的特点。（9分钟）
1.指名交流怀特森老师是一个怎样的老师。
请板书词语的同学谈自己的理解，并读相应段落。其他同学补充。
2.根据学生回答，及时总结，怀特森老师教会学生怀疑和探索，所以与众不同。（板书：怀疑探索）
总结：课文1~11自然段作者将这样一个与众不同的老师展现在我们面前，那12~14自然段又写了什么呢？

（续表）

【设计意图：（1）训练学生的语言组织和表达能力。（2）培养学生认真倾听的能力，并做好补充发言的准备。】

（二）怀特森老师对我们影响深远。（6分钟）

1.自由读课文12~14自然段。看看这三个自然段都写了什么，与怀特森老师之间有什么关系？

2.交流回答，分别读相应段落。

3.在怀特森老师教我们科学课之前和之后，我们的行为有什么变化吗？（师生分析，课件演示）（板书：学习 生活）

4.总结：影响深远并板书

【设计意图：（1）培养学生带着问题读课文的能力。（2）通过理清我们的行为变化，感受怀特森老师对我们的深远影响，从而产生敬佩之情。】

五、学习写作方法（2分钟）

师：课文最后三个自然段都在写我们的变化，对表现怀特森老师这个人物有什么作用呢？根据学生回答，揭示：（侧面描写并板书）

结合1~11自然段的正面描写和12~14自然段的侧面描写进行总结。

【设计意图：指导学生归纳课文的写作方法，使学生明白这篇课文利用正面描写和侧面描写相结合的方法，使怀特森老师的特点更加鲜明突出。】

六、解疑（3分钟）

结合学生课前质疑的问题，进行解答。

（重点指导：这是一个_____的老师，因为_____）

【设计意图：（1）通过解疑这个环节，使教学过程更完整。（2）解疑过程中，指导练习评价人物，为下面的练笔做铺垫。】

七、练习评价人物（9分钟）

（一）写评价。将刚才交流的内容写在学习单上。（5分钟）

（二）交流。（4分钟）

【设计意图：通过写出对人物的评价，训练学生的概括能力，以及书面表达能力。】

八、作业

课下继续完善对怀特森老师的评价。

【设计意图：训练学生修改、补充、完善小练笔的能力。】

九、板书设计

30.一个这样的老师

?   写作方法

博学

与众不同（怀疑 探索）

用心良苦

……

影响深远（学习 生活）侧面描写

（续表）

学习效果评价设计

学生学习效果评价：

1.利用学习单，复习字词这一环节，评价学生书写生字，据意思写词语。大部分学生出色（全部正确，字迹工整）完成了书写字词的任务。少数几名同学书写出现错误。

2.通过交流学生自学批注的内容，评价学生对人物特点的概括是否准确，以及交流人物特点能否做到有理有据，条理清楚，语句通顺。学生自学批注时，教师巡视，发现多数学生都能准确进行批注，个别同学存在问题，教师进行了个别辅导。交流过程中，发言的同学根据自己批注的人物特点，能从文中找到依据，并读出相应语句，谈自己的感受。

3.利用学习单，写出人物特点，并说明理由，进行评价人物。这一设计，目的在于评价学生的概括能力，以及书面表达能力。大部分学生能准确写出人物特点，并从文中找事例进行说明，做到有理有据。但不是每个同学都能把事例写清楚、写完整。

教师自身教学效果评价：

1.教态自然，能够灵活驾驭课堂。教学过程中，教师始终沉着冷静、有条不紊地带领学生开展教学活动。每一环节，都体现了学生的主体作用，教师的主导作用、整堂课学生从书写、批注、汇报、交流，到练笔、评价，教师都能游刃有余地进行组织、协调指导、训练。

2.评价及时，关注学生表现。课堂教学中，教师注意倾听学生的回答，并及时给予评价，让学生感受到老师的关注。得到老师的认可和表扬，大大激发了他们的表达欲望。对于学生回答错误的问题，教师做到了及时给予纠正，使学生能第一时间改正错误。

3.面向全体，注重全员参与。教学过程中，在学生自学批注时，教师到学生中间进行巡视，发现准确的批注，立刻让学生板书到黑板上；同时，指出个别同学批注的问题，使学生能及时修改。在学生写评价时，教师同样单独指导那些评价不准确，理由写得不充分的同学。整个教学过程中，教师不但关注了好学生，还关注了学困生，做到了照顾全体学生，体现了全员参与。

教学设计特色说明与教学反思

教学设计特色说明：

在本课的教学设计中，突出了以下几个特点：

1.复习环节注重了音形义的有机整合，还回顾了课文主要内容，做到了全面复习，不考虑占用时间。通过写，检查了学生掌握字词的情况；通过说，训练了学生语言表达能力。真正使课堂教学落到了实处。

2.重视了质疑环节。围绕课文主题，梳理了两方面问题：主要人物和写作方法。接下来的课堂教学就围绕这两方面进行，使整堂课脉络清晰，线索明显。课后做到了回顾解疑。使教学过程完整，结构严谨。

3.自学提示简洁明了，围绕教学重点，只让学生思考、完成一个问题。给学生尽可能大的空间，进行自主学习，同时练习批注。

4.设计了梳理文中人物的行为变化这一环节，理清了作者的行为思路，做到了通篇考虑。同时也为突破教学难点起到了辅助作用。

教学反思：

创设宽松的学习环境，一条主线贯穿全课，突出教学重点。

在设计本课的自学提示时，考虑到教学内容要有取舍，否则势必造成教学面面俱到，因时间不允许又只能蜻蜓点水，无法突出重点。于是果断删去情感线：次要人物同学们的情感变化，留下主要人物怀特森老师的特点。这样做的结果就是：一条主线贯穿全课，教学重点尤为突出。整堂课，学生就围绕一个问题"怀特森老师是一个怎样的老师"进行自学、批注、交流、评价，给学生创设了宽松的学习环境，使他们能静下心来思考、学习，使课堂教学落到了实处。

给足学生自学时间，培养他们静静读书、认真思考的好习惯。

课上，学生围绕自学提示进行自学。寂静的课堂，只听见学生翻书的声音，动笔批注的声音。他们在这份安静中，沉下心来读书，认真思考问题，经过反复推敲后，动笔批注答案。由于时间给得充分，大部分学生都能准确批注答案。教师在巡视过程中，发现好的答案，就及时让学生写到黑板上。发现不恰当的答案，简单进行了点拨，让学生再思考，没有让学生写到黑板上，大家一起分析不恰当的原因。这一点还有待改进。

训练学生有序表达，培养他们口语交际能力。

针对学生回答问题时经常出现前言不搭后语，不能准确表达自己意思的情况。我便利用语文课训练他们有序表达，培养他们口语交际能力。这节课上，学生在交流时，就做到了有序表达。他们回答问题时，先根据批注内容阐明自己的观点，然后读文中相关的语句，最后谈自己的感受及理解。这样学生回答问题就不会想到哪儿说到哪儿，而是有一定的顺序和条理。能做到依据课文的语言文字谈体会和理解，而不是空谈。

教给学生评价人物方法，把写人物评价落到实处。

课堂上，教给学生评价人物的方法，依据人物所做的事例，评价人物特点。做到有理有据，切记空谈。观点要鲜明，依据要具体。不仅要有自己对人物的观点，而且能从课文的语言文字中找出事实根据。学生在学会评价人物之后，并没有完成任务。接下来教师要求学生写出对人物的评价，做到读写结合，把训练落到实处，使学生真正学会了如何评价人物，突出了课堂教学的实效性。

《千字文》节选教学设计

郭倩

课题	《千字文》节选	年级	五年级	姓名	郭倩
教学目标	1.能够正确、流利地朗读所学韵文。 2.理解韵文大意，懂得"礼、孝、悌"是君子需要具备的品德，并指导自己的行为。 3.学会吟诵这篇韵文。				
教学重点	熟读成诵，学会吟诵的方法，并熟练吟诵所学韵文。				
教学难点	理解韵文大意，感悟"君子修养"，将"兄弟之情""朋友之道"应用于生活中。				
多媒体使用	PPT课件				
教学过程					
教学环节	教师活动	学生活动	设计意图	时间	
导入	1.出示甲骨文的"君"字，提问：怎样的人可以为君子？ 2.揭示课题：今天我们学习《千字文》中的一篇韵文，就能为你揭晓答案	学生为"君"字组词，并谈对"君子"的看法。	通过出示甲骨文图片，激发学生兴趣	1分钟	
一、正音正读	1.出示《千字文》中的韵文，学生自读韵文。 2.请三名同学分别读韵文，教师纠正读音。 3.全班齐读韵文。（教师按声音洪亮、正确流利标准来评价。） 4.预设引导学生利用各种形式朗读韵文： （1）学生分为男女生读。 （2）学生开火车式读。 （3）学生按教师手势分音阶读。 （4）师生尝试打节拍读。	学生自己读一读韵文。 学生听其他人读韵文，纠正自己的读音；全体学生朗读韵文。 通过听教师引导、看教师手势、自己创作节拍来朗读。	借助查字典、互相学习的方法，初读韵文，使学生做到正确流利。 借助多种形式，帮学生熟读成诵。	10分钟	

二、 正字正义 正心正行	1.提出自学要求。 2.通过小练习引导学生理解"礼""孝"都是君子所具备的美德。结合讲解再读前两句韵文。（教师板书：礼、孝） 3.教师出示《七步诗》。学生尝试背诵，并说明对诗文及古诗背景的理解。引发思考：兄弟之间应如何相处？ 继而引出韵文："孔怀兄弟同气连枝" 4.教师讲解"怀"字的造字意义，提问：何为兄弟之情？学生结合所学韵文谈理解。 教师板书：悌 5.由兄弟相处引出朋友之交："交友投分切磨箴规"。教师通过讲解玉器打磨过程、"箴"字造字意义，指导学生交什么样的朋友，才是好的朋友。出示图片，理解箴规的本意、引申义。 6.引导学生回忆身边朋友与自己在学业上切磨，规劝自己改正缺点的事例。 7.引导学生背诵学过的古诗，印证"君子之交"。 8.讨论：独生子女是否要做到"悌"？指导理解：中华民族同根同气，虽不是兄弟，但胜似兄弟。再读"孔怀兄弟 同气连枝 交友投分切磨箴规"。 9.齐读全篇韵文。	读注释和译文。完成小练习，理解韵文含义后朗诵。 回忆、背诵《七步诗》，结合古诗谈自己对"兄弟间如何相处"的看法。 听讲解 理解后再朗读 听老师讲解、观看图片，引发学生思考：什么样的人才是真朋友 回忆与朋友之间发生的事。 背诵友情类古诗 参与讨论并情感饱满的朗诵。 再次齐读。	了解韵文的意思。 通过小练习，理解前两行韵文含义。 以古诗为依托，理解"孔怀兄弟同气连枝"的深刻含义。 学生懂得兄弟之间相互关爱之情为"悌"。 让学生懂真正的朋友是能与自己切磋学业，能规劝自己改正缺点，做到"忠言逆耳"的。 建立"中华民族是一家"的团结一致、和谐共处的思想。 回归整体。	10分钟

（续表）

三、吟诵	1.教师示范吟诵，指导吟诵方法：平长仄短，平底仄高，声断气连。 2.指导学生吟诵每一行韵文。 3.教师示范吟唱。 4.共同吟唱	发现老师吟诵方法。 学会吟诵。 听教师吟唱并练习吟唱 师生共同吟唱。	通过发现吟诵和朗诵的不同，感受吟诵之美。探究吟诵、吟唱方法之后进行练习，感受学习《千字文》的乐趣。	8分钟
四、总结	1.师生共同总结君子所需的品德，教师鼓励学生做未来的君子。 2.背诵所学韵文。	再次谈什么样的人是"君子"。 齐背。	感悟古人处世精髓，感受中华传统文化博大精深。 通过学习本课韵文，对于"君子"有新的理解。	1分钟
板书	《千字文》节选 礼 　　　孝　　君子 悌			

《金色的脚印》《再被狐狸骗一次》课内外整合教学设计

汤静

课题名称			
课题课时	透过小说情节 感悟狐狸形象 ——《金色的脚印》《再被狐狸骗一次》课内外整合		
学科	语文	年级	五年级
教材版本	北京市义务教育课程改革实验教材语文第10册		
教学设计参与人员			
	姓名	单位	
设计者	汤静	通州区第一实验小学	
实施者	汤静	通州区第一实验小学	
指导者	张春红	通州区第一实验小学	
指导者	张丽娟	通州研修中心	
课件制作者	汤静	通州区第一实验小学	
本课研究专题			

1.专题名称：主题关联阅读教学实效性的研究。

2.研究专题背景：《语文课程标准》明确指出要积极倡导自主、合作、探究的学习方式，要在发展学生语言的同时发展思维能力，促进学生语文素养的形成与发展。以探究"狐狸形象"为主题的关联阅读，目的是要培养学生广泛地阅读动物小说的兴趣，扩大阅读面，增加阅读量，在个性化阅读的基础上探索语言表达的规律，提高学生课内外阅读的实效性。

3.研究专题分析：著名教育家叶圣陶先生说过："阅读文章可以得到启发、受到教育、获得间接经验，而在真正理解的同时，对文章的写作技巧必然有所领会，可以作为写作的借鉴。"可见，阅读是培养写作能力的主要途径之一。本单元课文以描写动物间的亲情和人与动物的情感为主，训练学生抓住文章情节中动作的描写感受动物形象，表达自己独特的感受。其中，抓住感点写出自己独特的感受，是学生写好读后感的难点，因此本课的教学正是在为单元作文训练写好读后感做准备，实现学生"从读到写"、学以致用的目的。

（续表）

4.专题解决思路：通过前期调查了解到学生已读过不少动物小说作品，但这种阅读仅停留在表面，只满足于故事的趣味性，关注的是故事中动物的命运。本节课的教学旨在引导学生关注故事情节，透过情节感悟动物形象。在此基础上关联阅读《再被狐狸骗一次》，摸索动物类小说阅读的一般规律，比较不同作品对狐狸形象的塑造，感悟小说情节构思的巧妙以及通过细致的描写来凸显动物形象、表现主题思想方面的一致性。借助课外资料，寻找到作家创作动物小说的相同点，认识到文学创作必须以生活体验为基础的道理，激发学生观察生活、记录生活的兴趣。

教学目标及教学重难点

一、教学目标：

1.指导学生有感情地朗读两篇文章中的感人情节。

2.训练学生抓住感人情节中的动作描写，揣摩狐狸内心丰富的感情世界，感受狐狸形象，表达自己独特的感受。

3.激发学生对人与动物之间和谐相处的渴望。

二、教学重点：训练学生抓住感人情节中的动作描写，感受狐狸形象，表达自己独特的感受。

三、教学难点：训练学生抓住感人情节，感受狐狸形象，表达自己独特的感受。

教学过程

教学阶段	教师活动	学生活动	设置示意图（联系研究专题）
激发兴趣2分钟	1.看图猜故事。 2.说说故事中的狐狸给你留下了什么印象？ 3.果真如此吗？这节课我们一起来读与狐狸有关的两篇文章《金色的脚印》《再被狐狸骗一次》，重新认识一下狐狸这种动物。 4.这两个故事有什么相同之处？	1.《狐假虎威》《狐狸和乌鸦》。 2.仗势欺人、狡猾…… 3.分别说说两篇文章主要讲了什么故事。 4.都是狐狸父母救小狐狸。	联系学生已有阅读经验，对狐狸形象做出评价。 整体感知课文。 抓住主要人物、事件来概括内容。 通过对比，发现文章共同的主题。

（续表）

理清故事情节 12分钟	1.默读课文，想想同样是救小狐狸，两篇文章分别写了哪些具体情节呢？ 2.组织汇报。 指导学生抓住主要情节概括主要内容。 3.观察：从表格中你发现了什么？ 总结：文思看山不喜平，情节起伏，一波三折的故事更吸引读者。	小组合作，填写表格。 2.《金色的脚印》引开秋田狗——咬铁链——喂奶——做窝——熟悉——救正太郎——团聚 《再被狐狸骗一次》装瘸——口吐白沫——撞树、自残——转移小狐狸——撕伤口满身是血——咬断腿骨——朝远离洞口方向奔逃——小狐狸全部转移——公狐狸死了 3.救小狐狸的过程都非常艰难。	培养学生自主阅读习惯。 训练学生抓住主要情节概括内容，提高学生概括能力。 通过对比表格，使学生认识到文章情节安排的巧妙。
抓动作描写，感悟形象 16分钟	1.哪个情节最令你感动？找到相应的语句，读一读，简单批注感受。 2.教师倾听学生发言，引导学生感受狐狸的形象。 《金色的脚印》预设 引导： "大摇大摆地走"狐狸这么做想达到什么目的？ 他抓住这一系列动作感受到了狐狸妈妈想救孩子的急切心情，你还从中感受到了什么？	1.自读批画。 2.与同学分享感动的文字——谈感受——感悟形象： "……大摇大摆地走过来，它嘴里还叼着一只哆哆嗦嗦的鸡。……迅速地转身逃跑了。" ——勇敢、机智 "……拼命地咬……卧在地上喂奶……放哨……回头看……。" ——浓浓亲情、默契配合	自主阅读。 抓住动作描写，感受文章中狐狸的可贵品质，表达自己独特的感受。

（续表）

抓动作描写，感悟形象 16分钟	你从"舔"这个动作中读懂了狐狸哪些想法？	"……不停地舔着他的脸颊。……蹲在他的胸脯上，温暖着他的身体。" ——感恩	抓住学生课堂生成，引导学生认识到动作描写的准确、细致。
	《再被狐狸骗一次》预设 引导：联系自己的生活体验，请你想象狐狸在做这些动作的时候，会忍受怎样的痛苦呢？	"……纵身一跃向一棵小树撞去……咬住自己的前腿弯儿……撕下一块巴掌大的皮来……" "拼命蹦跳着，不断地用爪子撕脸上和胸脯上的伤口……" ——为了引我离开树洞，不惜忍受剧痛。	通过朗读表达感动之情
	狐狸的这种做法让你联想到了什么？ （人类父母对孩子无私的爱）	"叼住……撕扯……转圈……望着我……往后逃去……" "栽倒在地……它死了" ——为了孩子，牺牲自己。	通过联系学生生活使学生体会到狐狸对孩子的爱是无私的、伟大的，从而对狐狸的做法产生敬佩之情。
	3.小结：虽然具体的情节不同，但相同的是作者通过生动细致的动作描写，使我们读懂了狐狸丰富的内心世界。相信此时，你对狐狸的形象一定有了不同以往的认识。	3.综合两篇文章中狐狸的做法，说说此时你心中的狐狸是怎样一种动物呢？	深化对狐狸品质的理解。
拓展阅读 8分钟	1.让我们来认识一下，给我们带来这感人故事的作家吧！ 出示二位作家的照片及简介。 2.播放作家资料。（提前将资料录音） 3.总结：生活是创作的源泉，一切优秀的文学作品都来自于生活。	1.质疑：他们为什么能把狐狸的故事写得这么生动？又是怎么成为动物小说大王的呢？ 2.结合材料，寻找答案。（与动物亲密接触的生活经历、尊重动物，与动物和谐相处——真情实感；善于观察、勤于思考，不懈地创作）	认识到作家创作必须以生活体验为基础的道理，激发学生观察生活，记录生活的兴趣。

（续表）

总结 1分钟	1.将这些读书方法运用到平时的阅读中，读更多的经典动物小说，感受作家们巧妙的情节设计，从生动细腻的描写中感受动物世界的丰富多彩。	1.说说今天的阅读课，自己有什么收获。	理清阅读动物小说的方法。
作业 1分钟	展示动物小说图片，推荐阅读。		应用所学阅读方法，自主阅读实践。

板书设计

金色的脚印　　再让狐狸骗一次　　　　人

机智勇敢　　　　　　爱

感恩　　牺牲自己　　　　动物

默契配合

设计特点

在大量阅读中外名家的动物小说后，我感到视野开阔了，我发现这两篇文章的关联阅读是在为学生打开一扇通往广泛阅读经典儿童文学的大门。文章虽篇幅较长，但通俗易懂，因此无需费力地剖析遣词造句的深意，而应遵循小说阅读的规律，去揣摩故事情节与形象。

本节课教学致力于引导学生透过对感人情节的品读领悟动物形象，走入动物的内心世界，这也正是作家创作的初衷。

给学生创设自主阅读、合作探究的机会，在比较不同作品的异同的过程中，发现文章情节设计曲折，感受动物鲜明的形象，把握动物小说所表达的人与动物和谐相处的主题。

以课外资料为支点，使学生从中发现作家之所以能够把故事写得如此感人，是因为他们曾与大自然中的动物和谐相处，对动物的生活习性十分了解。生活是一切艺术的源泉，让学生明白不去认真观察生活、感悟生活，写出的作文注定是空洞乏味的。

以"狐狸"为主题的课内外关联阅读，使学生由阅读一篇文章过渡到阅读一类文章，在大量阅读实践的过程中，掌握阅读的基本方法，提升对人与动物的认识能力，这也正是课堂教学的意义所在。

Chapter

02

第二章

数学篇

《倍的认识》教学设计

周秀春

教学基本信息			
课题	《倍的认识》（区级）		
学科	数学	年级	二年级
相关领域	数与代数		
教材	书名：北京市义务教育课程改革实验教材　数学 出版社：北京出版社　北京教育出版社　　　　出版日期：2005年6月		

教学设计参与人员		
	姓名	单位
设计者	周秀春	通州区第一实验小学
讲课者	周秀春	通州区第一实验小学
指导者	刘冬绪	北京市通州区教育研修中心
课件制作者	周秀春	通州区第一实验小学
其他参与者		

指导思想与理论依据

　　《数学课程标准》中指出："数学教学是数学活动的教学，是师生之间、学生之间交往互动与共同发展的过程。"所以，数学教学是一种教师和学生的共同活动，正是因为数学教学过程是学生对有关的数学过程的探究、实践、思维的学习过程，固然学生就成为学习活动的主体，教师成为学生数学学习活动的组织者、引导者、合作者。

　　"倍的初步认识"这一学习内容，是学生第一次接触的知识，对于低年级学生来说，这一内容是比较抽象的数学基本概念。因此学生只有通过大量的感知才能对倍的概念有逐步认识。根据本节课的特点及学生的认知水平，整节课的教学，都是围绕从直观的图片观察、思维过程的语言表达、抽象出数学逻辑关系的教学模式进行教学。整节课的数学活动都是以学生为主体，在教师的引导和点拨中促使学生自主地学习和探究。在初步形成"倍"的概念时，让学生通过观察、思考、对比、动手摆、清楚叙述的过程中逐渐形成表象，再引导学生总结发现共同点，从而对"倍"有了初步的认识，理解"倍"的概念。

（续表）

教学背景分析

教学内容分析

"倍的初步认识"这一学习内容，是教材中第一次出现的知识，对于学生来说是陌生的。这一内容是比较抽象的数学基本概念。"倍"的认识是北京市义务教育课程改革实验教材二年级数学上册的教学内容，编排在表内乘法（二）中7的乘法口诀后面，也是一个承前启后的重要概念，是进一步学习有关倍数知识的基础，也是学习分数、比例等知识的基础。

学生情况分析

"倍的初步认识"这一学习内容，是学生第一次接触的知识，对于二年级学生来说，这一内容是比较抽象的数学基本概念。学生平时很少接触到有关"倍"的知识，即使是生活中曾遇到过，但也不会用"倍"去表达这件事，所以学生对于"倍"是很陌生的，缺乏已有的知识基础和生活经验。因此学生只有通过大量的感知才能对倍的概念有逐步认识。对于二年级的学生来说，他们已经有了观察、思考、对比、动手等能力，能简单地将其过程在头脑中形成表象，学生初步地形成了较好的数学学习习惯，如审题、分析、表达等能力。

教学方式与手段说明

1.体验式学习：为了让学生充分地感受"份"和"倍"的关系，理解"倍"的概念，在教学过程中，为学生提供大量的参与机会，在摆、画、想、说的过程中体验"倍"的形成过程。

2.合作式学习：在知识的重点、难点处理上，不仅给学生独立思考的时间，还让学生之间商讨、探究学习过程。

3.探究式学习：巧妙地运用启发引导的方式，在充分观察、认真聆听的基础上，鼓励学生主动去发现问题、思考问题。通过聆听、观察鼓励学生探索对知识的认识。

技术准备

1.图像的技术准备：使用SysRq抓图键制作出图片。

2.采用"Microsoft office PowerPoint"制作演示文稿。

3.其他技术准备：教师课件、多媒体设备。

教学目标（内容框架）

一、"知识与技能"目标

1.在情境中感知"份"和"倍"之间的联系，在"份"的基础上理解"倍"的概念。

2.理解"一个数的几倍"的具体含义，在教师的引导下能有条理的叙述。

（续表）

二、"过程与方法"目标

1.通过观察、操作、交流等数学活动，发挥多种感官功能，学习、体会"倍"的知识。

2.指导学生通过观察、对比等方法学习，激发学生对学习的兴趣。

三、"情感态度与价值观"目标

1.学生能够对"倍"有初步的认识，体验数学与生活的密切联系，学习后能举出生活中有关"倍"的事。

2.在教学情境中感受学习的快乐，使学生有想学的欲望。

教学过程（文字描述）

一、引课：建立"份"的概念

【阶段目标】用学生熟悉又喜爱的卡通图片引出对"份"的认识，激发学生对学习的兴趣。

（一）出示2只小鸟，6只小猴

1.小鸟和小猴比，它们之间有什么关系？（多几、少几、相差几）

2.这两个量相比较，除了有刚才同学们说的多几、少几和相差的关系，它们之间还存在什么关系呢？仔细看。

3.小鸟和小猴比，把2只小鸟看成一份。师圈出2只小鸟。（板书：一份）谁看清老师刚才是怎么做的？

4.2只小鸟看成一份，以它为标准，小猴的只数有这样的几份？（3份）板书：（小猴的只数有这样的3份）

5.你怎么知道有这样的3份？

6.为了清楚地看出有3份，我们也把它圈起来。

7.回顾：我们刚才是把（小鸟和小猴）比，把（2只小鸟）看成一份，（小猴）有这样的（3）份。

8.谁能对照这幅图完整地说一说？

（二）出示3只小鸟，6只小猴

1.现在是谁和谁在比，小猴的只数是小鸟的几份了？（2份）用你手中的学具摆一摆。

2.谁能再说说小猴有这样的几份了？为什么是2份了？（标准一份变了）

设计思路：

在课一开始，根据学生的年龄特点，这些卡通的图片将学生带入一个熟悉的动画世界，激发了学生的学习兴趣，调动了学生学习的积极性。再通过圈一圈、摆一摆的活动，对"份"有了充分地认识。

二、新授：理解"倍"的概念

【阶段目标】在情境中感知"份"和"倍"之间的联系，在充分认识"份"的基础上，理解"倍"的概念。

（续表）

1.通过刚才小鸟和小猴的比较，我们发现如果把一个数当成一份，再看另一个数量有这样的几份，我们还可以用一个新的关系来说，就是倍数关系，（板书课题：倍）仔细看看倍是怎么写的？

2.因为3只小鸟和6只小猴比，我们以3只小鸟一份为标准，小猴有这样的2份，所以（板书：小猴的只数是小鸟的2倍）。

3.这2倍是怎么来的？

4.对照图说一说小鸟和小猴之间的倍数关系。

5.指2只小鸟和6只小猴，问：现在小鸟是小猴的几倍？（3倍）

6.比较：观察这两道题，都是和6只猴子比，为什么一会儿是3倍，一会儿又是2倍了？（因为一份数发生了变化）

7.听同学们这么一说老师明白了，要知道小猴是小鸟的几倍首先要看清（一份），看来一份真的很重要，它在倍里就是一倍的数（板书：一倍）。指着小鸟和小猴比，谁是一倍？（2只、3只小鸟）

8.小猴有这样的3份，就是倍数。

9.谁是倍数？份和倍有什么关系？

10.小结：看来要找两个数量间的倍数关系时，先要找到一份是几，再看有这样的几份就是它的几倍。

设计思路：

在活动中设置了不同的变式练习，使学生动态地感受变化过程，比如小鸟的增加，一份的数发生了变化，份数也发生了变化，同时倍数就发生变化，再通过学生的观察、对比去发现倍与份的联系，主要是想让学生在不断地认知冲突中促成挑战，使学生通过多种感官的参与进一步对知识深化理解。

三、练习：运用"倍"的概念

【阶段目标】运用不同的练习形式巩固"倍"的概念，使学生能运用"倍"的知识解决生活中的实际问题，培养学生"用数学"的意识和解决实际问题的能力。

1.看图，先圈一圈，再填一填。

2.师生做有关倍数关系的拍手游戏。

3.画一画。

（1）第一排：△△

第二排：＿＿＿＿＿＿＿＿＿＿＿＿

第二排的△个数是第一排的4倍。

（2）第一排：＿＿＿＿＿＿＿＿＿＿＿＿

第二排：＿＿＿＿＿＿＿＿＿＿＿＿

第一排任意画几个△，第二排○的个数是第一排的倍数。

设计思路：

教师在教学中再次给学生提供活动的机会，让他们在圈一圈、画一画、说一说、议一议的过程中，凸现学生思维的真实状态，在不断地挑战中修正、提升。

（续表）

四、课堂小结：

【阶段目标】在总结中提取数学，在总结中感受收获。

通过学习你对倍有哪些认识？你能用倍说一句话或是讲一件生活中有关倍的事吗？看来数学知识真是无处不在，有关倍的知识今后还会有更深入的学习，希望同学们勇于发现和探索。

设计思路：

让学生参与全课的总结，既培养了学生的概括能力，又对本课所学知识进行了梳理，同时让学生品尝到收获的喜悦。由课内延伸到课外，给学生一个开放的学习时空，激发他们用数学、爱数学的积极情感。

学习效果评价设计

评价方式

教师评价：

教师在课堂教学过程中，以观察发现、动手操作、对比总结、语言表达等活动进行评价。以学生对"倍"的认识做出的反应进行表扬与鼓励。

学生互评：

在学生问题、评价结果等环节运用学生互评的方法，引导学生针对其是否有倍数关系进行评价。还可以评价学生的学习状态等方面。

评价量规

1.通过学生的课堂参与度，评价学生的情感态度发展，同时评价本课的教学效果，全班学生基本听讲专心，2/3以上的学生积极发言，说明本课的教学效果显著。

2.通过学生的习题反馈，评价学生对于本课基本知识技能的掌握情况。2/3的学生做题全对，说明本课教学效果显著。

3.课堂中注意教师评价语言的及时性、多样性以及个体的差异性。激发学生参与课堂的积极性。

本教学设计与以往或其他教学设计相比的特点

1.学生用熟悉又喜爱的卡通动物做教具，激发学生的学习兴趣。

因为对"倍"的认识是建立在"份"的基础上的，本身知识是枯燥的、抽象的，所以在导入环节就通过直观的、卡通的图片对"份"加以理解，譬如颜色鲜艳的2只小鸟和6只小猴刚一出示，学生霎时惊喜，脸上露出兴奋的状态，从而对学习产生了浓厚的兴趣。

（续表）

2.引导学生在动手、动口中掌握知识，提高能力。

著名心理学家皮亚杰认为：智慧来源于动作，活动是连接主、客体的桥梁。在教学中实施活动的原则就是应该放手让儿童自己去动手、动脑探究，使他们获得经验。逐渐形成、发展认知结构。对于低年级学生来说，他们的特点就是好动、爱说。我想通过动手摆一摆、动口说一说、动脑想一想等环节，在充分感知的基础上进一步引导学生抽象出"倍"的概念，同时通过一题多变、一题多用，体会"份"和"倍"之间的联系，加深对"倍"的理解，学生的认识得到升华，便于学生形成比较完整的认知结构。

3.抓住学生的生成，鼓励学生在辨析中明理。

课堂上学生在画的过程中出现了一个典型的错例，就是在习题要求第二行三角形的个数是第一行的倍数，有学生画出4个三角形和4个三角形比较认为是一倍，有的学生认为是0倍，还有学生认为是4倍，到底是几倍呢？这时老师把这一生成的问题留给了学生，让学生在相互的辨析中找出最终的答案，并用自己的语言表达清晰。

《两位数乘两位数的笔算》教学设计

周秀春

教学基本信息					
课题	《两位数乘两位数的笔算》（市级）				
是否属于 地方课程或校本课程	否				
学科	数学	学段	第一学段	年级	三年级
相关 领域	数与代数				
教材	书名：北京市义务教育课程改革实验教材数学 出版社：北京出版社　　出版日期：2016年1月				

教学设计参与人员		
	姓名	单位
设计者	周秀春	通州区第一实验小学
实施者	周秀春	通州区第一实验小学
指导者	林蕊馨	通州区第一实验小学
课件制作者	周秀春	通州区第一实验小学
其他参与者		

指导思想与理论依据
新课程基本理念，学生的数学学习内容应当是现实的、有意义的、富有挑战性的。学习计算的教学，首先要把计算内容置于实际生活的背景之下，如教科书中呈现的计算学校订牛奶的瓶数这一实际问题学习笔算乘法，让学生在现实问题情境中理解计算的意义和作用，探讨计算方法。然后，为学生提供生动有趣的、有意义的、联系生活的情境材料，让学生运用所学的计算方法解决实际问题。计算教学把自主学习和团队学习的教学方式有机地结合在一起，有利于学生体会计算的作用，感受数学与现实生活的密切联系。并且，对于培养学生用数学解决问题的能力和良好的数感是十分有利的。于是我根据学生特点，在课堂开始就以超市里的饮料箱数为出发点，再现了学生熟悉的情景，激发了学生的学习兴趣，同时，把计算设置在学生熟悉的具体情景之中，激活了学生原有的知识与经验，使学生愿意去主动探索知识。

（续表）

教学背景分析

教学内容： 教科书第11页例3，两位数乘两位数的笔算（不进位乘法）。

学生情况：

为了更好地设计符合学生实际情况的教学内容，在课前我对班内的59名学生进行了问卷调查，调研后发现：学生在学习两位数乘两位数的笔算之前已经掌握了两位数乘一位数的笔算、两位数乘整十数的口算基础上进一步学习的。通过课前测试42×12等于几的问题时发现，全班有1/5的学生可以把这道题做对，剩下的大部分学生的错误集中在用一个因数十位上的数去乘时，所得结果的末尾对位问题，或者是把积只算出一个结果的情况。由此确定本节课的笔算重点应该是让学生掌握乘法的顺序；理解用第二个因数十位上的数乘第一个因数得多少个"十"，乘得的数的末位要和因数的十位对齐。

教学方式：

本节课以探究式、体验式、合作式的教学方式进行教学，在引导学生观察主题图列出算式后，由学生自主探究、尝试解题，给足学生自主学习的空间，教师在这里只需适时地引领、组织和及时小结。

教学手段：

1.体验式学习：为了让学生充分地理解用第二个因数十位上的数乘第一个因数得多少个"十"，乘得的数的末位要和因数的十位对齐的道理，在教学过程中，为学生提供大量的参与机会，在自己算一算、同组说一说的过程中理解其算理和算法。

2.合作式学习：在学生独立思考的同时，鼓励学生之间、师生之间商讨，共同探究学习过程。

3.探究式学习：巧妙地运用启发引导的方式，在充分观察、认真聆听的基础上，鼓励学生主动去发现问题、思考问题。通过聆听、观察鼓励学生探索计算的思路和方法。

技术准备：

1.采用"Microsoft Office PowerPoint"制作演示文稿。

2.教师课件、多媒体设备。

教学目标（内容框架）

教学目标：

1."知识与技能"目标

（1）使学生进一步理解乘法的意义，在弄清用两位数乘两位数算理的基础上，掌握两位数乘两位数的笔算方法和书写格式，并能正确地进行计算。

（2）理解"用一个因数十位上的数去乘时，所得的结果的末尾的积要和十位对齐"的道理，在教师的引导下能有条理地叙述。

（续表）

2."过程与方法"目标

（1）通过观察、探究、交流等数学活动，发挥多种感官功能，在学习、理解两位数乘两位数算理的基础上，掌握笔算方法。

（2）引导学生通过观察、对比、概括等方法学习，提升解题的能力。

3."情感态度与价值观"目标

（1）培养学生用"旧知"解决"新知"的学习方法及善于思考的学习品质，养成认真计算的学习习惯。

（2）在团队学习中感受自我学习的快乐，感受同伴给予的快乐，激发学习的欲望。

教学过程（文字描述）

一、以旧引新，顺势展开

1、团队口算接力赛

6×2=（　　）×2=（　　）×2=（　　）－83=（　　）×3=（　　）×4=（　　）

出示团队合作规则：

（1）团队中每个人都要参与计算。

（2）计算正确的合作加1分。

（3）做完题团队都能安静坐好的规则加1分。

学生计算，教师检查并宣布比赛结果。

【设计意图】由于这是一节计算课，为了激发学习兴趣，提高计算能力，课一开始让学生以团队的形式进行两位数乘一位数的口算比赛，在复习的基础上巩固计算方法，提升团队合作的意识。

2.情境引入，引发思考

（1）出示情景图（有2箱饮料，每箱24听）

①从图上你发现了哪些数学信息？（有2箱饮料，每箱24听），能提一个问题吗？（一共有多少箱饮料？）

②怎样列算式？为什么这样列？（24×2=? 因为有2箱饮料，每箱24听，也就是有2个24）。请你在本上列出竖式进行计算。一生板演并说计算过程。

（2）出示情景图（有12箱饮料，每箱24听）

①现在从图上你发现了哪些数学信息？（有12箱饮料，每箱24听）能提什么数学问题？（一共有多少箱饮料？）

②怎样列算式？为什么这样列？

③24×12到底是多少听呢？你们自己先算一算，遇到困难再和团队的同学交流，出示团队合作规则：

•自己先算一算，遇到困难找同组同学帮助。

•组内交流计算方法。（可以有不同的算法）

•在规定时间内完成的加1分。

•反馈正确书写工整的加1分。

（续表）

•清楚地表达出计算过程的加1分。

请同学读一读，开始行动吧。

【设计意图】学生解决有2箱饮料，每箱24听，求一共有多少听饮料的问题是以前学过的两位数乘一位数的计算，以此复习两位数乘一位数的笔算方法，随后通过增加10箱，现有12箱，每箱24听的信息，再次引发学生提出数学问题，从而自然地引出本课的新知识，即两位数乘两位数的笔算乘法。

二、探究学习，体验计算方法

1、自己尝试的算一算，遇到困难时和团队的同学讨论，开始活动。

2、汇报展示计算过程：

请一个团队汇报一下你们组的计算方法？

学生们分析并解答了出来：

方法一：口算　$10 \times 24 = 240$　$2 \times 24 = 48$　$240 + 48 = 28$

说说计算的想法？（我是用拆分法用老的知识解决新的知识，先算出10箱的听数，在算出2箱的听数，最后再把他们加起来。）

方法二：竖式计算

$$
\begin{array}{r}
2\ 4 \\
\times\ 1\ 2 \\
\hline
4\ 8 \quad\cdots\cdots 2 \times 24 \\
2\ 4 \quad\cdots\cdots 10 \times 24 \\
\hline
2\ 8\ 8
\end{array}
$$

有学生提问：（1）为什么240的"0"不写上？

（2）你说240的"4"因为没有地方写了，才把"4"写在十位上的，我认为你说的不对。生生间互动交流，解决问题。

教师提问：先算什么？48是怎么得来的？再算什么？最后算什么？240的"4"为什么写在十位上？240的"2"为什么写在百位上？

【设计意图】让学生亲身经历计算的过程，引发思考，在自主学习的基础上进行团队学生间相互切磋研究出计算方法，在团队间、师生间的交流、互动中理解第二层积的由来以及"4"写在哪的问题，在学生的讨论中理解用因数的哪一位去乘另一个因数时，所得的积的末尾就要和哪一位对齐的道理。

三、沟通联系，明晰算理

观察比较主题图、口算、笔算之间有什么联系？（它们计算的道理都是一样的）

（续表）

【设计意图】本节课的重点就是借助直观的算理得到抽象的算法，让学生根据题意观察、比较不同的算法，在辨析、交流中沟通算理和算法之间的联系。明晰竖式计算中每一步计算表示什么，帮助学生掌握积的定位，明白数位对齐的道理，这样既有利于规范笔算的算法，又进一步理清楚算理与算法之间的关系，将学生由简单的会计算转向深入理解算法背后所蕴含的道理。

四、回顾总结，揭示课题

1.回顾刚才的计算过程，我们第一步先算什么，第二步再算什么，第三步呢?

2.按照这样的三步来概括一下它的计算方法。

3.想一想今天学习的是什么知识? 揭示课题（两位数乘两位数的笔算）

【设计意图】回顾学习过程，教师引导学生结合竖式的计算过程，概括总结两位数乘两位数笔算的计算方法，引导学生发现新知识，由此学生自然地概括出本节课的课题。

五、巩固运用，深化理解

1.把下面的竖式补充完整。

$$
\begin{array}{r}
2\ 3 \\
\times\ 3\ 2 \\
\hline
4\ 6
\end{array}
$$

（1）请你自己试着算一算。

（2）谁来展示一下你的计算过程，说一说你是怎么计算的?

（3）你为什么把第二层积的"9"写在十位上?

2.我的问题我解决

在上这节课之前我们做了一道前测的题42×12，请同学们根据今天你掌握的计算方法来修改你的题，如果做正确了，就对照你的题说一说它的计算方法。

【设计意图】在这组练习中，强化了第二层积的由来以及书写在哪一个数位上的问题这一教学难点。由于学生在课前的前测中的错误主要集中在第二层积的问题上，所以把前测的习题搬到课堂上，学生不仅巩固了计算方法，还了解了学之前的错因，在这一过程中不断巩固着笔算的方法，同时让学生体验成功的快乐。

六、概括总结，提升思维

通过今天的学习你有什么收获?

【设计意图】在总结的过程中，提炼知识重点，提升学生的思维，培养学生归纳概括的能力。

（续表）

学习效果评价设计

评价方式

教师评价：

1.教师在课堂教学过程中，以观察发现、团队学习、概括总结、语言表达等活动进行评价。以学生对"两位数乘两位数笔算"方法的理解及计算的正确率进行表扬与鼓励。

2.依据友善用脑课堂评价表中的"合作、规则、倾听"进行团队评价，激发团队合作意识，培养学习兴趣。

学生互评：

学生的课堂表现、学习状态运用学生互评的方法进行互评，引导学生针对其第二层积的书写位置展开讨论，并相互评价。

评价量规

1.通过学生的课堂参与度，评价学生的情感态度发展，同时评价本课的教学效果，全班学生基本听讲专心，大部分学生课上积极发言，说明本课的教学效果显著。

2.通过学生的习题反馈，评价学生对于本课基本知识技能的掌握情况。大部分学生做题全对，说明本课的教学效果显著。

3.课堂中注意师生间、生生间的评价语言的及时性、多样性以及个体的差异性，激发学生参与课堂的积极性。

本教学设计与以往或其他教学设计相比的特点（300～500字）

1.知识前测帮助教师找到课堂的教点

计算问题本身具有很强的抽象性，如何才能让学生更好地理解算理，掌握计算方法呢，这时组织学生进行知识前测就会变得很有意义了。于是课前我为学生做了知识前测，帮助老师找到课堂的教点，实施知识前测后感觉对改进自己的教学有很大帮助，能准确地把握学生知识的生长点，选择有效的教法、学法，让学生感受到数学知识很有意思，对计算也有了浓厚的学习兴趣，提高了课堂的实效性。

2.学习方式多样，激发学生学习的兴趣点

为了让学生在计算课上也能活跃起来，在学生的学习过程中在以鼓励学生独立思考，通过同学们自主观察主题图、计算等多种解题策略解决问题的同时，还采取和团队同伴交流，团队间的研讨等学习方式帮助学生理解算理，掌握算法，不同的学习方式，满足了不同层次学生学习的需求。同时，促进学生积极主动地参与。整个学习过程流畅自然而富有变化，学生始终兴致盎然、乐此不疲！

《百分数的认识》教学设计

梁爽

基本信息					
教师姓名	梁爽	教师职称	二级教师	适用年级	六年级
课程学时	1	所在单位	北京教育科学研究院通州区第一实验小学		
教材名称	数学				
课程名称	《百分数的认识》				

课程简介
课程理念：

1.《数学课程标准》中指出：课程内容要反映社会的需要、数学的特点，要符合学生的认知规律。它不仅包括数学的结果，也包括数学结果的形成过程和蕴含的数学思想方法。课程内容的选择要贴接学生的实际，有利于学生体验与理解、思考与探索。

2.百分数是学生在日常生活中经常能见到的一种数，学生有生活经验零散认知，但没有一个完整的正确的认识。引导学生经历"从感知身边和生活中的百分数出发去认识、理解百分数的意义，又回到实际生活中去解释百分数和领会百分数的作用"的学习过程。

3.本课是在学生学过整数、小数特别是分数的意义和应用的基础上设计的。教材在设计上注重数学知识来源于生活的思想，以举行比赛汇总获奖情况这一具体情境导入，让学生通过比一比、算一算等多种形式与方法来感悟学习百分数的意义与价值。

4.本节课中设计多次学生感知百分数的过程，结合获奖情况和生活中的百分数再次感知正确理解百分数，到练习中再次感知百分数与分数的异同，最终对百分数有一个完整而正确的认知，整节课重在考虑学生的认知规律基础上使学生充分经历百分数认知过程，真正认识、理解百分数的意义。

学情分析

教材分析：百分数是在学生学过整数、小数、分数，特别是解决"求一个数是另一个数的几分之几"问题的基础上进行的教学，这一内容也是学习百分数与分数、小数互化和用百分数知识解决问题的基础，是小学数学中重要的基础知识之一。同时百分数在生活、社会生产中有着广泛的应用，六年级的学生都直接或间接地接触一些简单的百分数，对百分数有了一些零散的感性认识。如何激活学生的相关经验，使学生真正感受理解百分数的意义与价值，是本课教学的关键。

（续表）

学情分析：在此次授课前，我对六年级学生做了前测：

一共测试了5个班级，每个班的情况基本上差不多，例如：一个班级总数39人。第1题：35人听说过百分数并且能够举例说明，有4人没有听过。第2题：对于百分数你想了解哪些知识？想了解百分数意义、认识百分数的有15人，占总人数的38.46%；想了解百分数用途价值的有5人，占总人数的12.82%；想了解百分数与分数关系的有4人，占总人数的10.26%；想了解百分数是如何计算的有6人，占总人数的15.38%；想了解百分数与小数关系的有1人，占总人数的2.56%；提出一系列想了解百分数知识的有4人，占总人数的10.26%（这些同学想了解的多个知识点也是以上其他同学提过的知识点）；了解关于百分数的其他知识的有4人，占总人数的10.26%。

通过前测调查发现，绝大部分的学生对于百分数都有生活经验而且还能举例说出生活中的百分数。对于百分数，学生不陌生而且有零散的认知，对于百分数学生想要了解学习的知识也都是一些重点学习、重点讲解的部分，而问得最多的就是：什么是百分数，百分数的意义是什么？这个问题也正是我们这节课重点知识。

由此分析可知：本节课学生想要学习了解的知识也正是百分数的意义，这是本节课的重点与难点。教学设计要根据学生的认知水平、求知欲望进行设计教学。

教学内容

一、教学课型：概念课

二、教学方法：本节课活动主要采用综合性的教学方式，以体验式教学活动为主，同时又融入了小组合作式教学方式。

三、教学媒介：课件　前测问卷

四、学时分配：1学时

五、教学目标：

知识与能力目标：

结合具体情境认识百分数，正确理解百分数的意义，会正确读、写百分数。

过程与方法目标：

通过观察、比较等学习方法，使学生经历自主探究过程，理解百分数的意义，感受百分数价值，增强学好数学的信心。

情感、态度、价值观目标：

提高学生搜集、分析信息的能力，锻炼学生的口头表达能力，体验到数学与日常生活密切相关，培养学生积极思考、及时反思的学习习惯。

六、教学重点：理解百分数的意义。

七、教学难点：理解百分数的意义。

（续表）

教学过程

一、激趣导入

回顾

师：同学们还记得我们之前的前测问题吗？

前测

1.你听说过百分数吗？举几个例子。

2.对于百分数你想了解哪些知识？

师：老师整理了几个班的前测情况，大部分学生都听说过白分数，同学们举出了很多例子。看这个同学的举例，谁来读一下。

3.初步感知百分数

（1）提出问题

课件出示：

①男生占全班人数的46%。

②中午在学校吃午饭有29%。

师：依次理解46%、29%。

生：……

师：现在你对百分数有一些认识了吗，说说感受。

生：有点像分数。

师：同学们举了很多的例子，生活中有这么多百分数，百分数有什么用啊？接下来我们一起来研究研究。

二、新授部分

1.出示问题

师：希望小学六年级学生正在举行"奥运知识"比赛，获奖情况如下：

班别	获奖人数
1班	21
2班	24
3班	19

师：看一看，哪个班获奖情况好一些呢？为什么？

生：要考虑参赛人数，参赛人数相同可以直接看获奖人数。

师：获奖情况与什么有关系啊？

生：参赛人数和获奖人数有关系

2.解决问题

出示表格

班别	参赛人数	获奖人数
1班	28	21
2班	30	24
3班	25	19

师：哪个班获奖情况好一些呢？请你给这3个班获奖情况排排队。独立完成。

（续表）

3.展示学生方法：

生1：28－21＝7（人） 30－24＝6（人） 25－19＝6（人）

生2：3/4 < 4/5；19/25 < 4/5。所以，2班获奖情况最好。

生3：转化成小数进行比较也可以。

生4：求未获奖情况，比较：7÷28，6÷30，6÷25。

生5：21÷28＝21/28＝3/4＝（3×25）/（4×25）＝75/100

24÷30＝24/30＝4/5＝（4×20）/（5×20）＝80/100

19÷25＝19/25＝（19×4）/（25×4）＝76/100

75/100 < 76/100 < 80/100

师：听完这几位同学的方法，你有什么想说的？

师：谁听懂生4的方法了，谁再来说一说。

师：75/100、80/100、76/100表示什么意思呢？

生：75/100 表示把六（1）班参赛人数平均分成100份，取其中有的75份，也就是75/100。

师：现在通过获奖情况我们知道了2班是第一名，3班是第二名，1班是第三名。

师：希望小学的4、5、6班也把他们班级的获奖情况统计出来了。看！

希望小学六年级学生举行"奥运知识"比赛，获奖情况如下：

班别	参赛人数	获奖人数	获奖情况
4班	20	14	7/10
5班	25	21	21/25
6班	27	18	2/3

课件出示：

班别	参赛人数	获奖人数	获奖情况
1班	28	21	75/100
2班	30	24	80/100
3班	25	19	76/100
4班	27	22	7/10
5班	24	19	21/25
6班	32	25	2/3

师：现在请你们给1~6班的获奖情况排排队，有没有什么方法，我拿到这些数据一看，就能知道哪个班的获奖情况好？

生：通分，比较。

生：都化成小数。

师：谁来说说。4班获奖情况是什么样？5班呢？6班？

生：4班7/10＝70/100，5班21/25＝84/100，6班2/3＝66.7/100。

（续表）

课件出示：

班别	参赛人数	获奖人数	获奖情况
1班	28	21	75/100
2班	30	24	80/100
3班	25	19	76/100
4班	20	14	70/100
5班	25	21	84/100
6班	27	18	66.7/100

4.小结

师：我们还可以把这些分母是100的分数，写成百分数的形式。像75/100还可以写作75%，读作：百分之七十五。数字75后面的是百分号，先写：一个圈，斜杠，再一个圈。百分数的写法：先写数字75，再写百分号。

师：剩下几个百分数，写在练习本上。

板书：84% ＞ 80% ＞ 76% ＞ 75% ＞ 70% ＞ 66.7%

师：读读这些百分数。

5.生活中的百分数

师：其实在我们日常生活中，还有很多的百分数。

课件出示：生活中的图片。

师：读一读这些百分数，并说说它们是什么意思。

6.揭示概念。

师：谁来说说什么是百分数啊？

生：表示一个数是另一个数的几分之几（一百分之几）的数是百分数。

板书：

表示一个数是另一个数的百分之几的数，叫作百分数。

7.百分率和百分比。

师：今天我们班的出勤率是多少？

生：来的人数是总人数的百分之几是出勤率。

师：百分数还叫作百分率或百分比。

板书：百分比或百分率。

8.小结

师：现在我们静下来反思一下刚刚的学习过程。回忆一下你是如何认识百分数的。

三、练习

1.基础练习。书33页第3题。

2.判断题。

（1）一根绳子剪去67/100米。　　　　　　　　　　　　　　　（　　）

（2）一根绳子剪去的长度占这根绳子的67/100。　　　　　　　（　　）

（3）一根绳子剪去67%米。　　　　　　　　　　　　　　　　（　　）

（4）一根绳子剪去的长度是这根绳子67%。　　　　　　　　　（　　）

· 96 ·

（续表）

四、全课小结

师：我们一起认识了"百分数"。

板书：百分数的认识。

<table>
<tr><td colspan="2" align="center">板书设计</td></tr>
</table>

板书设计

百分数的认识

$$21 \div 28 = \frac{3}{4} = \frac{3 \times 25}{4 \times 25} = \frac{75}{100} \quad 75\%$$

$$24 \div 30 = \frac{4}{5} = \frac{4 \times 20}{5 \times 20} = \frac{80}{100} \quad 80\%$$

$$84\% > 80\% > 76\% > 75\% > 70\% > 66.7\%$$

$$19 \div 25 = \qquad = \qquad =$$

表示一个数是另一个数的百分之几的数，叫作百分数。（百分比或百分率）

自我评价

教师创设的教学活动能够使学生充分感受、认识、理解百分数。教师通过前测问题引入，使学生初步感知百分数，出示例题问题，引导启发式教学，使学生理解获奖情况就是获奖的人数占参赛人数的百分之几。延伸例题，使学生对比两组数据，体会百分数的作用。最后教师引入生活中的百分数，结合例题使学生再次感知百分数的意义。教学时我从学生的生活经验和已有的知识背景出发，注意思考学生的生活世界中有什么素材可供教学之用，让学生的生活经验成为教学中一个非常重要的资源，让数学课富有生活气息，唤起学生亲近数学的热情。从学生熟知、感兴趣的生活事例出发，以生活实践为依托，将生活经验数学化，促进学生的主动参与，使学生体会到数学的价值，从而产生巨大的学习动力。

新课程理念强调，重视知识的构成过程，不能只关注结果。对于《百分数的认识》这节课教学资料无论是素材的选取还是教学过程的设计，都让学生体会和感受到了学习数学的必要性。没有直接告诉学生学习百分数是什么、有什么用，百分数的好处是什么，而是透过解决比较获奖情况，让学生感悟百分数的意义，同时结合在生活中搜集到的具体的例子，让学生再次探索、感知百分数的意义，从而感受到百分数的价值。

通过本次授课，我发现作为老师的我们不能过度地防错、避错，缺乏对差错的欣赏与容纳，会大大减少学生扩展认知范围、接触新发现的机会，使天然的好奇心、求知欲以及大胆尝试的探索意识被压抑乃至被扼杀。

所伴随生成的个性特征和思维特征必然是谨小慎微、害怕出错，这与敢于冒险，在失误中开辟新思路的创造型个性品质和创造型思维品质是背道而驰的。一条缺少岔路的笔直大道，使我们的孩子失去了很多触类旁通、联结新意向的机会，同时也由此失去了矫正失误和新发现的快乐。

（续表）

作为老师我们要像教育学生一样告诉自己，不怕学生在课堂上出错，直面学生的错误，要从发展的角度认识这些错误的价值，要允许、认同和接纳学生的错误。学生是成长中的尚不成熟的个体，尊重孩子的思维方式。教师要多多反思自己的教法，反思学生为什么出现问题，及时调整教学方法，积极引导学生思考解决问题的方法。相信学生主动学习积极思考的课堂，学生学得轻松，老师教得轻松，学习内容也不单单是书本上必须要学习的知识，而发现要学习的知识原来就是我们生活中常见的数，这样调动了学生学习的积极性，课堂气氛也很活跃，学生也不再是被动学习接受知识，而是积极主动地思考学习、探究方法、分享经验。相信这样学习新知识的过程，是每一个学生和老师所期待、所向往的，学生理解新知不困难，主动接受容易理解，变被动学习为主动思考；老师也随之变主导为引导，把课堂真正地还给学生，不再一味地灌输知识，真正做到了教学上的润物无声。相信这样的教学模式会给不同风格类型的学生不同的收获，每位学生每一节都有自己的收获，学生的思维水平也会得到不同程度的提高。

《包装中的数学问题》教学设计

王岩

教学基本信息			
课题	《包装中的数学问题》		
学科	数学	年级	五年级
相关领域	综合与实践		
教材	书名：义务教育课程标准试验教科书 出版社：北京出版社　　出版日期：2015年1月		

教学设计参与人员		
	姓名	单位
设计者	王岩	通州区第一实验小学
讲课者	王岩	通州区第一实验小学
指导者		通州区第一实验小学
课件制作者	王岩	通州区第一实验小学
其他参与者		

指导思想与理论依据
新课标指出："综合与实践"是一类以问题为载体、以学生自主参与为主的学习活动。在学习活动中，学生将综合运用相关知识和方法解决问题。 　　综合实践是积累数学活动经验的重要载体，在经历具体的活动的过程中，引导学生体验如何发现问题、如何选择恰当的方法完成问题等，学生会在这样的活动中积累运用数学解决问题的经验。由此可以看出，综合与实践的教学，重在实践，重在综合。重在实践是指在活动中，注重学生自主参与，全过程参与，注重学生积极动脑、动手、动口，在学生积极主动地参与活动的过程中，发展学生的动脑、动手能力，培养学生学习数学的兴趣，增强学生学习数学的信心。重在综合是指学生能够综合运用所学过的知识和方法，解决一些综合性的实际问题，为提升学生的综合素质以及学生的全面发展奠定基础。

（续表）

教学背景分析

　　本课是在学生学习了正方体、长方体的表面积计算等有关知识的基础上进行教学的。主要通过生活中常见的商品包装，探索多个相同长方体叠放后使其表面积最小的最优策略。渗透了数学的优化思想，同时有助于提高学生解决实际问题的能力，感受数学与实际生活的密切联系。

　　学生情况分析：学生已经会计算长方体的表面积，学生已初步具备一定的归纳、猜想能力，但在数学的应用意识与应用能力方面学尚需进一步培养。

　　对于五年级学生来说，商品的包装并不陌生，已具备一定的生活经验，但学生却很少从数学的角度予以关注，更谈不上从节约的角度去探究包装的学问。学生对于几个相同长方体组合成新长方体的多种方案的思考是无序的，容易把相同的方法看成不同的方法。

　　我的思考：方法性知识是更重要的知识，如何在让学生利用表面积的有关知识，探究如何节约包装纸的问题中体验解决问题的过程和方法，形成解决问题的一些基本策略。我想这应该是本节课更重要的。所以，在《包装中的数学问题》一课，我采取个人自主探究与小组学习有机结合的"探究式"教学模式，从问题提出到问题解决都竭力把参与认知过程的主动权交给学生，让学生亲自动手、动脑、动口，主动探究，合作交流。使学生全面参与、全员参与、全程参与，真正确立其主体地位。而教师只是作为数学学习的组织者、引导者、合作者，及时地给以引导、点拨、纠正，引导学生学会"学数学、用数学"。

教学目标（内容框架）

　　1.了解不同的包装方法，利用表面积等有关知识探索多个相同长方体叠放后使其表面积最小的最优策略，体验策略的多样化，发展优化思想。

　　2.发展动手操作能力和空间想象观念，培养积极思考、探究规律的能力，能用不同的方法解决简单的实际问题，体验解决问题的基本过程和方法，提高解决问题的能力。

　　3.渗透节约的意识，了解包装的学问在生活中的应用，体会数学与生活的联系，提高学习数学的兴趣。

教学过程

一、情境引入

　　老师在超市买香皂的时候，发现香皂的包装中含有许多数学问题，今天就请大家和我一起研究一下这些问题。

　　【设计目的：从生活情境引入，使学生体会到生活中处处有数学。】

二、探索规律

（一）包装一块香皂

　　1.出示问题。

　　师：要想包装一盒香皂需要多大的包装纸？（接口处不计）什么叫接口处不计？（教师拿香皂盒演示）

2.理解包装的含义。

要解决这个问题，要用到我们学过的哪些知识？需要什么条件？

3.测量数据。

统一数据长9.5厘米、宽6厘米、高3.5厘米。

4.计算包装纸的面积。

【设计目的：探究包装一块香皂的问题，唤起学生已有的知识和经验，找到知识的生长点，培养学生以旧探新的学习方法和能力。】

（二）包装两个盒子

1.包装2盒香皂需要多少包装纸？

2.还可以怎样包装？

动手摆一摆。

3.汇报展示不同摆法。

4.让你选择，你会选择哪种包装方法？为什么？

5.课件展示3种方法。

思考：合起来包装都比分开包装节省，究竟节省在哪了？

6.结合课件，展示分别省在哪里。

点题这就是包装中的学问（板书）。

【设计目的：引导发现不同的包装形式，体验到两个长方体拼成大长方体后表面积减少了两个重叠面的面积，并进一步探究摆放两块香皂更节省包装纸，通过直观观察、分析比较这三种包装方案，体验并初步发现表面积的变化规律，促进空间观念的形成，发展数学思考。】

（三）包装三个盒子

1.将三盒香皂包装在一起怎样包装最节约包装纸？

2.独立思考通过想象得出最优方案。

3.演示汇报。

【设计目的：运用规律解决问题，再次强化认知规律。】

（四）包装四个盒子

1.将四盒香皂包装在一起怎样最节约包装纸？

2.比较方案，怎样包装最节省包装纸？

3.引导学生比较重叠的面积，直观演示用2个大面与4个中面比较，或用1个大面与2个中面比较。

4.结论：不仅要考虑大面重叠还要考虑重叠面的数量，做到具体问题具体分析。

【设计目的：创造认知冲突，使学生体会到要节省包装纸不仅要隐藏大面，还要考虑数量，完善规律。培养学生积极探索、大胆尝试的精神。】

5.4块香皂包装在一起，还有什么方法？小组合作摆一摆。并计算包装纸的面积。

6.观察比较长、宽、高与表面积之间的关系。你有什么发现？

7.结论：当体积一样的情况下，长、宽、高越接近，它的表面积就越小（板书）。

（续表）

【设计目的：通过观察，发现长、宽、高与表面积之间的关系，提升认识。】

（五）生活中的包装

1.欣赏生活中的包装。

2.引导评析（看完后，你有什么发现）

【设计目的：了解包装中要考虑节约、美观、携带、稳固、环保等因素，拓展延伸知识。】

学习效果评价设计

评价方式

1.计算

（1）把一块巧克力包上糖果纸至少用了多少面积的包装纸？

（2）现在要把2块巧克力包成一包，会有几种不同的包装方案？哪种方案最节省包装纸？

（3）将三盒巧克力包成一大盒，怎样包装才能节约包装纸？

（4）把四块巧克力包成一包，你能在不摆糖果盒的情况下想象出它有几种包装方案吗？你是怎样做到不重不漏的？观察这6种摆法，你能知道哪一种方案最节约包装纸吗？为什么？

（5）运用所学设计把三本书包装在一起需多少包装纸？多少彩带？

2.调查活动

到超市中调查，看看哪种商品的包装不够节约包装纸，为它设计一个最节约包装纸的包装方案，并思考：厂家为什么要这么包装？

评价量规

达到90%以上正确为优

达到70%~89%为良

达到60%~69%为及格

达到60%以下为不及格

本教学设计与以往或其他教学设计相比的特点（300~500字）

本课从规律的发现到规律的应用都有意识地营造一个较为自由的空间，使学生在学知识的同时形成方法。整个教学设计突出了三个注重：

1.注重学生参与知识的形成过程，体验应用数学知识解决生活问题的乐趣。

这节课主要由学生提出解决问题的方法，亲自动手尝试摆放、计算，使学生经历猜测、动手操作、计算、观察、质疑、发现、验证的全过程。学生成为整个教学过程的主体，让他们在活动中感受、发现、激发了学习兴趣，提高了思维能力和语言的表达能力。在摆放4盒香皂盒这个过程中对于规律的总结难度较大，由于每个学生真正做到实际操作叠放的全过程，也就真正体现了人人在数学中得到不同的发展认识。

（续表）

2.注重师生间、同学间的互动协作、共同提高。

学生利用学具进行操作，但每个学生只有4盒香皂盒，要想完成老师设置的几个环节，必须和伙伴合作，当香皂盒数增加时，摆放的方式也在增加，这需要小组成员各自献计献策，同时记录、监督有无重复、遗漏，也体现了学生之间的探索合作和交流。

3.注重知能统一，让学生在获取知识的同时，掌握方法，灵活应用。

本课在组织数学活动时注重让学生经历数学化过程，注重知识在生活中的运用和延伸。经历完整的包装过程，体验到"人人学有价值的数学"。

《方阵》教学设计

王岩

教学基本信息			
课题	《方阵》		
学科	数学	年级	四年级
相关领域	综合与实践		
教材	书名：义务教育课程标准试验教科书 出版社：北京出版社　　出版日期：2014年7月		

教学设计参与人员		
	姓名	单位
设计者	王岩	通州区第一实验小学
讲课者	王岩	通州区第一实验小学
指导者		通州区第一实验小学
课件制作者	王岩	通州区第一实验小学
其他参与者		

指导思想与理论依据

1.新课标指出："综合与实践"是一类以问题为载体、以学生自主参与为主的学习活动，在学习活动中，学生将综合运用相关知识和方法解决问题。注重学生经历具体的活动的过程中，引导学生体验如何发现问题、如何选择恰当的方法完成问题，学生会在这样的活动中积累运用数学解决问题的经验。

2.新课标指出："让学生亲身经历将实际问题抽象成数学模型并理解运用"。数学模型作为一种数学的思想方法，不仅为数学表达和交流提供有效的途径，也为解决问题现实问题提供重要的工具，可以帮助学生准确、清晰地认识、理解所面对的问题。

3.新课程理念下的学习方式变革的核心是"主体回归"，被动接受成为了过去，学生主动学习成了主流，在课堂教学中，应引导学生更多的经历自主探索、合作交流、提炼概括的过程。

（续表）

　　基于此，本节课的教学中教师就"如何解决重复的问题"引发学生思考，通过自主探索、合作交流等教学方式，使学生感受到解决问题的方法多样性，并理解其中的道理。在这一过程中，帮助学生建立解决方阵问题的模型，从而使学生感悟到解决这一类数学问题的方法。

教学背景分析

　　教学内容分析：方阵问题是北京版教材四年级上册"数学百花园"里的教学内容。这部分内容不同于课本其他部分，具有一定的广度和深度，鼓励学生算法多样化。解读教材，我们可以看到，无论是例题情境还是练一练的问题，都是在研究：角上有重复计数的数学问题。目的是让学生了解方阵问题的特点，掌握解决方阵问题的基本方法，同时向学生渗透一些重要的数学思想方法，加强学生综合运用知识解决问题的能力，在解决实际问题的过程中，把数学思想与方法策略结合在一起，从而建立数学模型。

　　学生情况：学生在生活中有对方阵的感官认识，如：运动会开幕式上、超市商品的对方上、阅兵式上，都有方阵的场景，但仅仅停留在方阵的外形上，从数学的角度给予关注却很少，尤其是考虑最外层总数上考虑就更少了，在学习本节课知识之前，学生认识了周长、面积，并掌握了周长、面积的计算方法。在上课之前，我采用问卷+访谈的方式对学生进行了调研。调研题目是：（1）你见过方阵吗？在哪见过？（2）摆一个正方形的空心花坛，每边有5盆花，一共需要多少盆花？在我对学生进行的问卷调查中，结果发现，对于第（1）个问题，大部分同学在运动会、电视中见过方阵，并且能够描述出方阵的特点，但对于第（2）个问题，大部分同学采用了求周长的方法，计算的结果是20盆。显然，这部分同学没有考虑到重复的问题，还有个别几个同学考虑了重复的问题，但通过他们的计算过程看，解决重复的问题的方法多种多样。

　　我的思考：《课标》倡导以"问题情境—建立模型—解释、应用与拓展"作为小学数学课程的一种基本叙述模式。针对前测所反映出的情况，在教学中要注意如下几点：

　　1.运用"新课标"理念：从学生的生活经验和已有知识出发，创设生动有趣的情境，从而使学生认识方阵，了解方阵特点。在解决"最外层一共多少盆花"的教学中通过创造认知矛盾，在解决认知矛盾的过程中引导学生自主探索、合作交流的教学方式，从而使学生逐步建立丰富的感性体验，并在此过程中通过思维的碰撞巩固和提炼学习成果，建立数学模型。使学生掌握基本的数学技能，初步学会从数学的角度去观察事物、思考问题，激发对数学的兴趣。

（续表）

2.在教学中，要让学生认识到计算最外层总数时会出现重复的问题，在解决重复问题的过程中，由于学生的思考角度不同，解决问题的方法和策略也会不同，有的孩子会想到重叠方面的知识，有的孩子会用不同的方法将点子图分组计算，有的孩子会考虑部分与整体的关系……学生对自己的方法有着原始的、朴素的想法，在组织学生呈现诸多解法时，不宜简单告之，引着学生走马观花式地"欣赏"一遍，而应注意引导学生讨论交流，在理解的基础上寻找解决此类题的本质——解决重复问题，并结合图示，理解方法所蕴含的道理，促进学生形象思维与抽象思维的同步发展。

教学方式：独立思考、合作研究、交流讨论、引导讲授。
教学手段：利用课堂生成，引导学生讨论交流，学习新知。
技术准备：多媒体课件。

教学目标（内容框架）

1.了解方阵特点，能用多种方法解决方阵有关问题。
2.通过独立思考、小组合作、交流分享的过程，探索解决问题的不同方法，经历知识的形成过程。
3.在解决问题的过程中，积累解决问题的活动经验，体会数学的价值。

教学过程

（一）课前谈话：初步感知方阵。
（二）认识方阵特点
1.播放视频，了解方阵特点。
2.介绍生活中的方阵，引出课题。
【设计意图：生活情境引入，了解方阵特点，引出课题。】
（三）解决实际问题
提出问题：如何解决方阵中最外层总数问题？
1.制造认知矛盾
2.思考出现错误的原因
3.利用直观图，独立探究如何解决重复问题
4.小组合作、交流解决重复问题的方法
5.交流分享解决重复问题的方法
预设：
（1）$5 \times 4 - 4 = 16$
（2）$(5-2) \times 4 + 4 = 16$
（3）$5 \times 2 + 3 \times 2 = 16$
（4）$(5-1) \times 4 = 16$
（5）$5 \times 5 - 3 \times 3 = 16$
（6）$5 + 4 + 4 + 3 = 16$

（续表）

6.总结

我们用不同的方法解决了问题，无论是哪一种方法，都要抓住问题的关键，也就是要解决重复问题。

【设计意图：利用直观图帮助学生思考，理解不同算法的道理，渗透方法之间的本质联系，并通过独立思考、小组合作、集体交流的探究过程，帮助学生积累探究问题的活动经验，提升学生的综合能力。】

（四）练习

练习题略

（五）拓展延伸

出示正三角形点阵和正六边形点阵，怎样求出最外层的总个数？

【设计意图：将方阵问题的解题思路拓展延伸到不同形状的点阵，引导学生发现规律。】

（六）总结本课内容

学习效果评价设计

评价方式

一、解决问题

1.在国庆节团体操表演中，四年级学生排成一个正方形的方阵，最外层每边10人，这个方阵最外层有多少人？这个方阵一共多少人？

2.有52名同学在操场上做游戏，大家围成了一个正方形，每边人数相等，4个顶点都有人，每边各有多少名同学？

二、在课堂上，通过学生的参与度、积极性等表现，看学生是否对学习内容感兴趣，并乐于思考、与他人交流，自觉修正自己的想法。

评价量规

达到90%以上正确为优

达到70%～89%为良

达到60%～69%为及格

达到60%以下为不及格

本教学设计与以往或其他教学设计相比的特点（300～500字）

1.在交流的过程中，培养学生提出问题的能力。

教学的交往互动，是师生之间、生生之间相互交流、相互沟通、相互启发、相互补充的共同活动，是一个动态的、复杂的过程，具有许多的不确定性。课堂中，学生在汇报环节，老师要抓住关键之处和学生互动。如：老师在关键之处提出的问题是：为什么要×4？为什么要−4？在这个过程中，潜移默化地培养学生提出关键的问题的能力：3是怎么来的？从而使学生不仅要知道有多种方法，还要理解其中的意义。

（续表）

2.构建模型，重在应用。

本次教学在练习的设计上先让学生运用模型解决问题，再让学生感知其实在生活中也是存在其他形状的方阵问题，只要认真去观察就能发现；并且以三边形和正六边形点阵为代表，让学生运用自己亲自建立的数学模型来解决生活中的数学问题，既让学生体会到数学知识所带来的成功的喜悦，又体现所建立的数学模型的应用价值和简捷性。

《3的倍数的特征》教学设计

林蕊馨

教学基本信息					
课题	《3的倍数的特征》				
学科	数学	学段	第二学段	年级	五年级
相关领域	数与代数				
教材	书名：义务教育课程标准试验教科书 出版社：北京师范大学出版社　　　　出版日期：2005年5月				
是否已实施	是				

教学设计参与人员		
	姓名	单位
设计者	林蕊馨	通州区第一实验小学
实施者	林蕊馨	通州区第一实验小学
指导者	黄玉凤	通州区教师研修中心
课件制作者	林蕊馨	通州区第一实验小学
其他参与者		

指导思想与理论依据

　　《数学课程标准（实验稿）》明确提出：数学教学活动必须建立在学生的认识发展水平和已有的知识基础上，强调从学生已有的生活经验出发，让学生亲身经历将实际问题抽象成数学模型并进行解释与应用的过程。有效的数学学习活动不能单纯地依赖模仿与记忆，动手实践、自主探索与合作交流是学生学习数学的重要方式。

教学背景分析

　　教学内容：北师大版五年级上册《3的倍数的特征》

　　《3的倍数的特征》是北师大版教材第九册第一单元《倍数和因数》的内容，它是在学生学习了因数和倍数，以及2、5的倍数的基础上进行教学的，在后续学习中，学生还要继续学习分解质因数、最大公因数、最小公倍数，以及约分、通分的知识。

（续表）

　　由本单元整体来看，掌握2、5、3的特征对于学好本单元的内容具有重要的意义。教材编排是让学生在百数表中找到3的倍数，进而引导学生观察，发现只看个位或十位是没有规律的，再引导学生要"将每个数的各个数位上的数加起来试试看，从而引发学生尝试探究，发现规律。我也翻阅了其他版本的教材，在京版教材中，是通过让学生在数位顺序表中摆小棒的探究活动发现规律的。由此可以看出，教材都是以凸显探究，突出思考，让学生经历探究过程，自主发现3的倍数的特征为主旨思想的。而动手操作活动更利于激发学生的兴趣，促进学生主动探究，因此我借鉴了京版教材中的这一探究活动，但教材为什么要安排在数位顺序表中摆小棒呢？深入研究3的倍数的特征，让我有所顿悟。

　　我们知道，任意一个数都可以写成 $a \times 10^n + b \times 10^{n-1} + \cdots + Z$ 的形式，因为用3去除10的幂所得的余数都是1，那么几乘10的幂，这一位上就余几，所以这个数的各数位上的数的和是3的倍数，那么这个数就是3的倍数。而教材中利用数位顺序表摆数，实际上就是渗透位值制及余数之和的思想，让学生在探究过程中能够悟理。那么教学中如何充分用足资源，引导学生经历有效的探究过程，是我深入思考的问题。

　　学生情况：

　　通过课前调研我发现，学生在学习3的倍数特征时，由于受到2和5的倍数特征的负迁移的影响，他们还是会产生关注个位数的思维定式，也就是首先想到的就是"个位上是3、6、9的数是3的倍数"，而不能照顾到各个数位的数的和。那么如何帮助学生克服这种负迁移，并且由关注个位上的数过渡到关注各个数位上的数的和，这是学生的认知难点，也是本课的关键所在。

　　我的思考：

　　本课教学前，学生已经积累了利用百数表探究2和5的倍数的特征的活动经验，但3的倍数的特征与2、5倍数的特征在研究方法上截然不同，也就是不能直接迁移2、5倍数的特征的研究方法来研究，需要另找方法来研究，而这，也是数学研究中经常遇到的现象。那么教学中是让学生经历感受这一过程，还是绕过这一冲突，设计顺畅的探究活动，让学生轻松探究？显然，后者会节省很多的时间，但学生又获得了什么呢？仔细思考之后，我选择了前者，教学中让学生真正经历猜想—迁移方法探究—研究受阻—另找方法探究的过程，使学生真正感受科学研究的过程，另外，在实验探究过程中，为学生安排多方位多角度的探究活动，让学生深刻体验。综观整节课力求凸显过程，突出思考，我想，这对于学生的长远发展应该是更有意义的事情。

　　教学方式： 猜想、操作、合作、探究，辅以讲授法。

　　教学手段： 猜想验证、动手操作、观察发现、展示交流。

教学目标

　　教学目标：

　　1.发现3的倍数的特征，并能运用这一特征做出正确的判断。

（续表）

2.经历猜想—实验探究—得出结论—验证结论的过程，培养初步的分析、综合、比较、抽象、概括能力。

3.培养学生的探索意识和创新品质，渗透辩证唯物思想。

教学重点：经历猜想—实验探究—得出结论—验证结论的过程，发现3的倍数的特征。

教学难点：发现3的倍数与这个数各个数位上的数的和有关系。

技术准备：课件、棋子若干、计算器、百数表、实验记录单、数位顺序表。

教学过程（文字描述）

一、复习引入（约8分）

1.下列各数中哪些数是2的倍数，哪些数是5的倍数？并说说你是怎么想的。

234　576　75　892　143　645　270　118

小结：通过2和5的倍数的特征，我们可以很快地找到2、5的倍数，特征很有用，今天我们再来研究一下3的倍数的特征（板书课题）。

2.猜一猜，3的倍数有什么特征？

生：个位上是3、6、9的数就是3的倍数。

3.那到底是不是这样呢？我们要对猜想进行验证。回想一下，我们是怎样研究2、5的倍数的特征的？

生：通过在百数表中找出2、5的倍数，然后用观察比较的方法发现特征。

4.我们也用这种方法验证一下猜测，在百数表中圈出3的倍数。

学生汇报，教师课件出示。

1	2	3	4	5	6	7	8	9	10
11	12	13	14	15	16	17	18	19	20
21	22	23	24	25	26	27	28	29	30
31	32	33	34	35	36	37	38	39	40
41	42	43	44	45	46	47	48	49	50
51	52	53	54	55	56	57	58	59	60
61	62	63	64	65	66	67	68	69	70
71	72	73	74	75	76	77	78	79	80
81	82	83	84	85	86	87	88	89	90
91	92	93	94	95	96	97	98	99	100

（续表）

观察这些3的倍数，与我们的猜想一致吗？

引导学生发现：它们个位上的数从0到9都有，个位上的数没有特点。十位上的数也没有特点。师结：看来光看个位和十位都是没有特点的，像研究2、5的倍数的特征那样通过找出一些倍数，再观察比较的方法，对于3的倍数的研究不大适用，那就需要我们另辟蹊径去研究。

【设计意图：通过2、5的倍数的特征引出3的倍数的特征，引发学生大胆猜想，并迁移2、5倍数的特征的研究方法验证猜想，在打破学生定式思维的同时，也引发了学生进一步探究的欲望。】

二、探究新知（约25分）

1.实验操作：在百数表中找出3的倍数，用棋子摆数。（小组合作完成）

材料准备：棋子若干，数位顺序表、实验记录单、计算器。

实验步骤：

（1）从百数表中找出几个3的倍数，填写在实验报告单中。

（2）取出相应的棋子，在数位顺序表中摆出相应的数，并把所用的棋子个数填写在实验报告单中。

【设计意图：通过让学生在数位顺序表中用棋子摆数的活动设计，沟通了3的倍数与棋子总数的关系，刻意安排中却体现了学生的自主发现，并为后续探究做准备。】

汇报实验结果，教师板书：

预设：

3的倍数	棋子个数
12　21　30	3
24　33　51	6
……	

引导学生观察棋子个数，看看你能发现什么？

生交流：棋子个数是3的倍数。

结：要摆的数是3的倍数，所用的棋子数也是3的倍数。

2.继续探究：反过来，当棋子总数是3的倍数时，摆出的数也一定是3的倍数吗？

任意拿出3的倍数的棋子数，在数位顺序表中任意摆一个数，然后算一算，看看摆出的数是否是3的倍数。

生动手摆，汇报交流：摆出的所有数都是3的倍数。

3.再次探究：引导学生大胆推测，如果所摆得不是3的倍数，所用的棋子数会怎么样？

生推测：所用的棋子数也不是3的倍数。

从百数表中找出一个不是3的倍数的数，按照上面的实验步骤在数位顺序表中再摆一摆，看看跟我们的推测一样吗。

汇报实验结果。

4.看来，棋子的总数决定着摆出的数是否是3的倍数，棋子这么重要，以后我要随身带着棋子了，它能帮助我很快地判断一个数是否是3的倍数，你们是不是也与我有着同样的想法啊？

引导学生发现那棋子的总数和3的倍数之间有关系，有什么关系？

生交流：棋子的总数就是这个数各个数位上的数的和。（板书：各个数位上的数的和）

说一说：什么样的数是3的倍数？

【设计意图：通过由数到棋子，再由棋子到数，由正面探究再到反面验证的多次摆棋子活动设计，从多个角度对3的倍数的特征进行了探究，使学生深刻体会棋子个数与3的倍数之间的关系。层层设计中，使学生的认识逐步深刻，同时也在潜移默化中渗透了"位值制"与"余数之和"的核心思想及辩证唯物主义思想。】

5.再次出示百数表，观察百数表中3的倍数，是不是都有着这样的特征呢？（引导学生从百数表中斜线发现规律）（课件展示）

验证规律的普遍性。小组合作任意举出一个数验证。

汇报交流。

通过验证，我们发现这个结论是具有普遍性的，说一说3的倍数的特征。（板书特征）

【设计意图：验证规律的普遍性，培养学生的数学严谨性，另外，也通过百数表中的斜线规律引发学生的深入思考。】

三、练习巩固，拓展延伸。（约5分）

判断下面哪些数是3的倍数，并说明理由。

45　53　78　90　116　2010　97632

对97632这个数的判断，引导学生思考：怎样判断更简便？（课件出示：将其放入数位顺序表中，画去3的倍数后再判断）

【设计意图：通过练习，复习基本方法，同时通过对最后一个大数的判断，引导学生掌握一些判断的技巧，即可以画去3的倍数后再判断，培养学生解决问题的灵活性，也使学生能够通过数位顺序表感悟其中隐含的道理。】

四、总结。（约2分）

回顾一下，刚才我们是怎样研究3的倍数的特征的？经历了一个怎样的过程？

猜想—实验探究—得出结论—验证结论（板书）

【设计意图：通过对探究过程的回顾，帮助学生总结探究3的倍数的基本过程方法，这也是一种学习数学知识的基本方法，方法性知识是最重要的知识，他能帮助学生形成一种思维方式，掌握一种解决问题的方法，从而去获得更多的新知识。】

（续表）

学习效果评价设计

评价方式

1.知识与技能评价：（问卷）

判断下面哪些数是3的倍数。

36　402　79　134　506　726　1047

2.过程与方法评价：学生是否能够积极参与教学全过程，课上认真思考，积极举手，是否能够热情参与组内讨论、操作等活动，并有所发现。

3.情感态度价值观的评价：通过课上观察，从学生的学习态度、学习习惯、学习的积极性等方面考查。

评价量规

1.知识掌握情况评价：能独立完成并完全正确。（优）

2.学生能够积极参与教学全过程，课上认真思考，积极举手，能够热情参与组内讨论、操作等活动，并有所发现。（优）

3.课上表现活跃，积极性高，愉快地完成学习任务。（优）

本教学设计与以往或其他教学设计相比的特点（300～500字）

用足资源，沟通联系，使学生充分悟理。

教学中，我充分借助百数表、棋子、数位顺序表几种教学资源，沟通起他们之间的联系，使之作用于各个环节，贯穿于课堂教学的始终，使学生在探究的过程中感悟隐含的道理。

处处渗透方法。方法性知识是最重要的知识，它对于学生的长远发展比知识具有更重要的意义。教学中，从迁移2、5倍数的研究方法让学生验证自己对3的倍数的特征的猜测，到另找方法研究3的倍数的特征，再到最后引导学生总结整个研究过程方法，使学生处处感到方法的存在，感受到方法对解决问题的重要作用，帮助学生逐步形成用方法解决问题的意识。

富有实效性的探究活动。真正的探究不是在教师的铺垫与暗示下，草草完成一些示意性的操作活动，而是要根据学生由浅入深、由表及里的思维特点以及数学知识的形成规律，循序渐进地组织探究活动，让学生在思维过程中探究与发现，主动建构知识。教学中，我引领学生经历猜想—实验探究—得出结论—验证结论的科学探究过程，并使学生经历由数想棋子、由棋子想数、由正面再到反面的探究过程，这是一种真正的探究。

《圆的认识》教学设计

林蕊馨

教学基本信息					
课题	《圆的认识》				
是否属于 地方课程或校本课程	否				
学科	数学	学段	第二学段	年级	六年级
相关 领域	空间与图形				
教材	书名：义务教育课程标准试验教科书 出版社：北京出版社　　　出版日期：2014年7月				
学习活动设计参与人员					
	姓名	单位			
设计者	林蕊馨	通州区第一实验小学			
实施者	林蕊馨	通州区第一实验小学			
指导者					
课件制作者	林蕊馨	通州区第一实验小学			
其他参与者					
指导思想与理论依据					

　　《数学课程标准（2011版）》中指出：课程内容要反映社会的需要、数学的特点，要符合学生的认知规律。它不仅包括数学的结果，也包括数学结果的形成过程和蕴含的数学思想方法，课程内容的选择要贴近学生的实际，有利于学生体验与理解、思考与探索。

　　学生学习应当是一个生动活泼的、主动的和富有个性的过程，认真听讲、积极思考、动手实践、自主探索、合作交流等都是学习数学的重要方式，学生应当有足够的时间和空间经历观察、实验、猜测、计算、推理、验证等活动过程。

（续表）

教学背景分析

教学内容：北京市义务教育课程改革实验教材第十一册第六单元——《圆的认识》

教学内容分析：《圆》是在学生学习了长方形、正方形、平行四边形、三角形以及梯形的基础上进行教学的。它是学生在小学阶段认识的最后一个平面图形，在后续学习中，学生还要继续学习圆的周长、面积、扇形统计图以及圆柱、圆锥等立体图形的相关知识。圆是由曲线围成的图形，而学生之前学过的平面图形都是由线段围成的图形，它们的特征主要体现在边和角上，很显性，而圆的内部本质特征主要体现在隐形的线段——半径和隐形的点——圆心上，因此学生由认识线段围成的图形，到认识由曲线围成的图形，无论是研究的内容，还是研究的方法，都有所变化、发展。

教材编排是通过"画一画、想一想、折一折"等操作实践活动，引导学生从活动与思考中获取有关圆的知识，由此可见，教材编写凸显了"做数学"的特点，让学生在动手做的过程中，自己获得圆的特征知识，发展学生的自主学习能力，这遵循了学生的认知特点，也充分体现了"实践第一"的唯物主义观点。另外，教材注重了对知识本质的体验与发现的过程，创设了同学们进行投篮游戏的情境，让学生在思考分别站在哪投篮才比较公平的基础上感悟到定点的距离等于定长的圆的本质特征，在无声的体验中深化认识与理解。

圆的认识是学生认识曲边图形的开始，这节课的学习不仅要认识圆的本质特征，更重要的是要让学生获得更丰富的体验与感受，拓宽对圆的认识视角，为学生以后继续深入认识圆提供知识、方法的支撑与铺垫。那么教学中如何体现教材意图，设计有效的教学活动，拉长学生的认识过程，感悟圆的本质特征，丰富对圆的认识，发展学生的核心能力是我需要思考的问题。

学生情况分析：为了充分了解学生的知识起点，我对六年级一个班的41名学生进行了课前调研：

调研题目：

你认识圆吗？生活中哪些物体的表面是圆形的？

你会画圆吗？具体说说方法。

你还知道圆的哪些知识？

生活中的车轮为什么都做成圆形的？

调研结果：由于学生早在一年级时对有关圆的知识就有所接触，他们能够从外形是长方形、正方形、三角形、圆等实物或模型中，正确辨认出圆，因此对于第一题，100%的学生都回答认识圆，68.3%的学生能够列举出生活中圆，只是有些学生的表述不够准确。31.7%的学生将球等立体实物与圆混淆，说明学生还不能正确区分立体图形与平面图形。第二题100%的学生认为自己会用圆规画圆，但画圆的方法描述不清。第三题：有24.4%学生知道半径、直径、圆心的名称，但不能够正确描述他们的意义，特征也是鲜有人知。说明学生对于圆还只停留在表面形象上，并没有深刻的认识。

（续表）

第四题，63.4%的学生认为车轮做成圆形比较光滑，能滚、摩擦力小，还有36.6%的学生表示不知道，他们不能从圆的特征的角度思考，说明学生对圆的本质特征并不清晰。

我的思考：学生早在一年级时就认识圆，他们能够从众多的图形中一眼挑选出圆，说明他们对圆有一定的认识，但为什么除了光滑的曲边外形之外，学生对圆一无所知呢？这引起了我的思考，学生之前学过的图形都是由线段围成的图形，他们的特征就外显于自己的外表之中，通过观察、测量很容易发现。而圆的特征是隐性的，通过观察学生是难以发现的。那么如何变隐性为显性，站在学生的视角上设计有效的学习活动帮助学生深入认识圆呢？

1.从学生的视角来看，他们更喜欢"画一画、想一想、折一折"这样的操作活动。画圆是学生必须掌握的技能之一，对于学生来说也是有兴趣的，最重要的是在画圆过程中学生能够体会圆的特征。因此我们设计了画圆的操作活动，希望通过不同的画圆活动逐步深化、丰富对圆的特征的认识与理解。

2.对于学生来说，他们更希望自己是一个发现者，因此在整个活动设计中我们希望知识的产生是学生在画中感悟到的，是自然形成的。所以我们安排了利用圆规画圆和自己创造画圆方法两个活动，在第一次画圆活动中发现特征，第二次画圆活动应用发现的特征创造画圆方法，丰富特征。

3.学生的学习是一个可持续的过程，我们也希望本课的学习能够为学生后续的学习积淀一些知识方法，比如在后续学习圆周长、圆面积知识时需要用到的正多边形与圆的关系等。在学习中拓宽对圆的认识视角，为学生今后的学习提供更好的知识储备。

教学方式：动手操作、小组合作、观察发现。

教学手段：1.通过动手操作实践，体验感悟知识。

2.通过现代信息技术手段，丰富圆的特征。

技术准备：课件、圆规、线绳、直尺、铅笔。

教学目标

教学目标：

1.通过画圆活动，经历从感知圆到深入认识圆的过程，认识圆心、半径、直径，感悟圆的特征，丰富对圆的认识。

2.在自主操作、探究的过程中积淀学习方法，发展空间观念。

3.体验探究问题、发现问题的乐趣，提升学习兴趣。

教学重、难点：

1.通过画圆活动，经历从感知圆到深入认识圆的过程，认识圆心、半径、直径，感悟圆的特征，丰富对圆的认识。

2.在自主操作、探究的过程中积淀学习方法，发展空间观念。

（续表）

教学过程

一、揭示课题，说说心中的圆是什么样子的?

预设：无棱、无角、弧线、封闭图形。

【设计及意图：通过问题设计唤起学生心中的圆，整体感知圆。】

二、在圆规画圆中感悟圆的特征

1.想不想把心中的圆画出来看看呀? 你知道可以怎样画圆吗?

预设：借助现有圆形画圆、用圆规画圆。

2.用圆规画圆

（1）借助现有圆形画圆相信大家一定会问：既然可以借助现有圆形画圆，为什么还要用圆规画圆呢?

预设：圆规可以调节大小，圆规可以画出想要大小的圆。

（2）学生第一次自主画圆

A.尝试用圆规画一个圆，边画边思考画圆方法。

B.学生展示画圆，交流画圆方法。

C.展示学生作品，交流什么原因导致圆画不好?

强调画圆方法：针尖不能动、两脚不能动。

（3）第二次画圆

A.尝试第二次画圆

B.为什么针尖动、两脚动，圆就画不好了呢，在画圆的过程中你还发现了什么?

交流：从中心点到圆上的距离相等。

C.追问：怎么验证从中心点到圆上的距离相等?（量、折或借助圆规说明）

（4）揭示圆心、半径；半径相等。

A.中心点——圆心

从中心点到圆上任意一点的线段是半径。

B.在图中标出圆心、半径

C.从中心点到圆上的距离相等，也就是半径相等。（板书）

【设计意图：通过画圆活动使学生逐步体验、感悟圆的特征，在对比分析学生作品的过程中，进一步认识圆的本质特征，揭示圆心、半径概念，发展学生的空间观念。】

（续表）

三、创造方法画圆。

生活中经常会遇到这样的情况，要画一个圆，但是手边没有可用的圆规，也没有找到可用的圆形物体，你还有办法画圆吗？小组商量想办法画一个圆，老师也准备了一些学具，可以根据你们的需要自主选择。

1.小组合作想办法画圆。

2.汇报交流方法，丰富特征认识。

预设：绳画法（讨论：怎样画得更好：强调针尖不能动，绳子要拉直，保证半径不变）

画半径的方法（讨论：如何解决画得不圆的问题。感受画的半径条数越多，越接近圆，认识半径有无数条）

画直径的方法（揭示直径）

切正方形的方法（感受切的次数越多，越接近圆，感受正多边形的边数越多越接近圆）。

【设计意图：不用圆规自己创造圆，让学生能够自觉运用对圆的特征的认识与理解创造出画圆方法，深化对圆的特征的认识，扩宽学生对圆的认识视角，丰富对圆的理解，发展学生的空间观念，培养创新能力。】

四、总结梳理：

通过画圆，我们对圆又有了进一步的深入的认识，带着新的感受，让我们再次重新审视圆，你对圆又有了什么新的认识？

【设计意图：在学生画圆体验特征的基础上，回归理性，归纳整理对圆的认识，深化对圆的理解。】

五、问题延伸：

1.关于圆，你对它还有哪些好奇的，又产生了哪些新的问题？

2.圆的世界很奇妙，今天我们刚刚开启认识圆的旅程，就让我们带着这些问题继续深入探索圆的世界。

【设计意图：引领学生继续提出问题，拓展延伸，提出进一步想研究的问题，拓宽视角，开启进一步的深入研究。培养学生的问题意识，提升提出问题的能力。】

（续表）

学习效果评价设计

评价方式

1.知识与技能评价：（问卷）

（1）画一个半径为5厘米的圆，并用字母标出这个圆的半径、直径、圆心。

（2）衣服上的纽扣一般都是圆形的，如果你是裁缝，扣眼最少要开多长呢？

（3）车轮为什么做成圆形的?

2.过程与方法评价：学生是否能够积极参与教学全过程，课上认真思考，积极举手，是否能够独立观察、操作、并主动参与讨论，找到验证方法，是否能够创造方法画圆，并在画圆过程中有所发现。

3.情感态度价值观的评价：通过课上观察，从学生的学习态度、学习习惯、学习的积极性等方面考查。

评价量规

1.知识掌握情况评价：能独立完成并完全正确。（优）

2.学生能够积极参与教学全过程，课上认真思考，积极举手，能够独立观察、操作，并主动参与讨论，找到验证方法，能够创造方法画圆，并在画圆过程中有所发现。（优）

3.课上表现活跃，积极性高，愉快地完成学习任务。（优）

本教学设计与以往或其他教学设计相比的特点（300～500字）

1.站在学生的视角，设计教学活动。对于小学生来说，他们更喜欢"画一画、想一想、折一折"这样的操作实践活动，他们也希望自己能够成为一个发现者，体验知识的探究过程，感受成功的快乐。基于此，本节课我设计了画圆的操作活动，让学生在不同的画圆体验中发现圆的特征，逐步深化、丰富对圆的认识与理解，不同方法的画圆拉长了学生认识圆的过程，发展他们的空间观念，提升了几何思维能力。

2.在画圆中拓宽对圆的认识视角，丰富对圆的认识。学生的学习是一个可持续的过程，我们希望本课的学习能够为学生后续的学习积淀一些知识方法，比如在后续学习圆周长、圆面积知识时需要用到的正多边形与圆的关系等。因此在第一次画圆认识了圆的特征之后，我设计了让学生不用圆规自己创造方法画圆的环节，给学生充分的时间与空间，让学生运用知识自己创造圆，在创造圆的过程中深化并丰富了对圆的特征的认知与理解，扩宽了对圆的认识视角，发展了空间想象能力，同时为学生今后的学习提供更好的知识储备。

Chapter

03

第三章

英语篇

《Unit7 Lesson23 How long does it take to get to New York?》教学设计

韩乐

教学基本信息					
课题	《Unit7 Lesson23 How long does it take to get to New York?》				
是否属于 地方课程或校本课程	否				
学科	英语	学段	高段	年级	五年级
教材	书名：北京市义务教育教科书五年级下 出版社：北京出版社　　出版日期：2015年1月				

教学设计参与人员		
	姓名	单位
设计者	韩乐	通州区第一实验小学
实施者	韩乐	通州区第一实验小学
课件制作者	韩乐	通州区第一实验小学

指导思想与理论依据

　　《课标》指出：英语教学活动要有明确的交流目的、真实的交流意义和具体的操作要求，并为学生提供展示学习成果的机会，使学生能够在个体和合作的实践活动中发展语言与思维能力，并能在展示活动中感受成功。

　　本课伊始引入暑假旅行话题，以学生向教师推荐旅游景点为内容进行交流。在课文学习时，由于北京版教材以对话为主，导致学生的叙述能力有所欠缺，所以教师分三步，逐步锻炼学生语篇输出能力，最后学生以小组为单位进行暑假出游计划的制订，并进行展示。

教学背景分析

　　教学内容：

　　本课为北京版教材五年级下第七单元第一课时（第23课）内容。对话内容为Guoguo向Lingling询问假期出行的安排并询问坐飞机需要多长时间到达。

　　本单元的话题是谈论旅行。在旅行中安排活动时间（第一课时）、地点及交通方式（第二课时），同时了解当地的特色（第三课时）。

（续表）

学生在五年级上册中已经接触了关于旅行的话题：在五年级上册第七单元中，出现了询问乘坐的交通工具 "Are you going to...by...? No，we are going by...." 在某地计划做某事 "What will you do in…? I will...." 安排活动时间 "What time are we going to...? We are going to ... at ... ." 等。在五年级上册第五、六单元中还学习了美国、英国、加拿大这三个国家的基本情况，这些内容都为本单元的学习奠定了基础。

学生情况：

本节课的教授对象为我校五年级（3）班学生，共48人。经过四年的学习，学生具有一定小组合作能力，对英语学习有着浓厚的学习兴趣。本课的旅游话题，对于学生来说很熟悉，也很有吸引力，学生可以就交通方式、出行时间以及与谁同行进行旅行计划的描述，但对于更深入的话题，如：路上所花费的时间进行描述，仍有困难。

技术准备： 视频、PPT演示文稿、单词卡、学生活动材料

教学目标（内容框架）

知识与技能目标：

能听懂、理解、朗读对话内容并尝试进行复述。

能理解 "How long does it take to get to New York? It takes more than ten hours by plane." 并尝试应用。

情感态度与价值观目标：

能为自己或他人制订简单合理的旅行安排。

教学重点：

理解及应用表达旅行时乘坐某种交通工具所花费时间的功能句型 "How long does it take to get to...? It takes...."

教学难点：

1. 理解 "How long does it take to get to...? It takes...." 的含义，并尝试应用。

2. 短语more than的理解。

教学过程（文字描述）

Step 1. Warming up

1. 师生谈论暑假出游

T：What date is it today? What do you do today?

S：It is June 12th. I go to school.

T：What about this? What's the date?（PPT出示7月10日的日历）

S：It's July 10th. Summer Holiday is coming.

2. 生向师推荐目的地

T：I am so excited because I like to travel. I want to go somewhere. But I have no idea where I should go. Can you tell me some interesting places?

S: You can go to.... You can go by.... You can climb the mountain/ visit the museum....

【设计意图】通过简单的对话，引出本课话题"暑假旅行计划"，通过让学生推荐旅游目的地，促使学生积极思考，快速唤起有关旅行知识的记忆。

Step 2. Presentation

1. 提出疑问，了解大意

T: Lingling is going to have a trip, too. （教师呈现主题图）

Do you want to know her trip? Do you have any questions?

T: Where is she going? Who will go with her?

S: Let's watch the cartoon, and find the answer. （教师第一遍播放对话视频）

【设计意图】引导学生观察图片，推测对话内容，通过让学生先提出疑问再观看对话视频，有利于增加视听对话的目的性。

2. 了解细节，攻破难点

（1）默读对话，了解细节

T: Why is Lingling going to New York?

How will she go there?

How long does it take to get there?

You can read the dialogue and underline the answers.

学生默读课文，并将答案画在书上。

【设计意图】学生带着问题读对话是很好的阅读理解策略，也是阅读习惯与能力的培养。

（2）递进活动，攻破难点。

问题三答案It takes more than ten hours by plane.是本课难点。

A.分散难点，初步感知句意

呈现句式：It takes ten hours by plane.

T: The plane takes off at 12 o'clock. What time does Lingling get to New York?

S: She gets to New York at 10 o'clock.

【设计意图】我将句子It takes more than ten hours by plane.按两部分呈现，首先呈现It takes ten hours by plane. 让学生计算时间的同时，感知句式的含义。

B.选择答案，进一步攻破难点

之后呈现完整句：It takes more than ten hours by plane.

T: What time will she get to New York? 给出三个选项（　　　）

A. 9：50　B. 10：00　C. 10：20

S: C.

【设计意图】学生通过选择，在理解句式含义的基础上，感知more than的含义。

（续表）

C.动画演示，确定含义

教师在PPT中呈现一个动态的钟表，时针飞快地运转，十小时后，分针出现，时间继续往前走了十下，即十分钟。

【设计意图】通过形象的钟表走动方式，确定more than表示"多于，超过"的含义。

D.听音模仿，操练难点例句

教师播放录音原文，学生模仿发音、断句等发音规律，进行难点句式的操练。

How long / does it take / to get to New York ?

It takes / more than ten hours / by plane.

【设计意图】教师首先通过多种方式帮助学生理解句型含义，之后通过跟读、模仿让学生对难点句型进行操练，并且注重英语语音习惯的培养。

3.小组合作，解决生词。

A.学生边跟读对话，边圈出自己还未掌握的词、词组。

B.以小组为单位互相帮助，掌握该词的发音、含义。

Unit 7 Lesson 23	
How long does it take to get ...?	
	Lingling's tirp
Where	New York
Who	with her mom
Why	her father...
How	fly to...
How long	more than 10 hours

C.若遇到整组都解决不了的生词，则派代表写在小黑板中，教师在全班进行讲解。

【设计意图】英语教学提倡"以学生为中心"，学习课文时，教师讲解了大纲中设定的重、难点，这一步则是关注学生的所需，帮助学生讲解学生自己本身未掌握的知识。

Step3. Practice

1.多米诺游戏，梳理对话。

将整个课文内容以一问一答形式进行表述（见附件1），之后将问答句打乱顺序，学生以小组为单位，将其排列成正确顺序，并进行展示。

【设计意图】通过多米诺游戏，学生可以对课文内容进行梳理，另外，说"问句"是学生的弱项，在这个活动中也可以对这一弱项加以巩固，同时，这也是培养学生复述能力的第一步。

2.图、文提示，复述课文。

教师提供图片辅助，并显示关键词，学生进行复述。

（续表）

【设计意图】学生在前一活动已可以将复述内容读出，所以在这一环节，教师只提供了部分文字，比前一活动更具挑战性。另外，教师根据对话内容补充了一些图片，这更有助于学生对课文的深入理解。

3.借助板书，叙述计划。

4.学生在板书的辅助下，对玲玲的旅行进行叙述。

【设计意图】北京版教材以对话为主要学习形式，学生的语篇阐述能力有所欠缺，所以教师分步骤设计了三次复述活动，难度层层递加。

Step4. Production

1.观看自制视频，扩充内容。

T: There are many places you can go. Let's watch.

学生观看旅游视频。

【设计意图】暑假将至，提供给学生几个出游的目的地，同时激发学生的兴趣。

2.小组讨论，选择心仪之地。

S: We want to go to.... We can ....

3. 先后选择目的地，探讨出行计划。

根据小组金币数量的多少，学生按照先后顺序选择组内打算去的地方，领取机票、火车票，并以小组为单位写出旅行计划。

【设计意图】本节课的评价方式是教师根据学生在本课的参与情况发放金币。学生以组为单位计划自己的旅行，在探讨时便是对本节课重点句型的应用。写出的计划，便是对文本的落实。

Our trip	
Where	_____
Who	_____
How	_____
How long	_____
What	_____

4.拼图游戏，展示出行计划。

（1）小组每位成员以书面形式将计划写在纸上

（2）组内互相帮助练习计划的表达

（2）（同组同学虽目的地相同，但是票的颜色不同）学生根据票的颜色组成新的小组（如每组拿有红色票的同学坐在一组）

（3）新组成员分别介绍自己小组的出行计划给其他人

【设计意图】因为课堂时间有限，每组学生不能都得到展示机会，通过Jigsaw（拼图游戏）不仅节省了时间，而且学生在新的小组，依次介绍本组的出行计划，使学生真正得到了练习、展示的机会。

（续表）

板书设计：

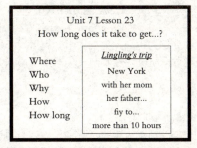

Unit 7 Lesson 23
How long does it take to get...?

Where
Who
Why
How
How long

Lingling's trip
New York
with her mom
her father...
fiy to...
more than 10 hours

学习效果评价设计

评价方式

教师评价：

鼓励性的语言激励学生，如Good! Wonderful! You did a good job! Great! 等发放金币表扬、鼓励学生。

学生自我评价：

我会正确朗读课文：Good! Just so so. Great!

评价量规

学习效果	not bad	good	super
我能够正确理解所学对话的含义。			
我能够复述对话内容。			
我能够在小组合作中积极交流，巩固所学词句			
我能介绍我的旅行计划			

本教学设计与以往或其他教学设计相比的特点

1.准确定位学生不足，通过多种方式，由浅入深培养学生复述能力。

北京版教材以对话为主，导致学生的叙述能力有所欠缺，对学生的写作也造成了一定影响。根据学生的这一不足，教师在这一节课中着重对学生复述能力进行了培养。复述环节共分为三步，Domino游戏全语言呈现，梳理对话；图文匹配，增加难度，减少了关键词支撑；叙述旅行计划，去除句式支撑，仅提供重点词，向学生发起挑战。三个活动难度由易至难，同时也是为后一活动做铺垫，循序渐进地锻炼学生能力。最后学生以小组为单位进行暑假出游计划的制订，同样以篇章形式出现，锻炼了学生的综合应用能力。

（续表）

2.多种游戏活动，让每位学生参与活动，并乐在其中。

本课设计加入了一些游戏活动，如Domino，Jigsaw。学生们在课堂上动静结合，不仅调节了课堂气氛，学生的注意力也因此更加集中。更重要的是全班学生在活动中都愿意积极参与，并且都得到了展示机会。在小组互相帮助与展示中，即使是学困生也学到了知识，并且增加了自信。

3.自制影片引导，提供更多彩的语言素材，激活思维。

在本节课教学中，通过操练活动，学生从听、说、读、写等方面对本课时的日标语言和句型已经熟悉，所以在学生综合产出语言前，教师呈现了一个自制的以旅行为主题的短片，目的是利用多彩的图片、生动的文字、动感的音乐吸引学生的注意，同时为学生的自主表达提供了丰富的语言素材，为学生的文本输出做了铺垫。

《Unit 3 Lesson 11 How do seeds travel?》教学设计

韩乐

教学基本信息					
课题	《Unit 3 Lesson 11 How do seeds travel?》				
学科	英语	学段	高段	年级	五年级
教材	书名：北京市义务教育教科书 五年级下册 出版社：北京出版社 出版日期：2015年1月				
是否已实施	否				

教学设计个人信息		
	姓名	单位
设计者	韩乐	通州区第一实验小学
讲课者	韩乐	通州区第一实验小学
课件制作者	韩乐	通州区第一实验小学

指导思想与理论依据

　　《英语课程标准》指出：让学生在教师的指导下，通过感知、体验、参与和合作等方式，实现任务的目标，感受成功。

　　基于这样的理念，结合本节课的重难点，我以travel贯穿始终。先以动画感知travel含义。之后学习课文，了解种子的travel方式，并借用Flash "How do seeds travel?" 对知识进行巩固、扩充。在探讨种子传播方式的时候，学生通过小组合作得出结论。最后，全班学生参与讨论，什么事物需要travel，得出travel对大自然的重要意义。

教学背景分析

教材内容

　　本课书是北京版小学英语五年级下册第3单元第11课，本单元共有四课，呈现了 "How can we make use of... ?" "Can you give me an example of ... ?" "How do ... travel ?" 等功能句型。本单元的话题是二单元知识的深入，都是围绕"植物"这一话题展开的。

（续表）

知识背景分析：

学生在三年级下学期科学课第二单元中学习了种子的传播方式相关知识。

在本册第二单元分别学习了植物的构成部分、每部分的作用以及光合作用等知识，学生基本可以用英语去描述以上内容。

学生情况

本节课的教授对象为我校五年级（2）班学生，共46人。学生英语学习积极性高，对英语学习有着浓厚的学习兴趣，并有一定英语基础。

本课学习的"种子的传播"内容，学生已在三年级科学课进行了深入学习，所以学生学习的难点是如何用英语进行这一现象的表述。针对这一情况，教师通过动画、课文、Flash等多种形式引导学生进行功能句型的应用。

教学目标（含重、难点）

知识与技能目标

1.能听懂、会说、认读in water、with people and animals、with wind等相关的词组，并能够描述种子的不同传播方式。

2.能听懂句子"How do ...travel?"，并用"some..., and others...."句型结构表达不同的植物有不同的传播方式。

3.能够在插图帮助下理解对话内容，并跟随录音模仿故事中的人物对话。

情感态度与价值观目标

1.通过本课学习，引导学生关注生活，细心观察周围事物，进一步激发学生探索自然世界的兴趣。

2.通过对travel多层次的理解，让学生体会travel对不同物种的重要意义，如：动物的迁徙为了生存和繁衍后代，有了声、光的传播人们才可以听到美妙的音乐，看到美好的世界。

教学重点

1. 能听懂"How do ...travel?"，并在图片或词语的支持下做出回答。

2. 能够正确理解，并试着朗读对话内容。

教学难点

1.能够理解并应用"some..., and others...."句型结构表达不同的植物有不同的传播方式。

2.能听懂、会说、认读课文中的词语else、others、wheat。

技术准备

1.单词卡片及自制教具。

2.PPT演示文稿及电子课件。

（续表）

教学过程

I. Warming up

1.给动画起名，引出核心词汇。

T：First of all, let's enjoy a video.

T：What do you see from the viedo?

S：Seeds. Apple seeds.

T：Can you give this video a name?

S：Travel.

2. 以苹果为例，解释travel的含义。

T：Today we are going to learn "How do seeds travel?"（板书标题）

II. Presentation

1.学习故事1。

活动一：观察图片，进入情境

T: Apples are in a basket. Who are going to have a picnic?

S: Baobao's family.

T: What do they have for the picnic?

S: They eat nuts, bread...

活动二：初听课文，寻找信息

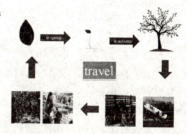

T: Baobao has corn in his hand. And he says "Is corn a kind of seeds?"

S: Yes.

T: What are seeds?

S:（学生回答）

T: What else are seeds? Let's listen to the dialogue.

活动三：观察图片，理解含义

以wheat一词为例

T: Can you read this word?

S:（思考或读出）

T:（展示该单词的一部分eat，学生读出后加入另一部分wh）

T: Do you know what it is? Do you know the Chinese for this word?

呈现小麦不同阶段的图片，帮助学生理解单词含义。

【设计意图】对于五年级学生，在这一部分中只有wheat一词接触较少，只在北京师范大学版教材讲wh语音时出现过一次。根据以上情况教师将词语分成wh 与eat，让学生自行拼读。另外，学生跟农田接触越来越少，学生即使看到wheat图片，依然不确定其中文含义。所以教师在PPT中展示出小麦生长的不同阶段，学生一目了然。

（续表）

2. 学习故事2。

活动一：观察图片，进入情境

After lunch, Baobao's family take a walk.（呈现课文图片）

T：What are they?（教师指向主题图中的蒲公英）

S：...（学生思考）

T：教师出示dandelion一词词卡

S：根据教师所给提示试着拼读dan, lion, de ...... dandelion

【设计意图】 教师在出示dandelion词卡时将其分成了二部分 "dan" "de" "lion"，其中dan学生可以自行拼读，lion学生学过。通过这样的提示，学生便可以很容易地将长词拼对。主要目的是渗透给学生拼读的方法。

活动二：听读课文，补全内容

T：呈现课文主题图

Baobao has a dandelion in his hand. And asks "How do seeds travel?"

=Can you tell him?

S：They travel with wind.

　...

T：Let's listen to the dialogue and find out

3.巩固故事。

活动1：整体观看课文动画并跟读。

活动2：学生默读课文，找出不会单词。

活动3：小组活动解决生词。

活动4：教师答疑解难。

活动5：学生分层次进行课文朗读或复述。

III. Practice

1.知识扩展。

活动1：种子传播方式探究

T: How do dandelion seeds travel?

S：They travel with wind.

T：Why they can travel with wind?

S：Because they are light.

活动2：观看视频，补充方式

T：Seeds travel in many ways. How about others?　Let's watch.

S：观看视频，找出另外两种方式。

Some seeds travel with rain, and others travel by itself.

活动3：圆环板书，理解词义，总结句式

T：How do seeds travel?

S：Some travel in water, some... and others travel with people and animals.

T：So seeds travel in many ways.

（续表）

【设计意图】本课书虽然讲了种子的传播方式，但在课文主题图以及配套动画中都没有体现种子在不同环境下如何传播的，所以我利用网络资源为学生补充了一个Flash动画，动画中针对不同种子的不同传播方式均有详细演绎。学生在猜想、纠正答案的过程中运用了本课主要单词词组，如：in water，with people and animals，with wind，with birds；在观看flash动画过程中，学生了解到了种子的形态或是生长环境决定了种子的传播方式；最后通过板书总结，确定了传播方式，也对本课功能句型进行了再一次运用和总结。本节课的板书之所以设计成圆形，也是为了帮助学生理解some…，some…，and others…的含义，即some…，some…，and others…构成一整体，some 或是and others都是其中的一部分。

2.知识应用。

活动1：两人合作，完成小书

学生在前一活动基础上，根据植物不同特点，将其按传播方式分类。

活动2：四人小组，探讨结果

四人一组共同核对答案

活动3：制作小书，台前展示

教师示范如何制作小书，学生仿照完成后，利用投影进行作品展示。

【设计意图】本环节是在前一活动基础上，对所学内容的应用。在前一活动中，学生补全了植物的传播方式，并探讨了原因。这一环节，学生便可以利用所学进行分析，将书本之外的植物种子传播方式归类。同时也是对本课重点句型的输出。在制作小书环节中，教师巧用纸张，一张A4纸，经过简单的裁剪、折叠便做成了一本书，这一点，也十分吸引学生的注意力。

IV. Product

1.感受travel的不同含义

活动1：探讨种子传播的意义

T：Seeds travel in many ways. Why do they travel?

S：（可用中文回答）

T：总结They can grow up to be plants and trees.

活动2：探讨其他物种的传播

T：Seeds travel. What else travel?

S：学生思考，鼓励学生用英语表达。

　　光light，动物animals，声音sound

活动3：探讨传播的意义

T：Why do animals travel?

S：（可用中文回答）

T：Lights travel. So people can see the sunlight, starlight and moonlight.（图片）

　　Animals travel. Some animals travel for the better life, and others travel for their babies.

　　（动物迁徙视频）

（续表）

【设计意图】本节课我以travel贯穿始终，由种子的传播，扩展至自然界光、声音的传播，动物的迁徙。从中让学生体会travel的多重含义以及travel对自然界的影响。

V. Homework

Find more plants and make a bigger book.

板书设计

Unit 3　Lesson 11
How do seeds travel?

《Unit 3 Let's live a low-carbon life》教学设计

霍晓岭

教学基本信息					
课题	《Unit 3 Let's live a low-carbon life》				
是否属于 地方课程或校本课程	否				
学科	英语	学段	高年级	年级	六年级
相关 领域					
教材	书名：义务教育教科书英语　六年级下册 出版社：北京出版社　　出版日期：2015年1月				
教学设计参与人员					
	姓名	单位			
设计者	霍晓岭	通州区第一实验小学			
实施者	霍晓岭	通州区第一实验小学			
指导者					
课件制作者	霍晓岭	通州区第一实验小学			
其他参与者					
指导思想与理论依据					

　　《英语课程标准》的基本理念中明确指出，英语教学要突出学生的主体性，关注学生的学习过程，倡导学生主动参与、乐于探究，培养交流与合作的能力，发展学生的综合语言运用能力。在语言学习的过程中，重视语言学习的实践性和应用性。教师要充分运用形式多样的教学手段及方法，为学生创设真实、丰富的英语情境，让学生在语境中接触、体验、理解真实的语言，并在此基础上学习和运用语言。教师要有效地优化教学过程，充分调动学生自主学习的动机和兴趣，提高课堂教学的实效性，并使语言学习的过程成为学生主动思维、大胆实践和形成积极的情感态度的过程。

（续表）

教学背景分析

教学内容:

本课是北京版教材六年级下册Unit 3 Let's live a low-carbon life.第2课时的对话教学。教学内容围绕环保话题展开，以节约用纸为切入点，引入低碳生活的概念。利用祈使句对节约用水、用电等实际问题进行讨论，引发学生的共鸣。学生在学习、运用语言知识的同时，了解更多低碳生活的途径和方法，从而加强了环保意识，培养了学生的社会责任感。

学生情况:

1.我所教授的是小学六年级的学生，他们已经有了一些语言知识的积累，具有一定的英语表达能力。大部分学生口语表达能力较强，英语学习的兴趣浓厚，能积极参与课堂教学活动。个别学生语言基础较弱，听、说存在问题，羞于表达。所以课堂上教师要鼓励学生积极说、大胆做。

2.学生在本单元的第一课时已经接触了环保的概念，对环保的生活方式有了基本的了解，这为第二课时的"低碳生活"的语言输出做了铺垫。

教学方式:

情景教学法、活动教学法、情感教育法。

教学手段:

1.利用动画帮助学生理解课文内容。

2.通过动手制作宣传单帮助学生进行语言实践。

3.利用网络环保图片为学生开拓视野，激发环保意识。

技术准备: 多媒体课件。

物品准备: 单词卡片、一张两面打印的纸、不文明现象的图片。

教学目标（内容框架）

知识技能目标:

1.能够听懂、会说并理解low-carbon life、print on both sides of、save trees等与环保有关的单词及短语。

2.理解并能流利地朗读对话。

3.能够运用祈使句Don't... \remember...\let's...等向他人宣传环保理念及低碳生活的方式。

4.在学习、理解课文的过程中，帮助学生树立低碳生活的意识，培养他们的社会责任感。

过程与方法:

1.通过"世界地球日"引导学生复习回顾上一课的环保句式，为本课的语言输出做好准备。

2.通过用"一张两面都打印了的纸"来创设真实情境，向学生介绍低碳生活的理念。

（续表）

3.通过多媒体动画的呈现，让学生理解课文的大意，给学生大量的语言输入。

4.通过制作环保宣传册的活动，引导学生把所学的知识与实际生活相联系，了解如何向他人进行环保宣传，进一步培养学生低碳生活的意识和社会责任感。

5.针对不同层次的学生，我尽量搭设台阶，激发学习兴趣，提高学习实效性。

情感态度目标：

1.通过丰富多样的学习形式，让学生感受学习英语的乐趣，并体会日常生活中如何运用英语表达自己的想法。

2.通过学习，引导学生关注我们的生存环境，树立低碳生活的意识，并真正落实到生活实际中。

教学过程（文字描述）

Step1 Review（5分钟）

The teacher show a picture about "World Earth Day"（April 22nd）

T：What's it for?

Ss：It tells people to protect the environment.

T：How to protect the environment?

Ss：Don't litter. \stop using plastic bags…

然后教师为学生呈现出这些句子，如：Don't litter in public places. Stop using plastic bags.等，让学生自己读一读。

【设计意图】本环节目的是复习上一课，温故而知新。教师的图片和问题把学生带回第九课，学生回答之后，教师把这些句子用大屏幕给学生呈现出来，一起回顾关于环保的句子。这样的顺序避免了好学生的思维受到限制，同时也为中下等生搭设了台阶，让他们掌握得更清楚。

Step2 Lead-in（5分钟）

教师带领学生读完环保的句子后，引入课题"低碳生活"：

T：Yes, if you do like this, you live a low-carbon life.

教师帮学生理解low-carbon的含义，并板书课题：

let's live a low-carbon life. Ok?

T：I live a low-carbon life.（教师举例）For example：I usually go out by bike. And look at this paper.（教师出示一张两面都用过的纸）I print on both sides of the paper. I do this to save paper.

此时，教师板书For example和I print on both sides of the paper.向学生解释句子的含义。

然后呈现一张Lingling和Yangyang正在打印的图片，引导学生关注打印机：

T：What are they doing?（Ss：They are printing.）

Do they print on both sides of the paper?

Ss: We don't know.\ Maybe.

T: Ok, let's watch the movie. And find out the answer.

【设计意图】教师利用一系列环保的句子引出课题a low-carbon life，学生会更容易理解。然后教师拿出一张两面用过的纸，向学生示意节约纸张也是低碳生活的一个方面。并以此来创设情境，引入课文。板书并理解For example和I print on both sides of the paper.降低课文的难度，并为后面的输出做准备。

Step3 Presentation（10分钟）

播放课件，让学生观看并找寻答案。

T: Do they print on both sides of the paper?

Ss: Yes, they do.

T: Why do they use both sides of the paper?

引导学生用文中的句子来回答

Ss: They want to save paper, save trees.

T: Lingling and Yangyang live a low-carbon life.

此刻，教师呈现两张图片（一个女士看电视时睡着了、一个小孩刷牙没关水龙头）。

问：Do they live a low-carbon life?

Ss: No, they don't.

T: What do you want to say to them?

学生快速浏览课文，找出文中的句子来回答：

Ss: Remember to turn off the TV.

Ss: Don't leave the water running.

再出示句子，找几组同学朗读句子，理解句义，纠正发音。

T: Ok, we all live a low-carbon life, just like Lingling and Yangyang.

Next, let's watch the movie again, and read the dialogue together.

再次为学生播放课件动画，学生跟读。

给学生几分钟的时间，学生小组读课文。教师巡视，给予指导。

接下来，分角色朗读课文。教师纠正学生的发音。

【设计意图】整体播放课件，理解故事。之后教师利用两张图片，对文中的重点句式做了注解，起到了挖掘重点、分散难点的作用，为学生再读课文降低了难度。学生在理解课文的基础上，分角色朗读课文，达到了语言练习和实践的目的。

Step4 Practice（15分钟）

T: Look at blackboard, can you read these sentences?（引导学生看黑板，教师用板书呈现了本课的环保句子。如：print on both sides of the paper\Save paper, save trees.\ Don't leave the water running.\等）

（续表）

T：Do you live a low－carbon life？ For example…

Ss：Yes，I live a low－carbon life，I go to school by bus everyday.\ I remember to turn off the TV when I am not watching….

T：But in fact，in our life，we often see some uncivilized behavior.

教师为学生呈现一组生活中不文明行为的图片。

T： How do you think of them？ Do you want to say something to them？

教师把图片发到学生手中，给学生足够的时间，让他们以小组为单位讨论，并制作环保宣传单（课下做成一本宣传手册）。鼓励学生课下把自己的宣传单贴到教室的展板上，方便展示，分享交流。

【设计意图】本环节教师先带领学生回顾板书，归纳总结了课文中关于环保的重点句式，为学生下一步的语言输出做好了铺垫。制作环保宣传册的过程，让学生把学到的知识和现实生活相联系，达到了学以致用的目的，并提高了学生的环保意识。

Step5 拓展提高（5分钟）

本环节，教师为学生呈现了一组关于环境保护的图片，如：World Water Day 世界水日，World Animal Day世界动物日等，在图片展示过程中，让学生谈谈自己的感想，"What do you want to say on that day？"学生通过学习环保知识，在这里有语言的输出，如：We should save water. Don't waste water. Water is very important to us.或者是：Animals are our friends. We should be friendly to them. Don't kill animals. Protect animals.等等。

教师在课堂上对学生的表现给予评价，并奖励国际环保纪念日的奖章。奖章上写有纪念日的日期和意义。课后拿到奖章的同学给大家介绍一下奖章上的环保纪念日，作为对本节课内容的拓展提高。

【设计意图】在本环节，教师让同学观看世界水日和世界动物日的图片，学生在图片中心灵得到震撼，运用所学知识，表达自己的真实想法，是语言的输出环节。拓展了知识，开阔了视野的同时，引导学生提高环保意识，关注环保事业。

Homework：1.把你制作的环保册子给家人和亲友看，向身边的人宣传环保。

2.做一张英文"环保手抄报"。

学习效果评价设计

评价方式

一、教师对学生的评价：

1.教师采用不同层次的口头评价，如good\great\ super\excellent等对学生及时表扬和鼓励。

2.教师印制了"环保纪念勋章"发给表现好的学生，同时是课上知识的拓展。

（续表）

二、学生的自评：

每个学生有一份评价的表格，对自己课上的表现及时客观的评价。

评价量规

A：Great.　B：Good　C：Not bad.

评价等级	积极思考问题	积极举手回答问题	积极参与同学讨论
A			
B			
C			

本教学设计与以往或其他教学设计相比的特点（300～500字）

本节课的设计有以下几个特点：

一、创设情境，温故知新

开课伊始，教师用"世界地球日"的图片，引出环保的话题，带领学生温习上一课的重点句式，接下来教师用一张两面用过的纸，创设了一个真实的情境，形象生动地向学生解释了什么是低碳生活，把low-carbon这一抽象词汇轻松搞定。

二、实践操作，分享交流

动手实践制作环保册，这个设计不仅强化了课上所学的知识，而且让学生把所学的知识与生活实际相联系，达到了学以致用的目的。学生互相讨论、交流、分享的过程，是基于情感，语言输出的过程，在这个环节中，语言为生活服务的宗旨得到实现。

三、德育渗透，提升素质

本课教学设计注重对学生环保意识的培养。低碳生活的话题贯穿整个课堂，从节约一张纸开始，到对生活中不文明行为的制止，还有对国际环保纪念日的了解等，都给学生上了很有教育意义的一课，让学生的环保意识得到进一步的提高，为他们将来的低碳生活开启了很好的一扇门。

四、趣味评价，拓展提高

本节课的课堂评价，教师设计了与环保有关的纪念奖章，让评价的内容和形式都与课堂紧密相连。每颗奖章都涉及一个与环保有关的世界纪念日，如"世界水日""世界动物日""世界无车日"等等，并注明日期和意义。在课堂结束前几分钟，拿到奖章的学生可以利用奖章上的内容给全班同学讲解。既让课堂评价增加了趣味性，又有效地拓展了环保知识。

《This is my father!》教学设计

霍晓岭

教学基本信息					
课题	《This is my father!》				
是否属于 地方课程或校本课程	否				
学科	英语	学段	高年级	年级	六年级
相关 领域					
教材	书名：攀登英语阅读系列分级阅读第五级 出版社：接力出版社　　出版日期：2010年9月				
教学设计参与人员					
	姓名	单位			
设计者	霍晓岭	通州区第一实验小学			
实施者	霍晓岭	通州区第一实验小学			
课件制作者	霍晓岭	通州区第一实验小学			
指导思想与理论依据					

　　《英语课程标准》对小学英语教学的阅读目的提出了明确的要求。阅读在听、说、读、写四项技能中占有很重要的地位。培养学生进行广泛的阅读，不但能为学生提供更多的语言输入，还能通过阅读学到更多的课外知识，获取大量信息，从中获得成就感，增强学习英语的自信心。

　　英语阅读课的开展对于小学生的能力特别是读写能力的培养有很大的帮助，如何进行有效的阅读也是老师们不断努力的方向。我们在实际的课堂中要不断实践、不断总结，力求把语言教学与能力培养更紧密联系起来，不断提高教学效果，提升教学质量。

　　阅读课的选材和设计也要符合小学生的年龄认知特点，从贴近学生生活的故事入手，抓住学生的兴趣点，最大限度地利用教材，提升学生的阅读能力和技巧。

（续表）

教学背景分析

教学内容：

本课是攀登英语第五级的一篇阅读故事 "This is my father!"，故事贴近学生生活，有亲近感，故事讲的是一名小男孩不理解和嫌弃自己的消防员父亲，认为他是胆小鬼。但在一次救火现场却看到了父亲勇敢地救出了很多人，从而改变了对自己父亲的看法，也理解了父亲平时的行为和良苦用心。

学生在本节课中运用略读和细读等阅读方法，理解故事，梳理故事发展，完成阅读任务。

学生情况：

我教授的是小学六年级的学生，他们学习兴趣浓厚，喜欢探知未知，有一定的英语语言基础。他们对攀登英语系列有一定的接触，很感兴趣，能达到独立阅读，也有简单的英语表达能力。能够在小组合作中表现出配合他人和勇于表达自我的精神。

教学方式：

启发引导学生进行独立阅读，培养学生的阅读技巧和阅读能力。

技术准备：

多媒体课件，绘本资料，爱心卡。

教学目标（内容框架）

一、知识与技能

能读懂故事，理解文中生词如 "coward" "injection" "argue" 等。

能掌握略读、细读等阅读方式，了解故事发展进程并完成判断和排序。

能根据故事和发挥想象表演故事片段。

二、过程与方法

通过照片引入、设置悬疑等方法激发学生的阅读兴趣，再通过问题引领、完成题目来引导学生全面阅读，最后在表演故事和书写爱心卡的环节中达到对故事更深入的理解和思考。

三、情感态度与价值观

通过理解故事培养学生尝试理解他人、懂得感恩的美好情感。

教学过程（文字描述）

Step1：Lead in

Show a picture about my father and I.

T：Look，this is me. Guess，who is this man？ Yes，he is my father.

I think my father is a great man，he can do many things，he can play the erhu，he can sing peking opera，I am proud of him.

T：How do you think of your father？（Show some pictures about students and their fathers. They did something happily together.）

（续表）

S1：I think my father......, I love him.

S2：I think my father......, I am proud of him.

......

T：Today we'll read a story "this is my father." (Show the title)

Look, this is the father, and this is the son.

What does the father do? Can you guess his job?

Yes, a fireman.

How do you think of "a fireman"? (brave\ great\selfless...)

But look at the boy, he doesn't look happy, why? Is he proud of his father?

【设计意图】在阅读绘本故事之前，我先用照片引导学生谈谈对自己父亲的印象，体会父爱的伟大，激发学生对父亲的爱。然后观察故事中的小男孩的表情，他会为作为消防员的父亲感到骄傲吗？设置悬疑，激发学生的好奇心。

Step2：Reading the story

Tast1：Please read the story from page1－7.

T：Is he proud of his father? （No）

How does he think of his father?

He thinks his father is a superman or coward?

A coward. (Explain the word: it means a person who is afraid of anything.)

A fireman is a coward? Do you belive that? （No）

Why does he think of his father a coward?

Students read the story again and find out the answer.

让学生细读故事，找细节，完成题目1：

Why does the boy think his father a coward?

Choose the reasons（选择理由）:

（ ）1.When he stays at home, he just watches TV.

（ ）2.When he has an injection, his father always leaves. Maybe he is afraid of injection.

（ ）3.Every time his father and mother argue, father always says "sorry" to mother.

（ ）4.One day, he had a fight with a classmate, his father didn't teach him a lesson, but say "morning" to the bully.

（ ）5.Everyday he goes home, he always cooks dinner for us.

（续表）

板书：

He is a coward, because he ia afraid of injection.\my mother\my classmate.

T：He is afraid of everything. So he is a coward, right?

T：The boy doesn't understand his father. So he is angry.

After school, he didn't go home. He wandered on the street.

Suddenly , he heard the fire alarm.（警报声响起）

Task2：Please read the story from page8 to page15, What happened?

Ss：A building was fire.

T：What did the boy see?　And what did he think?

Ss：He saw a brave fireman, rushed into the fire again and again.

He thought "I wish he were my father."

T：He wants a brave father, right?

When he came close to that man, he was shocked. Why?

"That was my father!"

T：How does the boy think of his father now?

完成题目2：Can you order these sentences?

（根据故事给句子排序）

（　　）A brave fireman rushed into the building again and again.

（　　）A building was on fire.

（　　） When I came close to him, I was shocked.

（　　）That was my father!

（　　）Many firemen were trying to put out the fire.

板书：

He is a hero!　\superman\brave\great "I am proud of my father!"

体会小男孩此时的心情，让学生有感情地朗读句子 "That was my father!" 可以加上动作。

（续表）

【设计意图】在阅读故事的环节，教师设置了一系列的问题，用问题引导学生深入阅读，感知故事的发展，体会小男孩对父亲从"不理解和嫌弃"到"理解和骄傲"的感情发展过程，从而也激发学生对自己父亲的理解和爱。

Step3 Read and act

Tast1：Reading the story together.

Play the tape，ask them to read the story .

Now can you explain these things：

文中三幅图：1.He is afraid of injection.

2. He is afraid of my mother.

3. He is afraid of my classmate.

学生小组讨论，师总结：

Picture1：He just wants me strong.

Picture2：He love my mother，he love the family.

Picture3：He is a kind man. He is polite to others.

让学生完善表格：

He ia afraid of

injection

my mother

my classmate

In fact

want me strong

love my mother

kind \polite

Tast2：Can you act out the part of the story? 出示救火的场景图片。

学生小组表演救火的场景：一名消防员从火场中连续救出了三名受伤人员，其他学生观看后对"消防员"提问：

"Are you tired?""Yes，I'm very tired."

"What's your name?""My name is fireman."

"You are great，thank you！""It's my pleasure."

【设计意图】通过跟读纠正学生发音，并完整感知故事。通过完善表格思考父亲的行为，深切体会父爱的伟大。最后通过模拟表演故事片段，真正理解了作为消防员的父亲工作的辛苦和内心的勇敢，传递了正能量。

Step4 Activities

欣赏配乐图片，感受父爱。

In our family，fathers are great. They can do many things for us. They are busy. They work hard. They love the whole family. So what should we do?

（续表）

Ss："Study hard！""Do some housework.""Make some tea for him."......

So what do you want to say to your father？　Write down on the card.

让学生在爱心卡上写出想对爸爸说的话：

I love my father.

I am proud of my father.

You are great.

You are my hero！......

最后用大家的彩色爱心卡做成一个大的心形海报，张贴在班级文化墙上。

【设计意图】在"时间都去哪了"的音乐声中欣赏父爱的图片，唤起学生内心深处的情感，再通过文字部分，让学生充分表达出自己对父亲的深爱之情，激发学生的感恩之心。

Homework：

Please say some words to your father，and do something for your father.

板书设计：

a coward	a hero
He ia afraid of	superman
injection.	brave
my mother	great
my classmate.	I am proud of my father！"

学习效果评价设计

评价方式

本节课，教师恰到好处地运用各种评价资源，使学生能够积极、主动、自主地完成学习任务，达到了预期的教学目标。

1.及时性评价。

教师在课堂上使用了口头评价。如：Good/ Great/Wonderful /Prefect等有层次的评价语言。教师还十分注重自身的动作评价。如：一个肯定的眼神、一个期待的目光、一个会意的微笑一次轻轻地拍肩等。再有，教师有意地肯定或重复学生的话语，我认为也是给予学生的一种积极评价，学生感到自己说对了，获得了一种成功的满足。

2.自主评价。

课前，教师展示评估表，给出本课确立的目标，学生做到胸中有目标，并具有为一个目标的实现努力学习的内驱力。课后，让学生根据自己表现的情况自主完成评价，在整个自主评价过程中，学生轻松、愉快地感受我能，体验成功的快乐。评价过后，学生之间有一定的信息差，这时学生会积极上进，有强烈的学习动力，暗暗下了为实现更高目标努力的决心。

3.小组评价与两人评价。

学生可以对他人的学习态度、上课时参与的积极程度、同学之间交流的踊跃程度，组内交流时的表现等方面进行互评。

（续表）

评价量规

	评价内容	评价等级
自评	善于思考，主动表达自己的看法	1 2 3 4 5
	乐于与同学合作，乐于提供帮助并懂得向他人寻求帮助	1 2 3 4 5
	能够领悟阅读技巧	1 2 3 4 5
	课后作业完成认真且有创造力	1 2 3 4 5
组评	积极参与小组活动，能够同他人合作	1 2 3 4 5
	能够提出合理建议	1 2 3 4 5

本教学设计与以往或其他教学设计相比的特点（300～500字）

开课伊始，我就用照片巧妙引入"This is my father!"的课题，学生纷纷说出自己对父亲的感受，与文中小男孩形成强烈对比，设置悬疑"Is he proud of his father?"引发学生阅读的好奇。

课中，我用几个问题作引领，指导学生进行任务型阅读，从略读到精细读层层递进地理解短文，完成表格。真正体会父亲的角色从"胆小鬼"到"大英雄"的转换，深入挖掘教材，不拘泥于文字表面，解读文字背后的意义。"He is afraid of my mother, because he loves my mother."让学生的理解更透彻，思维更深入。

课后，我倡议学生对故事的片段进行表演，"火场救火"的表演再现了消防队员的勇敢和无畏，学生对故事和任务的理解是深层次的，所以才会有"My name is fireman."的精彩瞬间，感动了全体学生和我。

最后，书写爱心卡的过程是本节课的一个升华。学生不仅理解了故事，更理解了自己的父亲，明白了他们的良苦用心，懂得了自己应该用什么样的行为来感恩父母。

《Dick and the Olympics》教学设计

李晴

教学基本信息							
课名	《Dick and the Olympics》						
是否属于 地方课程或校本课程	否						
学科	英语	学段	中段	年级	三年级	授课日期	
教材	攀登英语分级阅读系列第二级						

教学设计参与人员		
	姓名	单位
设计者	李晴	通州区第一实验小学
实施者	李晴	通州区第一实验小学

指导思想与理论依据

　　《英语课程标准》中指出："英语教材是指英语教学中使用的教科书以及与之配套使用的练习册、活动册、故事书、自学手册、录音带、录像带、挂图、卡片、教学实物、计算机软件等"。由此可见，为了让学生的英语语言能力和文化品质得到发展，在教学中，教师要以学生情况、教学情境、教学环境为整合的依据，结合教材内容，补充恰当的教学内容。

　　本课的绘本教学，充分利用绘本特有的图文并茂的特点，有效地整合资源，根据学生的心理特点，从学生的生活经验和兴趣出发，设计贴近学生实际的教学活动，引导学生通过听、观察、推测、交流、体验等活动，结合已有知识经验去感受、理解、学习语言，从而获得更多语言输入，以达到促进语言能力提升的目的。

教学背景分析

教学内容分析：

　　本课是攀登英语阅读系列分级阅读第二级Dick and the Olympics一节绘本阅读课。绘本主要讲述了主人公Dick想要参加动物运动会，可是很多项目都不适合他。故事中，他不断尝试和探索的过程，最后发现了自己的特长。

故事中出现许多有关运动项目的词汇，很多在一二年级的学习中都接触过，比如 run、walk、play basketball、swim……有词汇作为基础，如何帮助学生理解故事大意，输出语言是本课的重点。

结合本课的绘本和教学重点，本课重在结合图片引导学生进行推测、观察、描述等形式来提升学生的语言能力和学习能力。教学环节采用循序渐进、环环相扣的操练方式，使课堂活动具有渐进性和情境性，使学生在情境中产生学习的欲望，自然的交流中习得语言，提高运用语言的能力。

学生情况分析：

所授班级共45名学生，由于已经接触英语将近三年，部分同学接触英语更早，那么学生有良好的英语基础，课上表现力强，善于思考，课堂表现力较强。三年级学生有较强的阅读能力、合作能力，喜爱阅读故事。但是对于孩子来说，如何用英语思维进行思考，更流畅地表达自己，输入语言，是一直努力追求的目标。

技术准备：

1.学具准备：教材；

2.教具准备：电脑、自制的课件、词卡等。

教学目标（内容框架）

一、教学目标

1.学生通过故事阅读，能理解Who is Dick？ What does Dick want to learn？ What does Dick learn？

2.能在图片、音乐、文本的帮助下理解故事的大意。

3.借助图片和语言的帮助，能够简单的复述绘本的内容。

二、教学重、难点

1.教学重点：

通过推测情节、讨论内容、观察图片，学生能够理解对话的基本内容。

2.教学难点：

如何通过问题的引导，帮助学生理解故事的大意，并能试着复述故事。

教学过程（文字描述）

一、导入与热身（warm up）

1.与学生进行Free talk，从学生熟悉的话题入手，出示例如比赛失利、考试没有取得好成绩与学生开展话题。

T： This boy is so sad, because he don't have a good score.

He is so upset, because he can't ride a bike. He falls down from the bike.

Do you have these kind of things in your life?

What will you do？ Will you cry?

S：（学生根据自己实际情况进行表达）

（续表）

教学意图：通过从贴近学生的话题入手，使学生产生情感共鸣，引发学生思考，为下面的理解故事做铺垫。

2.读前引发学生对故事的兴趣。

T：Today we are going to learn a story。This story is about an animal. It's a bird. The name of the story is Dick and the Olympics.

　　Do you know Olympics?

S：（如果学生知道，可以让学生试着解释解释。如果学生不会，教师进行解释）

T：Olympics just likes the sports meeting. People will do a lot of sports at the Olympics. They will play Ping-Pong, play basketball, run and so on.

3.呈现故事封面，引发思考。

T：Look at the cover of the story. Do you have questions about the story?　What do you want to know about the story?

S：（学生提出问题，教师选择性写在黑板上。如果没有问题，教师出示问题）

教学意图：充分利用故事书的封面，调动孩子们的兴趣和已知，通过设疑激发学生阅读的欲望。

二、While-reading

Step 1 学生带着思考的问题自读故事一遍

T：We have so many questions about the story。Do you want to read it?

S：Yes.

T：Before we read it, I show you two tips and one question.

S：（学生利用三分钟进行自读故事）

教学意图：引导学生自主阅读，带着问题去阅读，使学生更有目的性。

Step 2 与学生一起构建故事

出示图片2、3

T：At the beginning of the story, Dick stands on the tree. he has no friends. He is so lonely. What is he thinking now?　What does he want to do?

S：go to the Olympics.

T：He wants go to the Olympics. We can also say he wants to participate the Olympics.

教师用英语解释participate，并让学生对词进行认读。

Look at the other animals. Will they participate at the Olympics?　What do they do?

S：The rabbit…

　　The panda...

再次自读故事，梳理故事中间部分，感受主人公情感变化。

T：In the middle of the story, he finds some teachers to learn something.

　　What does he learn?　Let's read the story again！

梳理故事主人公都学了哪些运动项目，结果怎么样，感受如何？

（续表）

PPT上呈现故事中运动项目的四个图片和相应的单词，学生谈到哪个就点击哪个打开。

关于swim

T：What does Dick learn first?

S：He learns to swim.

T：Can he swim?

S：No.

T：What happened? If you are Dick, what will you say?

S：No.

 Help

T：Oh, swim is not easy. It's so hard for him. Will he give up?

 What does he learn next?

关于play basketball

S：He learns to play basketball.

T：Can he make it? Why?

S：No. he is ...

T：The ball is too big for him. Look at his face, can you act it?

 He is so frightened. But he doesn't give up. So, he learns to...

关于run

S：He learns to run.

T：Can he make it?

S：No.

T：The road is too long. He even can't follow the turtle. Look at Dick, how does it feel?

给出学生图片加单词作为支撑，让学生进行表达。

S：He feels...

还可以让学生进行模仿，感受主人公的状态。

关于walk, box and shoot

T：He learns to swim, run, and play basketball. He can't make it.

 But he doesn't give up. He goes on learning other sports.

 What the other things does he try?

S：He learns...

情节继续发展，进入高潮期。

教师指着板书，并拿出一个"错叉"。

T：He can't do all of these things. Oh, poor dock. His friends leave. He lowers his head. What's his feeling now? can you feel it? Try to say that.

S：sad/ unhappy

S：You are right. He is so upset now. but will he give up?

出示开心的图。

（续表）

T：What's his feeling now?

S：He is happy.

T：He is happy. Because he thinks there is one thing he can do. he can talk well. He can be a reporter.

出示Dick主持的画面让学生模仿。

教学意图：让学生充分感受主人公的情感变化，表达感情色彩，尝试用英语表达感受和想法。

Step 3 呼应前面所出现的问题

T：This is our story. Do you remember these questions? Do you get the answers? Do you have any other questions about it？

教学意图：回应学生一开始对故事产生的问题，是前后更有紧密型，并且关注学生对故事的理解程度。

Step 4 整体播放故事，读故事

教学意图：通过整体听故事，培养学生听得能力，提高学生模仿语音语调的能力。

Step 5 分页读故事

T：Who can read page 2...

教师找几个同学进行示范，再让小组内成员进行合作读。

小组读完后，整体播放没有文字的PPT，找组完成展示读。

教学意图：提高小组协作能力，巩固对故事的理解，熟练朗读故事。

Step 6 进一步情感升华，结合学生自身说一说

T：In the story, Dick becomes a reporter. Why can he be a reporter？ Because he try his best and never give up. If you face failures, what will you do?

S：学生试着说一说

教学意图：学生通过小故事，达到情感共鸣。在学习语言的基础上，试着用英语表达思想，达到情感教育的目的。

Step 7 家庭作业

1. Read the story.

2. Try to tell the story to your parents.

板书设计

| At the begging
　Lonely

　...

Wants to participate | Dick and the Olympics
In the middle
Sad, tired...

He learns ⎰swim
　　　Play basketball
　　　Run
　　　Walk, box and shoot

Try his best and never give up | At the end
happy

becomes a reporter

get success |

（续表）

学习效果评价设计

评价方式

教师对学生的课堂表现做出的现场评价

教师根据学生的现场反馈，活动展示汇报等，通过体态语言、口头激励、启发引导、观察等方式激励和评价学生，促进教学。

本教学设计与以往或其他教学设计相比的特点（300～500字）

本课时的教学内容为攀登英语分级阅读系列第二级Dick and the Olympics，是一节绘本故事教学课。在教学设计和实施的整体思路上，我充分挖掘教材内容，抓住学生的认知水平和年龄特点，围绕绘本故事，做到以学生为中心，利用多媒体、动画、音频等辅助教学增大语言输入量，设计多种有效的教学活动，提升学生的听、说、表演能力，激发学生积极参与，主动学习的兴趣，培养和提高学生综合运用语言的能力。纵观本节课的设计与实施，其重要的特点就在于注重学生语言能力的培养。

学生英语语言能力的培养和提升，重在课堂的语言训练。因此，在本课的教学中，我在不同的教学环节，都为学生提供语言练习的机会，如用声音和图片引导学生对人物所做的事情和故事发生的情节进行推测和想象；在新授环节，创设不同的语言练习机会，让学生进行大量的语言输出训练；依托复述，提升学生的语言能力和学习能力。

《Sam the big，bad cat》教学设计

李晴

教学基本信息						
课名	《Sam the big，bad cat》					
是否属于 地方课程或校本课程	否					
学科	英语	学段	中段	年级	三年级	授课日期	2017.5
教材	大猫英语三级1					

教学设计参与人员		
	姓名	单位
设计者	李晴	通州区第一实验小学
实施者	李晴	通州区第一实验小学
指导者	谢海明　闫景荣	通州区研修中心

指导思想与理论依据
《义务教育英语课程标准（2011）》在课程总体目标描述部分以及分项语言技能目标描述中都提到了小学生要"能听懂简单的小故事，能在教师的帮助下讲述简单的小故事"等。从这些描述中不能看出，借助故事学习英语是小学英语教学中较为重要的内容。故事作为一种有情景、有人物、有情节、较为真实的语言材料，有利于发展学生的人文素养，有利于培养学生的阅读技能，有利于发展学生的语言思维能力。 　　本课的绘本教学，充分利用绘本特有的图文并茂的特点，有效地整合资源，根据学生的心理特点，从学生的生活经验和兴趣出发，设计贴近学生实际的教学活动，通过教师引导学生参与预测故事、观察封面、图片环游讲故事、学生自读故事、分角色表演部分故事情节，体验主人公的情感，从而获得更多语言输入，以达到促进语言能力提升的目的。

（续表）

<table>
<tr><th colspan="1" align="center">教学背景分析</th></tr>
</table>

教学内容分析：

本课是大猫英语Sam the Big, Bad Cat一节绘本阅读课。绘本课讲述了主人公Sam感到身体不舒服，主人想带他去医院，但是Sam不想去。于是这只"大坏猫"就与主人经历了一番斗争，最终主人感到身体不舒服，无法带他去医院。而"大坏猫Sam"倒是好多了，得意地坐在沙发上吃东西。

故事中出现的介词短语under the bed、under the table、in the cupboard、in the shower，这些在平时的学习中都有所接触。但是文中出现的过去式的相关词汇，对学生会产生阻碍。那么如何帮助学生理解故事大意，输出语言是本课的重点。

结合本课的绘本和教学重点，本课重在结合图片引导学生进行推测、观察、描述等形式来提升学生的语言能力和学习能力。教学环节采用循序渐进、环环相扣的操练方式，使课堂活动具有渐进性和情境性，使学生在情境中产生学习的欲望，自然的交流中习得语言，提高运用语言的能力。

学生情况分析：

所授班级共45名学生，由于已经接触英语将近三年，部分同学接触英语更早，那么学生有良好的英语基础，课上表现力强，善于思考，课堂表现力较强。三年级学生有较强的阅读能力，合作能力，喜爱阅读故事。但是对于孩子来说，如何用英语思维进行思考，更流畅地表达自己，输入语言，是一直努力追求的目标。

技术准备：

1.学具准备：教材。

2.教具准备：电脑、自制的课件、词卡等。

<table>
<tr><th colspan="1" align="center">教学目标（内容框架）</th></tr>
</table>

一、教学目标

1.学生通过故事阅读，能理解相关的语言Sam hid.... Tom found him.

2.能理解故事中人物的心情发展，发现人物所藏的地点是在逐渐发生变化的。

3.能朗读故事并表演部分故事。

二、教学重、难点

1.教学重点：

能理解故事情节，推测故事的发展。

能基本正确地朗读故事及表演其中的部分故事情节。

2.教学难点：

讨论主人公藏身地点是如何变化的，体会人物心情。

（续表）

教学过程（文字描述）

一、导入与热身（warm up）

1.与学生进行Free talk，从学生熟悉的话题入手，谈论相关内容。

T：Today we are going to read a story about cats. What do you know about cats?

S：The cats can run.

　　The cats can catch the mouse.

　　The cats can climb the tree.

教学意图：通过从贴近学生的话题入手，使学生产生情感共鸣，引发学生思考，为下面的理解故事做铺垫。

二、读前引发学生对故事的兴趣

出示封面信息，引导学生观察图片获取信息

T：Look at this cat. What's his name?

S：Sam.

T：How is this cat? Is he cute?

S：A bad cat.

T：How do you know that?

S：I can see the board. "Beware of the cat".

教学意图：充分利用故事书的封面，调动孩子们的兴趣和已知，通过设疑激发学生阅读的欲望。

While-reading

1.图片环游第二页至第五页

T：But one day, Sam didn't feel well. How do you know that?

S：（通过教师引导观察图片来回答）

T：the man was giving the fish to Sam. So who's this man?

T：Tom was worried about Sam. If you were Tom, what would you do?

S：（学生通过自身感受，来进行回答）

T：Now Tom was calling someone. Who was he calling? How do you know?

S：see a book. "vet"

T：Did Sam want to go to the vet? How do you know?

S：run fast.

T：What would he do then?

S：（学生合理进行猜测）

教学意图：向学生展示故事的部分情节，引导学生观察图片，引导学生对故事的情节进行猜测，引发学生读故事的欲望。

2. 让学生自己进行阅读。

阅读要求和提示：①时间三分钟；

　　　　　　　　　②不会读的词可以圈出来。

教学意图：带着问题让学生进行独立阅读，关注故事整体内容。

（续表）

3. 教师与学生进行故事构建。

图片第6、7页

T：Where did he hide next?

S： Under the table.

T： Can you hear the noisy?　What's the noisy?

　　There are a lot of things on the table. What are they?

S：Dishes, milk...

T： The table is bigger than the bed. But Tom found him，why?

S：桌子遮不住它。

　　……

T：Look at Sam, what was he doing?　This time，What was he feeling?

　　But look at Tom. Was he relaxed again?

S：No. He was ...

T：If you were Tom or Sam，what would you say?

图片第8、9页

T： And then，Sam hid in the cupboard. The cupboard is bigger and closed.

　　But Tom found him. Why?

S： The cat said "meeeouch"．

　　Make noisy.

T： 教师根据学生回答进行补充

　　Sam did tricks and let Tom find him. Look at Sam's face，Sam was... .

　　How about Tom?　He was… . If you were Tom, what would you say?

图片第10、11页

T： At last, Sam hid in the shower. How do you know?

S： Yellow eyes, shark paws.

T： What's your idea about Sam?　Is he scared?

S： He is a bad cat.

　　He is sly.

　　……

图片第12页

播放录音

T：At last, Tom didn't feel well. Who can try to read it?

S：（学生进行模仿）

图片第13页

T：Look at Sam, what was his feeling now?

S：（若是回答happy，教师进行追问 how do you know？/why？）

教师出示胜利的手势

（续表）

T：Can you see this gesture?　What's the meaning?

S：我胜利了。

　　我不用去医院了。

　　……

教师进行总结

T： At beginning, Sam did't feel well. But at last, Tom didn't feel well. It's really funny.

教学意图：通过引导学生观察图片，在问题的引领下，帮助学生理解故事，体验人物情感和内心的变化，通过模仿，预测等方式来培养学生的观察能力和多角度分析故事的能力。

4.整体播放故事，读故事

教学意图：通过整体听故事，培养学生听得能力，提高学生模仿语音语调的能力。

5.快速自读故事，为下面的小组合作表演故事，进行铺垫。

6.分小组表演部分故事情节。

教师提出表演的需求，提示学生注意语言的重要性

教学意图：提高小组协作能力，巩固对故事的理解，熟练朗读故事。并可以通过对人物对话的补充，进行合理的推测。增加学生的兴趣，激发学生的表演欲望。

三、Post-reading

进一步情感升华，结合学生自身说一说

T： Do you have any questions about the story?　Now, I have a question. Sam didn't feel well at the beginning, what's the possible reason?

S：小组讨论说一说

教学意图：学生通过小故事，达到情感共鸣。在学习语言的基础上，试着用英语表达思想，达到情感教育的目的。

Step6　家庭作业

　1. Read the story.

　2. Try to tell the story to your parents.

板书设计		
under the bed under the table in the cupboard in the shower	Sam the Big, Bad Cat Sam scared frightened naughty sly	Tom relaxed angry frightened didn't feel well

（续表）

学习效果评价设计
评价方式 教师对学生的课堂表现做出的现场评价。 　　教师根据学生的现场反馈、活动展示汇报等，通过体态语言、口头激励、启发引导、观察等方式激励和评价学生，促进教学。

《Unit3　Lesson 11　I like apple juice best.》教学设计

赵春露

<table>
<tr><th colspan="6">教学基本信息</th></tr>
<tr><td>课题</td><td colspan="5">《Unit3　Lesson 11　I like apple juice best.》</td></tr>
<tr><td>是否属于
地方课程或校本课程</td><td colspan="5">否</td></tr>
<tr><td>学科</td><td>英语</td><td>学段</td><td>中年级</td><td>年级</td><td>三年级</td></tr>
<tr><td>相关
领域</td><td colspan="5"></td></tr>
<tr><td>教材</td><td colspan="5">书名：新京版英语三年级下册
出版社：北京出版社　　　出版日期：2015年1月</td></tr>
<tr><th colspan="6">教学设计参与人员</th></tr>
<tr><td></td><td>姓名</td><td colspan="4">单位</td></tr>
<tr><td>设计者</td><td>赵春露</td><td colspan="4">通州区第一实验小学</td></tr>
<tr><td>实施者</td><td>赵春露</td><td colspan="4">通州区第一实验小学</td></tr>
<tr><td>指导者</td><td>英语组</td><td colspan="4">通州区第一实验小学</td></tr>
<tr><td>课件制作者</td><td>赵春露</td><td colspan="4">通州区第一实验小学</td></tr>
<tr><td>其他参与者</td><td>无</td><td colspan="4"></td></tr>
<tr><th colspan="6">指导思想与理论依据</th></tr>
<tr><td colspan="6">　　英语的课程标准指出，英语课堂要强调学习过程，重视语言学习的实践性和应用性，主张学生在学习中接触、体验和理解真实语言，尽可能多地为学生创造在真实情境中运用语言的机会。
　　因此，在本节课中，我尝试运用多种方法为学生创设真实的情境，使学生在情境中体验、参与和运用语言。</td></tr>
</table>

（续表）

教学背景分析

教学内容：

本单元话题是food and drinks，教学内容包括三组功能句型，一是提出建议"Do you want...?"询问他人是否想要什么及回答。二是"What's your favourite...?"询问对方最喜欢的食物及回答。三是提出自己的需求"May I have...?"

其中May I have...是本节课的教学重点内容。呈现的场景是妈妈看到了Maomao在做果汁，并用May I have...提出了也喝一些的请求，要求学生能根据实际情况进行提问和回答。Maomao回答说wait a minute不论是理解还是读音都是本课难点。

学生情况：

优势：

本课面向三年级学生，他们能根据老师的简单指令作动作，做游戏，做事情（如读课文，同桌合作，小组合作）。能做简单的角色表演。能在图片的帮助下听懂和读懂简单的小故事，在学习中乐于模仿。

课标二级标准提出，学生可以在老师的帮助下听懂、表演小故事和小短剧。本课功能句型May I have...在前两课中学生有过接触，知道意思。但没有实际应用，所以我为学生创设餐厅点餐的活动，既调动了学生的积极性，又提高了学生的语言运用能力。

不足：

在学习第10课，描述主题图时我发现部分学生对juice并不敏感，不能看图后马上说出来，本课我设计了猜一猜是什么果汁的形式，反复练习了juice的发音。

通过前测，学生对a cup of中cup of的连读及drink中dr的发音掌握一般，课堂中学生通过在情境中反复练习，达到运用的效果。

教学方式： 体验式教学方式。

教学手段： 利用实物、教学课件等多种手段进行教学，充分调动学生多种感官参与。

技术准备： 多媒体课件、单词卡、stickers、水、果汁、桌子、椅子等实物。

教学目标

知识目标：

1.能用"May I have...?""Sure，wait a minute."提出请求并作出回应。

2.能听懂、会说、认读相关词汇：drink，apple juice，a cup of，black tea and wait a minute。

能力目标：

1.通过看课件回答问题，学习课文内容。通过对功能句型的操练，使学生能够对课文中的重点句做到听懂、会说。并能根据具体情况提出请求。

（续表）

2.通过喝果汁的情境理解wait a minute，在游戏中操练，在语境中应用。

3.通过对比cup和bottle，理解 a cup of。

情感、态度、价值观： 渗透健康饮食的意识。

教学过程

1：warming up

活动1：Bomb Game.

设计意图：

1.复习并熟悉食物类的单词，为本课做知识上的铺垫。

2.调动学生积极性。

活动2：free talk

What's your favourite food?

设计意图： 让学生说出自己喜欢的食物，复习句型My favoutite food is...和I like... best，为表演故事作铺垫。

2：Presentation

活动1：ask and answer

出示主题图1：

T：What food do you see?　What is Maomao doing?

S：Mamao is making apple.

出示图片apple juice, orange juice。

设计意图： 激发学习兴趣，复习巩固juice的发音。

T：Why does MaoMao make apple juice?

学生带着问题观看课件。

在学生回答问题后，引导学生说完整句子，并引出drink 一词。

T：Maomao wants to make apple juice for his dad, because it's his favourite drink.

What drink do you know?

学生回答出Milk is drink. Tea is drink. Yoghurt is drink. Wine is drink.

设计意图： 通过图片了解juice的含义，巩固发音。引导学生独立思考，开拓思维。

T：Does his mum want?

How does she say?

引导学生再次观看课件，引出本课功能句：May I have...及回答。

学生观察图片，发现果汁还没有做完，感知wait a minute的含义。

活动2：难点处理

出示图片，提问：Can he walk through the road?

设计意图： 引导学生进一步理解wait a minute，并在真实语境中运用。

T：I'm so thirsty, I want some water, ouch, it's so hot. 引导学生说出wait a minute。

I have some juice, do you want? 引导学生说出May I have...

设计意图：设计喝果汁的环节，处理难点，使学生在真实情景中体会wait a minute 的含义，运用语言，激发学生兴趣。

T: What does MaoMao want?

学生带着问题学习第二个对话。引出a cup of milk tea。

教师利用实物对比a cup of 和a box of。

T: Look at this picture, what tea is it? Can you guess?

设计意图：学生猜测杯子中的是什么茶，既复习green tea，学习black tea，又操练了a cup of。

活动3：课文操练

学生跟读，注意模仿录音中的语调。

学生以小组形式读课文，扮演课文。

组展示，师及时纠正发音。

3. Practice

T: It's time for lunch. MaoMao's mum asks him: Honkey, what do you want for lunch? Can you guess what does he want?

设计意图：教师为学生提供语境，引导学生用May I have...提问。

T: What do you want for lunch?

学生看图询问：May I have... for lunch? 在学生选择均为主食或肉类时再次渗透合理 膳食的意识，如师给出建议：Would you like some fruits? It's good for your health。

师根据学生提问，把食物sticker发给学生，并用wait a minute, I should cut it for you. 为学生练习做示范。

信息差游戏：

学生练习，操练功能句型May I have... 和Sure, wait a minute.达到流利表达。

4. Production

T: In the evening, Maomao and his parents go out for lunch, what will they order? Can you guess?

设计意图：教师给出语境，激发兴趣。通过一节课的学习和操练，教师组织学生进 行group work完成点菜活动。

在学生表演后教师提问其他学生：What food does Mum\Dad want? 引导学生关注 表演，培养倾听意识。

5. Home work

完成课上点餐的表格。

6.板书设计

Unit3 lesson 11

apple juice

May I have...   a cup of milk tea   sure, wait a minute.

（续表）

学习效果评价设计

评价方式

1.课上评价，在学生回答问题后及时反馈，good, well done, maybe 等。

2.小组活动中学生间的评价，是否积极参与。

3.课后作业，用习题进行评价。

本教学设计与以往或其他教学设计相比的特点

　　我在本课中设计教学环节的时候充分考虑了新课标的指导思想，从学生的学习兴趣、生活经验和认知水平出发，倡导体验、实践、参与、合作与交流的学习方式和任务型的教学途径，发展学生的综合语言运用能力。

　　本节课注重了真实情景的设计，让学生的交际能力在完成教师交待的任务中得到提高。让学生在贴近生活的活动中习得知识。

　　比如设计喝果汁的环节，处理难点wait a minute的含义，使学生在真实情景中体会运用语言的方法，激发学生兴趣，使学生积极参与课堂教学活动。

《Unit6 lesson 19 May I take your order now?》教学设计

赵春露

一、教学背景与设计

学科	英语	所用教材	北京版教材	任课教师	赵春露	年级班级	四年级
课题	《Unit6 lesson 19 May I take your order now?》						
本课教材分析	本课是四上第六单元lesson 19第一课时新授课，话题是"询问对方对食物的喜好"。本课对话的背景是在餐厅，Mike的父亲询问他和妈妈要点什么菜，及他们对菜的口味要求。这样的生活片段发生在学生的日常生活中。涉及的主要新词汇是表示食物口味的形容词，主要句型what would you like to eat? 及答语。 　　本课目标在于帮助学生理解和掌握文本，并结合生活实际，我在课前预习中布置了搜集自己喜爱的食物和一日三餐的食谱，引导他们操练、巩固和应用本话题语言，并渗透健康饮食和节约食物的意识。						
课标要求及解读	英语课程标准中强调，语言要从学生的学习兴趣，生活经验和认知水平出发，倡导体验、实践、参与、合作与交流的学习方式和任务型的教学途径，发展学生的综合语言运用能力。本节课注重了真实情景的设计，让学生的交际能力在完成教师交待的任务中得到提高。让学生在贴近生活的活动中习得知识。						
本课教学目标	**知识** 1.学生能够在情境中理解、会读并运用词汇sweet、sour、salty. 2. 学生理解并运用What would you like to eat? 的对话进行交流。 3.学生能够正确、有感情地朗读课文；能够在语言情境的支持下，结合生活中的一些画面自主创编小对话。 **能力** 通过预习探究、课上自主、合作探究与课后应用探究以及解决实际问题等过程，培养学生运用已有知识解决问题的能力和在生活中运用英语的意识。 **情感态度价值观** 通过对文本的学习渗透节约食物的意识；通过分析问题的探究过程，渗透健康饮食、健康生活的可持续发展理念。						

（续表）

学情分析	本班共有学生47人，部分学生乐于开口说英语，乐于参与课堂活动。部分学生词汇积累不多，不能灵活运用，课堂发言不积极。所以，本课重要任务是让学生运用已有知识，使用本课功能句型，在实际生活中应用。
可持续发展教育渗透点	本节课以外出就餐为话题，渗透节约食物和健康饮食、健康生活的可持续发展理念。
教学重点	1.用"What would you like to eat?"询问某人想要吃什么，并能准确回答。 2.听懂、认读healthy、sweet、sour、salty等词汇。
教学难点	用"What would you like to eat?"询问某人想要吃什么的并能准确回答。

二、教学过程

课前：指导预习探究					
时间	知识预习	探究问题	预期学习效果		
			科学知识	基础—可持续学习能力	价值观与行为方式
课前三天	食物类的词汇，说一说你喜欢的食物	制作食物词卡	复习食物类的单词	基础能力：培养学生归纳总结的意识。	归纳词汇的意识。了解英文词汇在生活中应用广泛。
课前两天	制作菜单	用已知词汇自制菜单			
课前一天	Sweet, potatoes, meatballs, salty, Chinese cabbage, vegetables, Sour, healthy	1.读一读这些词汇。 2.说一说他们的发音和意思。	预习课文中的词汇。	可持续发展能力：培养学生的自学能力。	培养学生的预习习惯。
	预习Lesson19课文：	1.读对话，了解对话内容。 2.回答问题。 3.说一说他们是怎样点餐的。	What does Mike/Dad/Mum want to eat?	可持续发展能力：培养学生查找信息的能力和自学能力。	培养学生的预习习惯。

（续表）

时间	各阶段任务与设计意图	教师活动	学生活动	预期学习效果		
				科学知识	基础-可持续学习能力	价值观与行为方式
2	Step1：Free talk 导入	T：What's your favorite food/ drink?	说一说自己喜欢的食物。	食物类的单词。	基础能力：表达自己喜爱的食物。	培养归纳总结的习惯。
15	Step2：新授 以问题的形式带动学生思考，了解课文大意。	Today Mike and his parents go out for lunch; do you want to know what they want to eat?	观看视频，回答问题。	明确本科话题：点餐话题。	基础能力：提取信息的能力。	了解英语点餐用语。
5	Step3：操练 功能句型。 为学生创设真实情景，练习点餐用语。	播放课件 T：what would mum like to eat? Why does mum want to eat vegetables?	Mum likes some vegetables. They are healthy. 进一步学习课文。	点餐用语。通过对比理解Healthy的含义。理解 sweet, sour, salty 的意思。	可持续学生能力：培养学生倾听习惯。	外出就餐的基本用语。
10	Step4： 拓展练习，实际语用	T：What would dad/ mike like to eat? 1）Do you often go out for lunch or dinner? Now welcome to my restaurant, this is the menu.（教师指板书）做示范。 2）T：询问其他同学：Do you think the food is healthy? Are the food enough for them?	学生以小组为单位练习句型：What would you like to eat/drink? I'd like…并且展示。 一组学生回答老师问题，其他学生思考。	句型What would you like? I'd like… 理解健康饮食。	基础能力：练习句型。	节约食物及健康饮食的概念。

课中：指导合作探究

（续表）

| | 小结 | 1）Show the list of breakfast\ lunch\ dinner? 2）I have a friend, this is his list. What do you think of his list? He is fat. He wants to be healthy and thin，he asks me for help. I want to make a list for him, can you help me? Do you have another suggestion for him? Do you have any suggestion about our healthy life? | 说一说对老师一日三餐的看法。 练习句型：He will have…for breakfast. 说一说对明明食谱的见解。为明明规划健康食谱。 学生观看视频，了解更多健康的生活方式。 说一说自己的见解。 | 句型I think he will have…for breakfast on Monday… Free talk. 健康的生活方式。 | 可持续学习能力：口语表达能力。与他人合作，解决问题的能力。 可持续学习能力：口语表达能力。规划自己一日三餐饮食的能力。 可持续学习能力：勇于发表自己的观点。合作解决问题的能力。 | 提高健康饮食的意识。 帮助他人的意识。 渗透健康的生活方式。 |
| 8 | Step5：homework | 1.创编新对话。 2.为家人设计一周的健康食谱。 3.写一写你对健康生活方式有哪些建议。 | | | 可持续学习能力：开拓思维，发表见解。 | |

（续表）

课后：指导应用探究-预习探究				
作业内容	方式与要求	预期学习效果		
		科学知识	基础-可持续学习能力	价值观与行为方式
1.创编新对话。	以课文为基础创编新对话。	使用举行 what would you like...? I'd like...编对话。	基础能力：运用本课重点举行编对话。	培养学生即使复习的意识。
2.为家人设计一周的健康食谱。	设计一周健康饮食的表格。	设计表格。食物类的词汇。	可持续发展能力：培养学生在实际生活中运用英语语言的能力。	把健康饮食的观念应用的生活中。
3.写一写你对有哪些建议。	以短文的形式写一些健康生活方式。	为不同基础的学生设计梯度作业。	基础能力：培养学生的书写能力。	把口头表达转化到笔头表达。

三、反思

反思	1.在预习探究中让学生去设计一日三餐的食谱，通过课堂学习了解健康饮食，学生再次修改自己的食谱并说一说。在这个环节中可能学生设计的食谱就很健康，不用更改。如果这样就会省去两分钟，我会对学生表达肯定：You have a healthy life. 2.学生给小胖同学的健康饮食计划会出现学生没学过的食物，但又不是本课重点内容，我会建议学生用中文，如馒头、米粥等。 3.课后探究作业不好检测学生的完成情况。改编对话会在下一次课抽查表演。设计食谱会以小组的形式进行组内评比，在全班展示。

Chapter

04

第四章

品德与社会篇

《中秋节后的思考》教学设计

邢东海

教学基本信息					
课题		《中秋节后的思考》			
是否属于 地方课程或校本课程		是			
学科	品德与社会	学段	高年级	年级	五年级
相关领域	中华传统节日				
教材	书名：品德与社会五年级上册　　出版社：首都师范大学出版社 日期：2010年6月第三次印刷				

教学设计参与人员		
	姓名	单位
设计者	邢东海	通州区第一实验小学
实施者	邢东海	通州区第一实验小学
指导者	李艳萍	通州区教师研修中心

指导思想与理论依据
《北京市中小学综合实践活动教师指导手册》中指出，综合实践活动要引导学生在实践学习中获得积极体验和丰富经验，具有问题意识，体验并初步学会分析解决问题的能力，培养创新精神，实践能力和强烈的社会责任感。本次课的选题来源于学生的日常经验，调查的内容贴近学生的生活。他们能够通过小组合作，亲身实践，获得资料。通过在课堂上汇报展示，学生们把调查的资料进行交流，提高他们合作探究与解决问题的能力。

教学背景分析
教学内容： 　　本课是依据《北京市中小学综合实践活动指导手册》要求，结合学校实际和学生生活实际自编教材。随着社会的发展，传承中华经典传统节日问题日益在小学中重视起来。本班学生们将通过四个小组开展研究。主要通过： 　　比一比：比较月饼价格，分析同种月饼价格差异寻找物美价廉的月饼；

（续表）

想一想：追根溯源，中秋节后市场剩余月饼哪里去了？

说一说：家庭调查，统计五年级同学家庭月饼消费情况。

做一做：自制月饼，推广自制的低碳环保"冰皮月饼"。

学生情况：

本次活动是五年级第一次综合实践活动，活动内容贴近学生的生活，适合学生的研究。四年级时，教师指导过学生进行上网查阅资料和市场调查方法，以及对资料的简单整理和PPT的制作，能够以小组为单位开展研究。本次活动也是对他们以前学过的方法一次检验和延伸。小学五年级学生对于周围事物有了一定的分辨能力，能够通过一些手段进行调查取证。他们对于节日市场方面有了一定的认识，通过购买参与节日活动有一定的认识。五年级的学生运用网络查阅资料及其市场调查能力很强，绝大多数学生能够完成。经过一年多的综合实践活动课的锻炼，他们已经能够利用小组合作开展简单的研究活动。

教学方式：讨论法，体验学习教学法。

教学手段：多媒体辅助教学。

技术准备：PPT，冰皮月饼材料。

教学目标（内容框架）

知识目标：

使学生了解中华传统节日市场中的不和谐问题，认识中华传统节日中传统节日文化的重要性，养成合理消费的过节习惯。

能力目标：

1.学生课前自由结成四个研究小组，对中秋节后遗留问题的思考，节后余声方面开展调查研究，锻炼学生搜集整理资料的能力。

2.通过学生亲身实践体验获得相关的研究成果，采用不同形式进行展示，提高学生合作探究与解决问题的能力。

3.通过组组、师生、生生间的交流，提高学生口头表达能力与自主分析评价的能力。

情感态度与价值观：

1.通过课题小组的集体探究，培养团队意识和团队合作精神。

2.在对节后问题进行深入的探究思考，提高合理消费意识，增强对社会健康发展的助力推责任感。

3.在活动过程中，能够倾听他人的观点，能够与他人合作，懂得尊重他人。

问题框架（可选项）

框架问题

1.核心问题：

如何传承中华民族的文化？

（续表）

2.驱动问题：

中国人为什么要过中秋节？各地区人们如何过中秋节？如何过一个快乐而有意义的中秋节？

3.内容问题：

中秋节后剩下的月饼去哪儿了？中秋节是怎么来的？各地区中秋节有什么习俗？为什么中秋节要吃月饼？造成月饼价格差异的主要原因有哪些？市场上有哪些物美价廉的月饼？

教学流程示意（可选项）

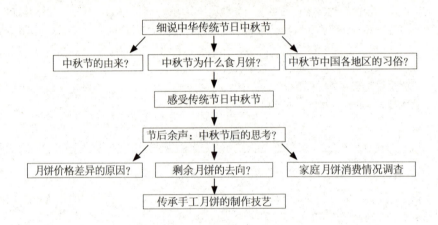

教学过程（文字描述）

课前预习探究

1.从月饼市场价格调查、剩余月饼处理、家庭月饼消费调查、制作手工月饼四方面研究，根据自己的兴趣选择一个研究主题，自由结成小组。

2.以小组为单位，制订研究计划。

3.针对于自己的研究主题，制订调查问卷内容。

4.在调查问卷过程中你遇到什么困难，想出了哪些解决的办法？

5.通过调查，你们对资料进行了筛选整理，提炼出了哪些研究成果？

6.针对于这些研究成果，你们准备哪些呈现方式？

课中合作探究

1.通过小组的介绍，结合自己的理解，回答下面的问题：

（1）我们购买月饼食品时的注意事项。

（2）我们如何辨别物美价廉的月饼？

（3）我们在调查问卷中呈现出怎样的班级特点？

（续表）

2.你对以下问题有哪些自己的认识。（选作）

（1）社会上关于月饼价格的问题，你有哪些认识？

（2）关于月饼安全的问题，你有哪些认识？

3.通过这些小组的汇报，你有哪些收获？

课后应用探究

1.每人根据自己的学习，制作一期关于中秋节的手抄报。

2.开展一期月饼包装盒再利用的展示活动。

3.结合下面的评价表，对自己的表现进行评价。

课上：指导合作探究

一、主题回顾：

带领学生回忆中秋节主题活动的前期情况。看视频回顾综合实践活动经过。

二、汇报交流：

比一比：今年，市场上的月饼价格参差不齐，深入市场调查，接下来他们要教会我们"辨析超市月饼价格差异"。

举例：同是五仁月饼，价格为什么差异这么大呢？市场调查小组同学汇报调查结果。

我们在永辉超市里就找到了不少，不信我带你去看一看；大家看周嘉城发现的这款月饼是老北京的京式月饼，包装简单便于携带。再有这种苏式月饼单独纸包装是不是也很方便哪！我们来到北京稻香村糕点专柜前发现，他们的包装都用简易纸袋子散装的月饼，也可以装盒子但是要4元钱的。通过我们的调查汇报，你们是不是也觉得这几种月饼比较不错呀！

总结：调查报告，能够让大家明白生活中我们要珍惜资源合理消费，谢谢！

【设计意图】（1）通过各组的汇报交流，认识到月饼市场价格的差异。（2）通过观察明辨哪些是物美价廉的月饼。（3）明辨包装对资源的消耗对环境的破坏。

想一想：听说韩朔小组在超市发现了一个有趣的事情，接下来他们小组想对大家说。

事情经过："今年中秋节当天，我和妈妈去超市买月饼发现一个奇怪的现象。在前一天摆放的整整齐齐的月饼大都不见了，这是怎么回事啊？我们访问了售货员阿姨后才知道，"每年都这样的，超市里剩余的月饼都退回了厂家。"我们小组对于退回厂家的月饼很感兴趣，接下来我们上网查询答案。"

看图分辨：剩余月饼的去向。

交流分析：中秋剩余月饼的流向主要有以下几种：一是以极为低廉的价格卖给消费者；二是被粉碎以后送到禽畜养殖场作为禽畜饲料；三是一些厂家出于减少损失的需要，会把剩余月饼回炉处理，作为其他糕点、食品的原材料使用。前两种情况，多少有些"废物利用"的意思，并无不妥，而第三种情况太让人担心了。

（续表）

中华榜样：

1.2011年味多美一共生产了100吨月饼，均是按订单生产的，一旦感觉到订单减少，工厂就停止生产。去年中秋节之后未卖出的月饼，仅占去年味多美生产的全部月饼的1%。而今年剩下的也不多，从各连锁店拉回公司后，会分发给公司员工。

2.稻香村今年还是有1万盒剩余月饼礼盒，约占礼盒总量的0.6%，他们选择作为内部福利消化。

小结：月饼商家应该向味多美学习订单制作与销售的手法，避免严重浪费。

【设计意图】（1）分辨企业包装文化。（2）通过调查报告反映出同学们今年家庭月饼消费情况。（3）知道知名企业对剩余月饼的处理方法。

通过自己制作月饼传承中华传统文化理念。

说一说：为了弄清同学们家庭月饼的消费情况，我们全班做了一次年级调查问卷，下面有请家庭调查小组先来汇报吧！

汇报调查过程："2016年10月9日，早自习我们分成7个小组分别来到5年级的7个班级，进行了问卷调查。我把5（5）班的结果汇报一下。

小结：我们最后汇总全年级呈现的问题是……虽然……但是我们也发现了有一些同学，对于月饼包装的利用很是不错，我们班就进行了一次月饼包装盒的再利用比赛：大家请看……

【设计意图】（1）如何进行班级调查，掌握调查整理的方法。（2）调查统计图的制作。

做一做：为了更加亲情暖暖地过中秋，赵佳惠教大家制作手工月饼。

要求：（1）先听清制作要求步骤；（2）领取物品开始制作；（3）组内分工制作，看哪一组做得多又快。（4）做完的小组整理工具上交，留下月饼展示。

【设计意图】了解这些社会问题，发扬可持续发展理念制作冰皮月饼。

（此教学设计在北京市2017年优秀教学设计评比中荣获一等奖）

《形态各异的民居》教学设计

邢东海

教学基本信息					
课题	《形态各异的民居》				
是否属于 地方课程或校本课程	否				
学科	品社	学段	高年级	年级	五年级
相关 领域					
教材	北京版实验教材				
教学设计参与人员					
	姓名		单位		
设计者	邢东海		通州区第一实验小学		
实施者	邢东海		通州区第一实验小学		
指导者	聂满欣		通州区第一实验小学		
课件制作者	邢东海		通州区第一实验小学		
其他参与者					
指导思想与理论依据					

　　《品德与社会》课程标准中指出"教育的内容和形式必须贴近学生的生活，反映儿童的需要，让他们从自己的世界出发，用自己的眼睛观察社会，用自己的心灵感受社会，用自己的方式研究社会。""了解我国不同地区的差异，探究这些差异对人们生产和生活的影响。理解和尊重不同地区人们的生活方式。"

　　因此，在本课教学中，从学生的生活实际入手，让学生去探究民居的特点，体会不同地理环境对人们生活、建筑的影响。采用学生喜欢的形式进行学习，进一步理解人们居住环境与地理环境、生活习惯、宗教文化的关系。引导学生感知我国建筑文化的风采，感悟中华民族的勤劳智慧。

（续表）

教学背景分析

教材分析：

《形态各异的民族住所》是首都师范大学出版社《品德与社会》五年级上册第四单元《民族团结一家亲》主题二"各具特色的民族生活"中的第二个内容，有着非常重要的作用。众所周知，各民族在服饰、住所、饮食、节日上都各具特色，但是通过梳理可以发现，这其中的差异性都有民族生活的不同自然环境有关。因此，本课的教学重点依据概念教学的理论，遵循课标中"自然环境影响人们的生活"的目标要求，开展上位学习即课堂上通过对典型民居的分析，归纳出核心概念"自然环境影响民族居所的特点"。课堂学习后延伸到校外学习，带领学生走进中国建筑博物馆开展下位学习，学生依据核心概念自主探究学习，观察还有哪些民族住所的特点与自然环境有关。建立了概念知识结构，接下来民族饮食、节日的学习学生都可以顺势开展自主探究学习。

学生情况：

（1）在学生的日常生活中很少接触多样的民居，因此了解很少。但是对于民族服饰了解较多，因此知道服饰与当地的地理环境和生产活动方式有着密切的关系。

（2）学生具有初步分析地理事物与环境之间关系的能力。

教学方式：讲授式、探究式学习。

教学准备：

（1）手机搜索有代表性的民居的图片、音频资料及民族住所的形成原因的资料。

（2）为学生进一步了解特色民居提供拓展材料。

技术准备：PPT

教学目标（内容框架）

教学目标：

情感、态度价值观：

通过对各地区民居的了解，引导学生感知我国建筑文化的风采，感悟中华民族的勤劳智慧，激发学生爱国主义情感。

能力与方法：

通过对特色居居的了解，培养学生初步运用阅读资料、分析资料的能力。

知识：

通过学生交流、展示一些民居图片，初步了解一些有关民居与自然环境、宗教文化、特殊的历史因素等影响才呈现的多样性。

教学重点：使学生初步了解一些有关地域性特点与民居特色的地理知识，认识我国各民族不同民居的特点。

教学难点：初步运用一些地理知识解释民居的特点与与自然环境、宗教文化、特殊的历史因素之间的关系。

（续表）

问题框架（图示说明）

核心问题：中国为什么会有形态各异的民居？

驱动问题：形态各异的民居形成原因？

内容问题：

1.黄土高原地区的人们为什么居住窑洞？

2.窑洞的建筑材料、建筑特点、形成原因。

3.傣族人为什么喜欢居住在竹楼里？

4.竹楼的建筑材料、建筑特点、形成原因。

5.蒙古包的建筑材料、建筑特点。

6.蒙古族人喜欢蒙古包的原因。

7.除了自然环境对民居产生影响外，仔细观察蒙古包还有哪些因素。

8.北京人为什么居住在四合院里？四合院的含义是什么？

9.广东碉楼、福建土楼又是受到什么的影响呈现这样的特点呢？

教学流程示意（图示说明）

教学过程					
教学阶段	教师活动	学生活动	设置意图	技术应用	时间安排
一、导入	1.你知道这是哪里吗？ 2.你的家在哪里？ 追问：我们大多居住在哪里？ 3.假期里同学们到中国各地区旅游最吸引你的是什么？你看图片中这几名同学到发现了什么？让我们走进民族居所，去了解一下。【揭题】	根据图片作答。 利用互动反馈教学。	通过互动反馈的运用，了解学生对于民族居所的欣赏角度，初步感悟到民族居所的多样性，激发探究学习的欲望。	课堂PPT图片导入。	3分钟

二、引导探究	1.窑洞、蒙古包、竹楼主要是我国哪些地区的人们居住？ 2.探究：为什么蒙古高原地区的人们就建造蒙古包呢？黄土高原地区的人们建造窑洞？云南傣族人建竹楼？ 3.他们为什么不建造其他的民居呢？ 4.蒙古包为什么建成圆形，顶部似雨伞呢？ 5.追问：窑洞屋顶为什么挖成圆拱形？ 6.分析：新疆晾房为什么平顶还镂空。 小结：通过我们刚刚的分析交流，得到了什么结论？ 【板书：自然环境】	看图说出。 分析：当地自然环境对民居的影响。蒙古高原地区人们搭建蒙古包：因为蒙古人生活的自然环境没有树木，只能就地取材利用羊毛毡少量的红柳搭建蒙古包。便于搭建拆卸安装。蒙古族游牧的特点。黄土高原地区人们挖窑洞：因为当地黄土分布广，地表植被少，人们只能因地制宜挖洞而居，窑洞冬暖夏凉。云南傣族竹楼：因为这里高温多雨，生长毛竹。竹楼既防雨又透气。 探究：自然环境中的什么因素导致？圆形：防风；顶部伞形：分散重力，结实牢固。 探究：拱形的力学原理，黄土的特质。新疆地区气候干燥，平顶降水少，镂空通风晾晒葡萄方便。 **自然环境对民居的形成产生重要的影响。**	初步培养学生的观察、分析事物的能力。初步了解地理环境与民居的关系。 民居中的细节中出真知。 了解我国民居中的智慧。	在地形图中分析蒙包、窑洞、竹楼形成原因。 PPT图片	20分钟

（续表）

	1.认真观察蒙古包,你还发现了什么?	预设蒙古包:外面的装饰图案,有顶部的祥云;外围的牛角纹;盘肠纹;祥云:祥和安宁;牛羊角纹:卷曲美丽;盘肠纹:吉祥如意。			
	2.这些花纹有什么含义?				
	3.分析北京四合院的形成特点?小结:通过我们刚刚探究的分析交流,得到了什么结论?【板书:地方文化】	探究:自然因素加上传统文化的影响,北京地区人们建造了四合院,这里还有着非同一般的礼节文化。视频:解读北京四合院。			
三、深入探究	4.这幅图片中是那里的民居?有什么特点?【读资料一】	地方文化对民居的形成也有着非同一般的影响。	通过蒙古包、四合院深入挖掘民居中的其他影响因素。	ＰＰＴ图片、视频	10分钟
	5.土楼被西方国家误以为是蘑菇状的核武设备,大为紧张,并派间碟过来刺探虚实。这种建筑又是如何形成的呢?【资料二】	看图观察预设:广东开平碉楼。阅读资料了解形成原因。阅读资料分析碉楼与土楼的形成原因。			
	分析交流,得到了什么结论?【板书:历史因素】	特定的时期一些历史原因塑造了别具一格的民居。			

（续表）

	通过我们对蒙古包、窑洞、竹楼、四合院、碉楼、土楼探究分析，你得到了什么结论？				
四、归纳总结	总结：今天的研究让我们发现，形态各异的民居是受到了自然环境、地方文化、历史因素影响，这是我国炎黄子孙五千年图生存谋发展的历史记录，是我国劳动人民在建筑艺术上的智慧结晶，也是屹立在中华大地上具有民族风情的人文景观。	谈收获；思考：中国民居的形成是我国炎黄子孙五千年图生存谋发展的历史记录。	休会我国劳动人民在建筑艺术上的智慧结晶，也是屹立在中华大地上具有民族风情的人文景观。	欣赏视频	7分钟

板书设计
形态各异的民居 影响民居形成的因素： 1.自然环境。 2.地方文化。 3.历史原因。

本教学设计与以往或其他教学设计相比的特点
本节教育的内容和形式贴近学生的生活，反映儿童的需要，让他们从自己的世界出发，用自己的眼睛观察社会，用自己的心灵感受社会，用自己的方式研究社会。"了解我国不同地区的差异，探究这些差异对人们生产和生活的影响。理解和尊重不同地区人们的生活方式。"因此，在本课教学中，从学生的生活实际入手，让学生去探究民居的特点，体会不同地理环境对人们生活、建筑的影响。采用学生喜欢的形式进行学习，进一步理解人们居住环境与地理环境、生活习惯、宗教文化的关系。引导学生感知我国建筑文化的风采，感悟中华民族的勤劳智慧。

（此教学设计2017年被通州区教研中心评为一等奖）

Chapter

05

第五章

科学与信息技术篇

《植物怎样传播种子》教学设计

马振营

教学基本信息					
课题	《植物怎样传播种子》				
是否属于 地方课程或校本课程	否				
学科	信息技术	学段	中年级段	年级	三年级
相关 领域	本课属于生命世界中生物与环境的范畴。课标指出：观察植物的外形并将观察结果和他们的生活环境建立联系，列举同类生物在形态方面适应环境的具体事例。				
教材	书名：北京市义务教育课程改革实验教材《科学》 出版社：首都师范大学出版社　　　出版日期：2004年12月				

教学设计参与人员		
	姓名	单位
设计者	马振营	通州区第一实验小学
实施者	马振营	通州区第一实验小学
指导者	杨松梅	通州区第一实验小学
课件制作者	马振营	通州区第一实验小学
其他参与者	无	无

指导思想与理论依据
学生科学概念的建构是有规律的，而在概念建构的过程中要为学生提供更多的探究机会，让学生经历探究的过程，这个探究的过程也是学生建构概念的过程，更是学生思维发展的过程。我们的教学要遵循这个规律，为学生对科学知识的理解和整合搭建一个阶梯式的框架。这个框架既要考虑学生已有的生活经验和知识基础，还要考虑学生在未来的学习中对知识的理解和认识，也就是可持续发展的过程。因此在科学课堂教学中要关注学生学习的过程，关注概念建构的过程，关注学生思维发展的过程。

而科学实践能够帮助学生在原有认知的基础上提升认识，建构新的科学概念。小学科学课程标准也指出："科学课程必须建立在满足学生发展需要和已有经验的基础之上，提供他们能够直接参与的科学探究活动。"我的想法来自建构主义理论。建构主义的学生观也提出教学应当把学习者原有的知识经验作为新知识的生长点，引导学习者从原有的知识经验中，生长新的知识经验。教学不是知识的传递，而是知识的处理和转换。

基于以上认识，我在《植物怎样传播种子》一课中运用这一理论进行教学设计。首先对学生已有知识和生活经验进行调查了解。然后遵循学生对此概念的建构过程搭建一个学习框架，设计阶梯式的教学环节，帮助学生将种子外形特征、生活环境、传播方式三者之间建立联系。为以后进一步理解结构与功能相适应的科学概念打下基础。

教学背景分析

教学内容分析：

本课是小学科学教材第二册第四单元"植物的生活"中第一课《植物怎样传播种子》。教材要求学生掌握四种植物传播种子的方法，了解植物种子传播方式与外形特征及环境相适应。本课在课标中本课属于生命世界中生物与环境的范畴——生物对环境的适应。课标指出："观察植物的外形并将观察结果和他们的生活环境建立联系，列举同类生物在形态方面适应环境的具体事例。"我对课标的理解是：不仅要让学生掌握植物传播种子的几种方法，还要让学生知道"为什么以这种方式传播"，深究其因还是因为它为了适应生长环境，长出适应传播方式的外形特征。通过本课学习学生能将传播方式、外形结构及生活环境这三者之间建立起联系进而渗透结构与功能相适应的科学概念。本课内容是建构此概念的支撑之一。通过教师提供的植物种子实物，观察植物种子的外形结构，判断植物种子的传播方式，如判断不出，还要结合生存环境来分析。通过探究活动使学生领悟到植物种子的传播方式与种子的外形结构特点及生存环境相适应。本课是属于上位学习。

学生情况：

本课教学实施的对象是三年级的学生。

1.现有知识基础：

（1）学生通过第一学期对《多种多样的植物》《保护珍稀植物》《植物身体的六部分》等内容的学习，对于植物已经有了初步的认识。

（2）学生在二年级语文教材中学过《植物妈妈有办法》这篇课文，已经对几种植物传播的方式比较了解。如蒲公英、苍耳、石榴、豆荚等，但通过调查，我发现学生只对已知的熟悉的种子能做出正确判断，但对于不熟悉的植物种子就不会判断了。在调查中，风传播的种子，我给出常见的蒲公英的种子，还有不常见植物白蜡和槭树种子。

　　动物传播的种子，我给出常见植物苍耳和苹果的种子，不常见植物蒺藜和龙葵的种子。结果蒲公英、苍耳正确率达到100%。苹果正确率也高达98%，只有个别同学判断出错。而白蜡正确率23%，槭树38%，蒺藜69%，龙葵48%。通过这项调查得出学生虽然知道几种传播方式，但是并不知道种子怎么依靠这种方式传播的，也就是不知道种子的外形特征和传播方式之间的关系。本课设计就是要帮助学生构建这样一个科学概念，但是学生已有的认知与本课构建的概念并不矛盾是一致的。

　　2.现有能力：
　　（1）通过上一学期的科学课程的学习，学生已经掌握基本的观察方法。但是，学生合作、探究的能力还较弱，教师在教学中应注重这两种能力的培养。
　　（2）信息运用能力：本校学生大部分来自城市，运用信息的能力较强，获取知识的途径比较广泛。知识丰富，对生活中常见的植物怎样传播种子已经有了初步的认识。
　　教学方式：采用搭支架的方式组织学生探究实践，再通过讨论法、探究法、实验法等教学方法，使学生掌握本课教学内容。
　　教学手段：搭建建构概念的支架。
　　通过学生对特殊案例苍耳的探究观察活动初步建立外形特征与传播方式之间的关系。
　　再通过对种子实物的探究活动得出风传播、动物传播这一类种子外形特征的共同特征。
　　最后再通过分析整理观察结果，归纳得出植物种子外形特征、传播方式及生活环境之间的关系。
　　教学准备：教学视频、教学课件、种子实物实验材料、自然界中植物传播种子的视频资料。

教学目标（内容框架）

　　1.知识与技能
　　能够观察种子外形特征并与它的传播方式建立联系。学生认识到植物果实和种子的传播方式是与它们的结构特点相适应的。
　　2.教学过程与方法
　　引导学生在观察、猜想、探究、验证这一过程中发现，理解种子的传播方式和种子外形特征及生活环境相适应。
　　3.情感态度价值观
　　培养学生认真观察并及时记录观察结果的学习习惯。

教学重难点
　　探究植物种子外形特征与传播方式的关系，渗透结构与功能相适应的科学概念。

（续表）

	教学过程（表格描述）				
教学 阶段	教师活动	学生活动	设置意图	技术 应用	时间 安排
创设 情境	1.出示PPT：房顶上的植物。 师：看，这些树怎么长在房顶上了？像不像是有人故意种上去的，怎么回事呢？ 师小结：植物的种子和果实在风或者动物的帮助下离开他们的妈妈来到新的地方，科学上叫传播。 2.你都知道植物有哪些传播种子的办法吗？你是从哪里知道的？ 导语：老师也了解到你们从语文课《植物妈妈有办法》中学到了有关植物传播的知识，今天我们来更深入研究植物是怎样传播种子的。 3.板书：植物怎样传播种子	学生观看 预设生答：风吹到房顶上或者鸟丢在房顶上的。 预设：如学生有其他答案，追问：你说说它怎么钻出来的？ （生根据已有知识自由发言） 有的学生会说从网络上查询得知，也可能是阅读课外资料得知。（教师给予肯定和点评）	通过这个环节设计，以学生已有的知识为基础引出课题，为的是激发学生的学习兴趣。	教学 课件	3
引导 探究	1.我们来看看课文中苍耳妈妈用的什么办法：苍耳妈妈给孩子全身武装，穿上带刺的铠甲。只要挂住动物的皮毛，就能走到田野、山洼。	生齐读或指名领读原文		苍耳 实物	8

（续表）

| 引导探究 | 师：谁能解读一下什么是带刺的铠甲？

2.教师出示苍耳，创设情境：老师举着苍耳妈妈慢慢行走，故意将苍耳钩到学生衣服上或其他地方，嘴中不断说着：小朋友好！你好！
结束后：咦！苍耳妈妈的孩子们怎么少了这么多！看来他们很喜欢你们啊！都不愿意回到妈妈身边了！看来你们都帮了苍耳妈妈的忙了，带着它的孩子们走到了田野，山洼！苍耳妈妈给孩子们准备的铠甲还真是不错呢！

3.那我们一起来研究一下这件神奇的铠甲吧！我请刚刚拿到苍耳的同学，取下你们的苍耳，看看这件铠甲有什么秘密武器？
（师板书用简图表示苍耳的钩刺。）

师小结：正是因为苍耳穿上了带有钩刺的铠甲（外形特征），才会挂住动物的皮毛走遍田野，山洼。（传播方式） | 指名发言

与老师互动，体验苍耳妈妈的办法。（此时学生会结合已有认知思考苍耳是怎样到自己身上的）

带着疑问让学生取下苍耳，并说取下苍耳时的感受。（取下时有点费劲，勾住衣服了不好取）
学生再用放大镜观察苍耳外形特征
（回答：外部有钩刺） | 此环节设计目的是让学生通过已有的知识、熟悉的实物，初步探究植物种子外部特征与传播方式的关系，初步建立外形特征与传播方式相适应的概念，帮助学生搭建构建新概念的支架。 | 苍耳实物 | 8 |

（续表）

	导语：植物妈妈们各显神通，为自己的孩子准备了不同的秘密武器。让孩子能够走得更远。接下来我们再来认识几种植物的果实和种子。	学生看PPT，对几种植物传播方式进行猜测。			
自主探究	1.PPT出示：鬼针草、蒺藜、臭椿、白蜡种子、槭树种子。（教师可简单介绍这些植物）		这一环节设计是通过引导学生观察植物外形特点，发现一类植物种子的相似之处和共同点。目的：找出靠风传播和动物传播种子的外形特征。形成外形特征与传播方式相适应的科学观点，渗透结构与功能相适应的科学观念。	教学课件	15
	2.以你的经验，来猜测一下这些种子会以哪种方式传播呢？导语：你们的猜测对不对呢？老师带来一些种子的实物，请你仔细观察来佐证一下你们的猜想，组长到前面来领种子。	指名进行猜测。预设：学生会猜测白蜡种子是动物传播，因为他的顶端有一个小柄似的钩刺。			
	3.探究活动出示要求：（1）以小组为单位，分工合作，组长分工要明确。（2）通过实验探究种子外形特点，边观察边记录。（3）组内讨论：根据外形特点初步判断它的传播方式，填写记录单。	学生分小组观察实验，模拟种子的传播方式。（教师巡视指导）在此学生会对蒺藜和白蜡种子产生分歧。引导学生结合生活环境思考。			

（续表）

		全班汇报交流，你在观察实验中的发现。		
归纳总结	1.整理数据，集体反馈： （1）总结所探究植物种子的外形特征。 （2）根据种子外形特征再次判断它的传播方式。 （3）如有分歧，引导学生结合植物的生活环境判断哪种方式更适合它传播。 2.师：那到底你们的判断对不对呢？老师带来一段也具有以上外形特征的种子，我们看看他们是怎样传播的。（看视频验证学生的判断） 3.师板书小结： 师：通过以上几种植物种子的探究活动我们得出：借助动物传播种子的植物有钩刺，能够被风传播的种子有薄翅。 4.结合板书再次发问：种子的传播方式与它的结构特点及生活环境有没有关系？ 5.师总结学生发言：我们就可以得出这样的结论：**植物种子的播方式与外形特征及它的生存环境相适应。**	学生汇报时演示怎样实验的。（扎一扎、抛一抛等） 可能遇到的问题： 白蜡种子顶部有一个类似尖刺的小柄，学生会判断它是动物传播。引导学生结合它的生长环境思考。白蜡是树生的比较高，更适合哪种方式传播。（生此时站到椅子上，从上往下抛白蜡种子这是发现白蜡种子会旋转地飘落下来） 蒺藜是贴着地面生长的，更适合怎样传播？（学生会将蒺藜种子放在地面用鞋子踩在上面，发现蒺藜的刺深深的刺进鞋子里，种子就这样被传播出去了） 生看视频验证自己的判断。（视频播放自然界中这几类种子的传播方法） 生讨论后自由发言。 预设：有果翅的植物种子长得比较高，适合风传播。有钩刺的植物种子都比较低矮，更适合动物传播。	此环节目的是在引导学生充分探究的基础上，通过对观察结果的分析，运用归纳法对探究结果进行总结。学生能在已有知识基础上建构新的概念。 播放视频再次验证学生的判断。 此处设计为学生建立植物种子的传播方式与生存环境建立联系。	视频课件 8

（续表）

拓展提高	师：我们运用这一结论对这几种植物果实做出判断。这些植物的果实既没有钩刺也没有果翅，它们是怎样传播的？那它们又具有怎样的特征？ 1.出示PPT 樱桃　龙葵　桑葚 椰子　大豆 （师作简要说明）	学生完成记录单前两项：樱桃和龙葵的判断。后三项课后完成，作为教师对学生的评价依据。	学以致用，运用所学新知，解释未知的植物种子传播方式，并说出判断依据。发散学生思维，引领思维发展。	教学课件	5
课堂小结	结束语：通过这节课的学习，我们知道了植物种子的外形特征、传播方式与它的生存环境相适应。课下感兴趣的同学，还可以继续去搜集相关的知识。其实科学离我们并不遥远，它每时每刻都在我们身边，只要你有善于发现的眼睛和勇于探索的精神，就有可都能成为达尔文那样的科学家。	学生思考冥想本节重点知识。	总结回顾本课知识，引领学生课下自主学习新知。		1

学习效果评价设计

评价方式：

以教学中拓展练习环节内容为准，PPT给出5种植物种子（樱桃、龙葵、桑葚、椰子、大豆），给出这五种种子的记录表。（评价表）

种子名称	传播方式	判断依据
樱桃		
龙葵		
桑葚		
椰子		
大豆		

（续表）

评价量规：

优秀等级：能够写出至少4种种子的传播方式，能够根据外形特点及生存环境判断传播方式。

良好等级：能够写出2~3种种子的传播方式，能够依据种子外形特点判断传播方式。

合格：能够写出1~2种种子的传播方式，但是说不出判断依据。

本教学设计与以往或其他教学设计相比的特点（300~500字）

1.本课教学设计把学生的活动层次和概念的进展紧密结合。

在引导探究过程中，我选取了有代表性植物苍耳，作为探究对象。因为，苍耳是学生所熟知的植物。学生对于它的传播方式非常熟悉，大部分同学有亲身经历。另外，苍耳的外形结构特点很具有代表性，很容易和它的传播方式建立联系。我用一个典型事例为学生已有知识和本课要构建的概念搭建了桥梁。另外在自主探究活动中，我为学生准备了充分的探究材料，即一般事例。为学生创造了充分的探究机会，为此学生能够获得大量的事实依据，为上一环节生成的认知再次举证。因而，学生在充分探究的基础上，建构起本课新的概念，即植物种子传播方式与外形特征及环境相适应。

2.教师提供了丰富的事实材料，让学生主动探究、充分探究、乐于探究。

我先为学生提供了一个典型事例——苍耳。又为学生提供了两类有代表性的植物种子，即：风传播、动物传播的种子。最后还提供了学生未知植物种子和果实的图片，让学生判断它们的传播方式。丰富的事实材料，为学生创造了充分参与课堂的探究机会，且参与度及效果明显。从而激发了学生内在的学习动力，能主动探究，乐于探究。

《精彩瞬间——采集视频素材》教学设计

李静

<table>
<tr><td colspan="5" align="center">教学基本信息</td></tr>
<tr><td>课题</td><td colspan="4">《精彩瞬间——采集视频素材》</td></tr>
<tr><td>是否属于
地方课程或校本课程</td><td colspan="4">不是</td></tr>
<tr><td>学科</td><td>信息技术</td><td>学段</td><td>中年级</td><td>年级　四年级</td></tr>
<tr><td>相关
领域</td><td colspan="4"></td></tr>
<tr><td>教材</td><td colspan="4">书名：信息技术　　出版社：北京出版社　　出版日期：2015年1月</td></tr>
</table>

<table>
<tr><td colspan="3" align="center">教学设计参与人员</td></tr>
<tr><td></td><td>姓名</td><td>单位</td></tr>
<tr><td>设计者</td><td>李静</td><td>通州区第一实验小学</td></tr>
<tr><td>实施者</td><td>李静</td><td>通州区第一实验小学</td></tr>
<tr><td>指导者</td><td>陈永存</td><td>通州区教师研修中心</td></tr>
<tr><td>课件制作者</td><td>李静</td><td>通州区第一实验小学</td></tr>
<tr><td>其他参与者</td><td></td><td></td></tr>
</table>

指导思想与理论依据

按照建构主义的学习理论，学生学习信息技术只有通过主动参与才可能是有效的。因此，在本节课的教学中根据教学内容以及学生的生活经验，从生活入手，创设丰富的情境，让学生在主动参与中进行学习，激发学生对信息技术的学习热情和取得更好的实效，增强利用信息技术解决问题的能力。

中小学信息技术课程纲要指出："教师以培养学生信息素养和信息操作能力为目标，注重操作性、实践性、探究性。"所以我立足以兴趣为起点，以活动为载体，螺旋上升地设置内容，因此本课三个任务的学习，是以学生自主探索，师生探索，自主学习来解决问题，从而培养学生独立探究、敢于开拓进取的学习能力，教师只起到引导的作用。

（续表）

教学背景分析

教学内容：

本课是北京市义务教育课程改革实验教材第二册，教学内容包括学会使用QQ影音播放器播放视频文件、学会抓取视频中的屏幕图像、学会截取视频片段。为后面学习演示文稿中插入视频文件奠定基础。

学生情况：

1.年龄及心理特点：本课的教学对象是四年级学生，处于此年龄的孩子，思维活跃，想象力丰富，求知欲强，对新事物、新挑战具有强烈欲望的特点。

2.前期知识水平：本课学习前，学生对多媒体已经有了初步的认识，学习其他截图工具的使用。

教学与学法：

在教学过程中主要采用教师引导、任务驱动、自主探究、小组协作、交流评价的教学方式。

在教学中，主要采取主动实践探究，小组合作学习和教师演示，共同解决问题相结合的教学方法，使学生在小组协作中、发现问题、解决问题的过程中掌握本节课的重点知识。

技术准备：录制的学生课间活动的视频，截取的图片、课件、鼓励小书签。

教学目标（内容框架）

知识与技能：

学会使用QQ影音播放器播放视频文件；学会抓取视频中的屏幕图像；学会截取视频片段。

过程与方法：

1.在小组协作、主动探究的过程中，完成抓取视频中的屏幕图像、截取视频片段任务，在交流实践中，总结成功经验、掌握解决实际问题的方法。

2.初步理解学习新的软件时"帮助"的作用及意义。

情感态度价值观

1.通过本课的学习，激发对信息技术获取、加工、处理信息的兴趣。

2.增强自主探索新知识的意识和共同合作的精神。

教学重点：学会截取视频中的屏幕图像和视频片段。

教学难点：能根据自己的需要截取视频中的屏幕图像和视频片段。

教学过程（文字描述）

一、导入

学生跳长绳课间练习视频。

二、新授

1.认识QQ影音播放软件的其他功能（演示讲解）。

2.截取图片（自主实践探究）。

（续表）

任务一：截取××秒的图片。

任务二：截取跳起的图片（双脚离地）。

3.截取视频（小组合作）

任务三：根据提供的文字截取视频片段。

三、展示交流

两个同学配合展示，按照评价标准评价，发放鼓励卡。

教学过程（表格描述）				
环节	教师活动	学生活动	教学意图	时间
一、导入	谈话引入 我们学校每学期都有跳长绳子比赛，刚刚大屏幕播放的是我们课间练习跳长绳的视频，老师给大家发送到了你们的桌面45《精彩课间》文件夹中，我们来一起看一下四个相同的名字，我们要看的视频是哪个？ 尝试打开并思考以下问题： 如何打开？几种方法？你用的什么播放软件？ 大家知道吗？QQ影音除了播放功能还有很多好玩的功能呢。 2.引出新的播放软件 板书课题：采集视频素材	找到并尝试打开思考并回答问题。	从学生自身的活动引入，激发学生学习兴趣，同时区分视频文件的格式与图片音频格式图标的不同。	3分钟
二、新授 1.认识QQ影音播放软件的其他功能	（一）认识播放软件—QQ影音 它的其他功能在哪里？如何使用呢？ 很多软件都提供帮助，可以让你无师自通，指出"帮助"所在位置，浏览内容。 这么多功能我们今天不可能一一学到，我们今天只学习其中的：截图和视频截取。 因为：班主任老师有一个着急事情想让大家帮忙完成。在下周举行的班会上，班主任想做个展示同学的风采的课件，想请大家帮忙截取这个视频中的某个画面当作课件素材。你们有信心帮老师完成要求吗？	知道的同学说一说。 初步了解QQ影音的功能。说一说作用等。	引导学生理解信息技术学习的相同性，以及勇于实践尝试的学习态度，学会使用"帮助"。	2分钟

（续表）

2．截取图片	郭老师要的第一张图片是××。 （二）截取图片（抓取） 出示任务一： 截取视频中××秒时候的图片。 要求：保存到桌面45文件夹中。 提示：可以讨论或观看帮助教程。	学生自我实践。		
	汇报方法：重点强调。 1.保存路径及剪贴板。 2.对比曾经学过的截图工具。 （前面学习的抓取屏幕图像，是静态图形，今天截取的是动态过程中的瞬间，准确抓取是难点）	汇报交流对比区分。	在自我实践中初步构建自己的操作技能，并培养发现问题，尝试解决问题的能力。	10分钟
	巩固：用QQ影音截图功能完成任务一，同组相互帮助设置好保存路径	学生实践。	充分理解不同的方式方法，灵活使用。	
	来看老师截取的第二张图片要求： 任务二： 截取一张跳起同学的图片（双脚离地）。 要求：保存到45文件夹中。 汇报：时间轴调节，动态瞬间的抓取。 教师总结： 用这个方法我们就可以帮助老师截取到需要的视频中的任何一张图片了。	请操作快的同学介绍方法（拖动时间轴）、汇报交流发放鼓励卡。	熟悉时间轴的用法为下面的截取视频做准备。	
3．截取视频	（三）截取视频片断 任务三：根据老师提供的文字，截取一段视频素材。（精彩瞬间：长绳上下飞舞，孩子们高高地跳起，一个又一个，像一群快乐的小鸟展翅高飞……） （文字材料发到学生手中） 要完成老师这个任务，你必须要学会视频的截取。（板书）	学生说一说。 小组讨论尝试实践。	让学生初步理解精彩视频的制作，通过讨论学习，增强审美观，初步体会实用的效果，强化合作学习意识。	10分钟

3.截取视频	来看老师的学习要求 1.出示学习要求： 小组讨论：视频中哪部分最能体现文字描述的画面？如何截取这些画面？记录好起点终点的时间。 可以再次观看"帮助"视频。 教师强调截取视频的方法：保存路径、格式。总结方法： A.观看整段视频，选择文字描述的视频素材 B.记录下自己所需的起止点时间 C.截取微调 D.保存到自己文件夹（选择保存格式） 2.根据我们总结的方法完成《精彩瞬间》的视频截取。 具体要求： 截取大家认为最符合文字描述的精彩视频片段，并保存传到老师机子（格式任意）。 出示评价标准。	汇报交流方法。 学生完成任务。 保存并发送到教师机。	让学生在动手实践中充分理解视频截取的操作方法。初步体会有不同的视频格式。	10分钟
三、展示交流	3.展示学生精彩瞬间，请同学介绍 达到班老师满意的，请班主任老师颁发小奖品。 比较不同视频格式的大小、画面质量等。提出根据需要保存成不同的视频格式。（学生可以课下看自学材料）	学生介绍。	充分理解各种视频格式的特点。	4分钟
四、总结	我们今天在帮助班主任老师截取她需要的图片和视频素材的过程中，用到了哪些操作方法？ （对照板书回顾） 这些方法你还可以用在我们生活学习中的哪些地方？ 我们在下个单元的学习中会充分应用到我们今天采集到的素材方法，让我们自己的作品更精彩！	学生说一说。	让学生对信息技术获取、加工、处理、应用等方面有一个正确认识。	1分钟

（续表）

板书设计

精彩瞬间——采集视频素材

QQ影音	截图：播放器设置　截图 路径

视频截取：起点终点 保存 位置 格式

学习效果评价设计

评价方式

自评：提升对自我能力的认知。理解本课要学习的知识点。

学生互评：指出值得自己学习的地方，需要改进的地方等。

展示：教师展示学生截取的图片及视频等，为学生树立信心，体会成功。给予学生最多的鼓励。

总评：对表现突出的个人和小组给予掌声鼓励。并由班主任老师颁发奖励。

在课堂中对每一位学生都及时给予肯定与表扬，提高学生的自信心，增强自豪感。

评价量规

评价内容　　小组	课堂表现		作品的内容			作品的技术性	
	组员表现	小组合作情况	任务一	任务二	任务三	准确适用	与文字完美结合
一组							
二组							
三组							
四组							
五组							
六组							

注：★★★★★代表非常棒，★★★代表一般，★代表有待提高。

本教学设计与以往或其他教学设计相比的特点（300~500字）

1.与班主任老师合作，充分调动学生的参与性，让学生初步体会学与用的关系。

本课设计了帮助班主任老师提取到班会所需要的图片和视频素材，学生在平时教师讲课和班队会上都见过老师使用图片和视频，所以并不陌生，而能帮助到班主任老师完成素材的提取，积极性非常高。同时也让学生初步体会到截取素材的基本用途。特别是课后总结时候，学生说一说还可以用在哪些地方，拓展了学生应用技能的空间，让学生知道，我们所做的这些操作可以用在哪些生活实际中，为学生的生活、学习服务。

（续表）

2.教学环节清晰，梯度任务的设计让学生更易于掌握。

本课中的三个任务设计合理，层次分明。截取两张图片，第一个指定时间，第二个截取跳起来的画面，梯度合适，体现了不同类型。时间的利用充分合理，在有效的时间中完成教学任务，每个任务前，老师的问题明确，要求与标准同步，学生很自然地就知道怎么做，知识密度紧凑，结合学生实际情况，体现本学科的教学理念——以学生为中心，让学生充分动手尝试，学生参与度也比较高。

（本案例于2015年3月获得通州区教学设计评比二等奖）

《功能键和数字键的练习》教学设计

李静

教学设计参与人员			
	姓名	单位	联系方式
设计者	李静	通州区第一实验小学	13810840271
实施者	李静	通州区第一实验小学	13810840271
指导者			
课件制作者			
其他参与者			

教学基本信息					
课题	《功能键和数字键的练习》				
是否属于 地方课程或校本课程	否				
学科	信息技术	学段	中年级	年级	三年级
相关领域					
教材	书名：信息技术 出版社：北京出版社　　　　出版日期：2015年1月				

指导思想与理论依据

　　根据北京市信息技术课程标准中提出的让学生"做中学，学中做"的教学原则，本课中我为学生创设了多动手、多实践的教学环境。以学生的实践探究为主，充分发挥学生的主体作用，层层深入地落实课堂教学环节，真正落实了课堂实效性，本着技术服务学习与生活的原则，让每个学生都能在自我探究实践活动中掌握操作技能。

　　信息技术学科新课标的核心素养中提到，要培养学生的信息意识，能够根据解决问题的需要，自觉主动地寻求恰当的方式获取与处理信息；采用有效策略对信息来源的可靠性、内容的准确性、指向的目的性做出合理的判断。在本课的教学设计中，着重培养学生根据需求在遇到问题分析问题、解决问题的能力。

（续表）

教学背景分析

教学内容： 第一册第二单元中的第11课。

学生情况： 学生为三年级学生，刚刚接触计算机，这个班的学生比较活跃，思维敏捷。

教学方式： 启发引导，翻转课堂，提示问题设置引导，游戏巩固等。

教学手段： 学生尝试体验，学生演示，互帮互助，自主学习。

教学目标与重难点

知识与技能：

1.掌握小键盘的指法；

2.学会Shift、Caps lock、Home、End、Delete和Backspace键的用法。

过程与方法：

在使用功能键和小键盘的过程中体会它们各自的使用方法，灵活应用于生活学习中。

情感态度价值观：

培养学生利用所学知识解决生活中的实际问题，渗透信息技术在各个学科中的广泛应用。

教学重点： 小键盘区键位的指法及功能键的用法。

教学难点： 根据需要，灵活使用功能键。

教学过程

一、情境导入

通过前面几节课的学习，我们对键盘是不是已经很熟悉了？昨天三（6）班的同学在电脑课上输入了一段英文，我们来帮他检查一下，看看有什么问题没有？

【设计意图】结合学生的输入练习，更贴近学生的生活实际，引起学生的共鸣，易于学生接受。

二、尝试探究，学习新知

（一）功能键位的学习

出示任务一：找一找，你发现了什么问题？

do you have a lot of snow in winter

Yes，Wo do.

汇报：你发现了什么问题？说一说（大写，错了的单词，缺少标点）。

我们将如何修改这些问题呢？有知道的同学吗？（请会的同学演示并说一说）

【设计意图】为学生的探究活动做好充分的准备让学生在自我尝试中培养自我认知能力、探究能力、实际操作的能力。

教师总结并板书各个键位。

总结：Caps lock 大小写锁定。

Shift 上档键

（续表）

光标控制键：home　end　上下左右箭头
Delete 删除 Backspace 退格键

巩固练习：
1.尝试再次修改，请一个孩子到前面修改。
2.挑战一下！
输入指定的符号，删除某个符号等。
【设计意图】帮助学生在掌握技能的同时，注重细节，发现问题解决问题的能力。
课间休息：活动一下我们的手指（做手指操）。
（二）小键盘的使用
我们又熟悉了几个能帮助我们的键位朋友，接下来看看，键盘中还有哪个区域我们还没有探索过？
猜一猜，小键盘是做什么用的？
（连续输入大量数字的时候最方便）
看银行视频。
通过练习，我们也能达到一定的水平

任务二：小键盘的学习
自学：
（一）讨论手指分工，基准键位，数字5上面突起的作用
（1）看视频提示；（2）根据学习经验小组讨论。
【设计意图】充分利用学生的已有知识经验，调动学生的知识迁移能力。
汇报交流：
请学生到投影上演示小键盘的使用方法，教师指导。
说一说和主键盘区使用方法上有什么相通的地方？
教师总结，出示分工图。
【设计意图】巩固操作技能，培养学生交流倾听能力。
任务练习
A.出示数字，一位，两位，三位，四位……
B. 110、112、119等常用生活号码
C.老师的电话号码，父母的电话号码

银行打字比赛视频。
【设计意图】养学生综合运用知识技能的能力

五、总结
对照板书说一说你今天的收获，提示学生这些功能键在以后的学习中会不断地熟悉。
【设计意图】总结梳理让学生形成整体认识。

《申请免费电子邮箱》教学设计

李静

教学基本信息			
课题	《申请免费电子邮箱》		
学科	信息技术	年级	四年级
相关领域			
教材	书名：信息技术 出版社：北京教育出版社　　出版日期：2007年6月		

教学设计参与人员		
	姓名	单位
设计者	李静	通州区第一实验小学
讲课者	李静	通州区第一实验小学

指导思想与理论依据

　　《中小学信息技术指导纲要》中指出：信息技术是一门知识性与技术性相结合的基础工具课程。信息技术课程应与学生日常的学习和生活紧密结合，鼓励学生将所学的信息技术积极地应用到学习和生活实践中去，让学生在学科课程的学习过程中掌握并应用信息技术解决问题的方法，在学习中实践，在实践中学习。

　　在信息化技术迅速发展的今天，电子邮件已成为一种广泛使用，利用率高、时效性强的传讯技术。让学生从认识什么是电子邮件入手，感受网络时代电子邮件的重要性及广泛使用性，通过免费邮箱的申请过程进而了解什么是电子邮件，知道网上功能给我们的生活会带来极大的方便和快捷，也使同学们更加热爱科学，热爱网络化的生活。

教学背景分析

教学内容：

　　本节课是北京市义务教育课程改革实验教材信息技术第二册第一单元第4课《网上交流信息》中的第一课时，本课内容较多，为了便于学生掌握，本节课只学习对邮箱的初步认识及申请免费邮箱、发送普通邮件等内容。

（续表）

学生情况：

　　本节课是针对四年级设计的。四年级学生在此之前已经学过了上网浏览网页、在地址栏输入网址、根据教师的要求或自己的需要在网上搜索图片、文章并进行下载。在上网的过程中大部分学生基本上养成了认真浏览网页的习惯，能够根据自己的需要在网上找到相关的信息，进行操作。并且能在网页上找到申请免费邮箱的位置，但是真正地申请电子邮箱，学生没有接触过，在具体的操作中需要学生不断地尝试探索和教师的引导。

教学手段：

　　（1）探究性教学；（2）小组互助学习；（3）利用评价激励学习。

　　技术准备：课件，普通信件，网络平台。

教学目标（内容框架）

教学目标：

知识与技能：

1.了解电子邮件的相关知识。

2.学会在网站上申请一个免费电子邮箱。

3.能够登录自己的邮箱，按照要求或自己的需要发送普通电子邮件。

过程与方法：

　　1.在学习网上申请免费邮箱和收发电子邮件的教学中，学生通过自主探究性学习和小组互助学习，逐步掌握操作方法。提高学生的自主学习互助学习能力。

　　2.在学生学习申请免费邮箱的过程中，让学生体会发现问题、解决问题的思维方式，从而达到提高学生解决实际问题的能力。

情感态度与价值观：

　　1.通过自主探究免费邮箱的申请过程，体会网络的方便快捷，通过对比传统邮件，渗透可持续发展观对于人类科技进步的意义。

　　2.在申请免费邮箱及发送电子邮件邮件的过程中，培养学生网络道德，提高个人修养。

教学重点： 在网上申请免费电子邮箱。

教学难点： 快速正确地申请免费电子邮箱。

教学过程

　　一、出示贺卡： 大家在过节或者过生日的时候有没有收到过这样的贺卡？老师的一个好朋友明天过生日，老师也想送出一张贺卡。但他现在人在美国，这种贺卡要寄出去，明天能收到吗？

（续表）

老师有更好的方法让我的朋友在生日之前就收到我的祝福，而且是特别的贺卡。（演示电子贺卡）你知道我是如何做到的吗？

——发送电子（贺卡）邮件。

什么是电子邮件？它与邮寄的方式对比有什么特别的优势吗？请你说一说。

总结出示：电子邮件的特点。

要发送电子邮件，必须要有一个电子邮箱，今天我们就来学习如何申请免费的电子邮箱（板书：申请电子邮箱）

【设计意图】体会电子邮件与普通邮件对比的优势，从环保角度让学生感受资源的有效利用。

根据通讯方式的不同选择适合的方式。

二、认识邮箱

1.出示：老师的电子邮箱，观察由几部分组成？

教师讲解：邮箱名称分为三部分

2.猜一猜老师邮箱申请邮箱的地址。总结概括出如下申请免费邮箱的网站。

http：//www.sina.com.cn

http：//www.sohu.com.cn

http：//www.163.com

http：//www.126.com

http：//cn.yahoo.com

【设计意图】初步体会电子邮箱的含义，理解并认同远程服务的运作方式。

三、申请免费邮箱

在我们申请自己的邮箱之前，我们先来讨论一下。

1.看老师的具体要求：

到小组长机子打开申请页面，同学相互说一说各部分应该如何填写，记下你们可能遇到的问题。

【设计意图】培养学生通过自我探索、尝试合作等方式发现问题、解决实际问题的能力。

2.学生演示注册邮箱的方法。

他在演示过程中你有什么问题可以问他。

同学演示，提出问题，解决问题

预设：（注册与登陆有什么不同？用户名重复，大小写，密码强弱，手机号，验证码不清楚，中英文切换等）

小结申请邮箱的步骤方法。（板书：注册——邮箱地址——密码——验证码——立即注册）

（续表）

在你自己申请之前，再来看看老师给大家的一些建议（出示小提示）。

【设计意图】为学生设立激励，激发学生热情。

3.学生申请邮箱

申请成功的同学帮助没有申请下来的同学申请。教师巡视辅导。

4.没有注册好的同学，我们继续注册；注册好的同学，可以在其他网站上再注册一个邮箱，想一想与你刚才注册的过程有什么异同？

注册好的邮箱由组长统计，比一比哪一组注册的邮箱多。学生填记录表，注册好的邮箱贴到长树上。

四、发送普通邮件

1.认识邮箱：现在同学们登陆自己的邮箱，认真观察电子邮箱页面有哪些部分组成？试一试各部分的按钮。

2.出示实践任务：根据你的观察向老师的邮箱 tzsyyxlj@163.com 发一封邮件。

3.学生演示交流：刚才有的同学已经成功地发送了电子邮件，下面请这些同学演示一下。

【设计意图】初步体验快捷的通讯方式带来的惊喜，体验电子邮箱的快捷方便环保的特点。

教师小结并板书：发信——收件人地址——主题——正文——发送。

展示收到的信件。

五、总结归纳，课后延伸

今天我们学习了申请免费邮箱并发送了第一封电子邮件，老师课前展示的的生日电子贺卡你知道如何发送吗？下节课我们将给大家介绍。下课以后同学们可以到成长树上摘取一个地址，给你的好朋友发送一份电子邮件，说一说你们的悄悄话。

本教学设计与以往或其他教学设计相比的特点（300~500字）

本课的重点是如何申请电子邮箱，难点在于填写申请的资料及电子邮箱地址的格式。为了更有效地突出教学重难点，使学生一开始就对申请电子邮箱有一个明确的认识，所以在教材处理上，我把"什么是电子邮箱、电子邮箱地址的格式是怎样的"放在前面来讲，激发学生发邮件的热情，再引出"要想接发邮件，必须有自己的电子邮箱"，进而激发学生迫切想拥有自己的邮箱的愿望，再讲申请免费邮箱的步骤。由于本节课是教材内容的转折点，知识不好理解，比较抽象，根据这个特点，我没有一开始就放开让学生操作，而是通过小组讨论的方式让学生能相互沟通，初步体会申请邮箱的步骤，再通过学生的演示，解决学生可能遇到的问题。这样再放开学生操作中个别问题在个别解决，轻而易举地就突破了难点。

（续表）

　　学生始终处于发现问题、研究问题、解决问题的主动求知状态中，这样，教材的处理更符合学生的认知规律，也更能够体现出教材本身的编写思想。其中我设计的成长树环节也让学生很有成就感，看到树上的成果，感受成功的喜悦。

板书设计：

申请免费电子邮箱

注册：邮箱地址——密码——验证码——立即注册

发信：收件人地址——主题——正文——发送

（本案例荣获2014年通州区教学设计评比一等奖）

《Scratch编程——制作七色花脚本》教学设计

赵鹭

基本信息						
课名	《Scratch编程——制作七色花脚本》					
是否属于 地方课程或校本课程	否					
学科	信息技术	学段	小学	年级	六年级	授课日期	2017年11月9日
教材	书名：义务教育教科书信息技术第三册 出版社：北京出版社　　出版日期：2013年6月第一版					

教学设计参与人员		
	姓名	单位
设计者	赵鹭	通州区第一实验小学
实施者	赵鹭	通州区第一实验小学
指导者	蒋中海	北京市通州区教师研修学院
其他参与者		

指导思想与理论依据

指导思想：

　　为了搞好学校信息技术教育教学管理工作，提高信息技术教学水平，以教育部制定的《中小学信息技术课程建设》指导纲要为指导，根据《小学信息技术知识要点》开展信息技术教育教学活动，规范信息技术课，加强对学生的考核和评价，提高教育、教学质量。小学信息技术课程的主要目标是：培养学生对信息技术的兴趣和意识，让学生了解和掌握信息技术基本知识和技能，了解信息技术的发展及其应用对人类日常生活和科学技术的深刻影响。通过信息技术课程使学生具有获取信息、传输信息、处理信息和应用信息的能力，教育学生正确认识和理解与信息技术相关的文化、伦理和社会等问题，负责任地使用信息技术；培养学生良好的信息素养，把信息技术作为支持终身学习和合作学习的手段，为适应信息社会的学习、工作和生活打下必要的基础。

（续表）

理论依据：

以智慧课堂交互性理论为基础设计课堂，利用各种学习手段充分调动学生课堂参与积极性。

学习（教学）内容分析

本册教材的内容是编程工具Scratch，这个软件的特点是：孩子不用记住命令不代表不需要指导命令。构成程序的命令和参数通过积木形状的模块来实现，让学生在充分体验的前提下进行创造，不仅学会编制脚本，还要能够在简单脚本的基础上进行修改，达到独一无二的效果。

学习者分析

六年级学生对信息技术有了初步的认识，他们学过电脑的各个组成部分，能说出各部分的名称，学会了Windos 98及Windos XP的基本操作，画图工具、计算器、写字板、记事本等。会用智能ABC录入汉字，会用Office Word处理文字，简单的排版、编辑，会用Photoshop和光影魔术手进行简单的图像加工处理。上学期学会了用Flash制作简单的动画。作为六年级的学生，在掌握了一定的信息基础知识后，可以了解一些简单的编程技术（如积木类编程工具Scratch）。教师还应该巩固学生对信息技术浓郁的兴趣，使学生具有较强的信息技术自学能力。

学习（教学）目标分析

1.知识与技能

认识并熟悉Scratch语言编程环境，掌握面向对象程序的基本结构，能编写面向对象角色的程序脚本；熟悉"动作""控制""画笔""外观""侦测""数字逻辑"和"变量"等积木指令的运用；理解并运用"变量"和"链表"等常见数据结构类型；理解逻辑运算、条件判断、循环控制和事件触发等程序设计过程中的基本方法。

2.过程与方法

通过完整地体验设计想象、编辑角色、选择积木指令、组装搭建积木指令、执行调试等创作过程，初步掌握面向对像编程的方法和设计程序的技术。

3.情感态度与价值观

感受程序设计技术实现功能的独特性，激发对信息技术的学习兴趣，体验创作结合程序功能的交互式多媒体作品的乐趣，有个性地表达内心的创想。

学习（教学）重难点分析

重点：编制七色花脚本，掌握重复执行和重复执行7次之间的关系。

难点：理解360/7模块的意义，会修改脚本，制作其他瓣数的花脚本。

（续表）

学习（教学）方法、媒体、资源分析
【学习（教学）方法】利用手机互动教学． 【媒体/终端/网络环境等】课件，手机，无线Wi-Fi全覆盖（对网络环境要求高）。 【资源/软件等】scratch2.0。

学习（教学）过程分析					
学习（教学）阶段	学习（教学）活动	教师作用	设置意图	技术应用	时间安排
导入	利用花仙子音乐导入，引出课题七色花		兴趣导入	课件	3分钟
学习	绘制花瓣	引导学生学习视频，由学生学习完后演示	自主学习	微课视频	7分钟
	编制基本脚本	教师演示，拖出模块，由学生探究每个模块作用并组合	探究学习	课件	10分钟
	编制进阶脚本	引导学生学习视频，对脚本进行修改，完成脚本	自主学习	微课视频	10分钟
	修改脚本	引导学生修改脚本和造型，完成独一无二的七色花	自主学习	互动演示	5分钟
总结	展示作品分享交流	带领学生分享交流作品	分享交流	互动演示	5分钟

评价与修正分析
【学习效果分析】 　　效果较好。学生在课堂上充分发挥学习参与积极性，90%以上学生学会编制七色花脚本。 　　【媒体使用效果分析】 　　微课制作较好，达到了短时间内学习的效果。 　　【评价量规】 　　学生效果较好，基本完成教学任务和评价。

（续表）

本教学设计与以往或其他教学设计相比的特点（300-500字）
经过前期的课程构思与范例开发，形成了系统性的Scratch教学体系，并在课堂教学实践中形成了自己对scratch的理解。用十六字"快乐学习、表达创作、编程思维、交流合作"来概括本课程带给学生的学习体验。使本来对编程不感兴趣的学生不由自主地喜欢上了Scratch编程，在课上编写的编写出了精良的scratch作品。本课还充分利用手机微信进行教学，取得了良好的效果。

《搜索与保存网络信息》教学设计

王子岩

指导思想与理论依据

指导思想:

在新课标、新理念的指引下,我确定"学生为本"的学习理念,为学生提供最佳的学习方式,让学生在教学中作为主体,自主探究,互帮互助,充分发挥学生的主观能动性。

教学背景分析

1.本课是北京出版社出版义务教育教科书信息技术第二册第一单元第2课《搜索与保存网络信息》。《搜索与保存网络信息》一共两课时的内容,本节课为第一课时。

2.学生对与网络并不陌生,在课下与学生交流中发现,四年级学生大部分同学都知道网络,使用过网络,大多是使用网络玩一些小游戏,只有很少的同学利用网络解决过简单的生活、学习问题。同学们对于运用搜索引擎查找、下载、整理信息还有一定困难。对于关键词如何使用还不是很清楚。

教学目标(内容框架)

知识与技能:1.掌握搜索引擎的使用,能够按照关键字、类别查找网络信息。

2.学会从网络中筛选、下载图片。

3.了解网络安全知识,了解青少年网络文明公约。

过程与方法:学生通过寻找喜欢的"动漫"人物,学会从网络获取信息的方法。通过搜集、保存网上信息,提升学生对网络信息的鉴别能力,树立使用网络的正确观念。

情感态度价值观:学生树立网络正确使用的观念。逐步培养信息技术课学习兴趣。

教学重难点

教学重点:掌握按照关键字和分类导航搜索信息的方法,掌握筛选、下载图片的方法。

教学难点:能够合理、准确地确定关键词。

（续表）

		教学过程		
教学环节	教学意图	教师活动	学生活动	时间
导入	引课，激发学生兴趣。	在课余时间老师了解到同学们都有喜欢的"动漫"做品，谁能说一说你喜欢哪部"动漫"作品，和"动漫"人物？（多种）既然大家都有自己喜欢的"动漫"作品，那么本节课我们就利用网络，来深入了解一下"我喜欢的动漫作品"。	思考并回答。 仔细阅读活动要求。	2分钟
新授 1.掌握搜索引擎的使用，能够按照关键字、类别查找网络信息。学会从网络中筛选、下载图片。	运用综合活动，让学生感受利用网络搜索，筛选，下载网络资源的过程。	出示"我喜欢的动漫作品"任务要求。 1.利用网络"完成我喜欢的动漫作品"任务单。 2.可以自己尝试操作也可以观看提示"视频"，也可以组内合作完成，个别同学演示方法。 1.说一说你找到的信息有哪些，方法是什么。（演示并说明搜索引擎的关键词如何选择，分类搜索的方法等）介绍不同方法。 2.从网络下载图片的方法： （1）打开图片，右击—图片另存为—选择"动漫"文件夹—保存。 小结学生演示到的不同方法。 教师提示学生搜索、下载时应注意的问题小结并且板书。 同学再次练习没用到的方法，体验。	根据自己已有知识和教师提供的视频资料，自学或小组学习如何搜索网络信息，下载网络图片的方法。并写好任务单。 学生介绍方法，再次练习。	23分钟

（续表）

2.综合练习，拓展提升。展示作品	巩固所学内容，并在学习基础上有所提高。	同学们已经学会了如何用网络搜索信息，下载图片。下面的时间，我们继续对"我喜欢的动漫作品"进行深入研究。接下来看我们的终极任务。 出示任务要求 1.能够以我对喜欢的"动漫"作品提问"我找到的答案是"这样的方式为我喜欢的"动漫"作品提问并利用网络找到答案。 2.下载我喜欢的"动漫"人物照片，修改合适的名字，并保存在自己的文件夹中。	完成作品并展示。	10分钟
3.了解网络安全知识，了解青少年网络文明公约。	顺势利导，引导学生了解网络安全，遵守网络文明公约。	同学们我们大家平时都在运用网络，那么网络对于我们来说就一定都是安全的吗？谁能说一说我们运用网络时有哪些需要注意的地方？（病毒、网络诈骗、网络传销等）不仅要避免网络中的危险，在上网的时候我们还要做到文明使用网络，如何文明使用网络呢？（遵守网络秩序，不听、不信、不传播网络谣言。抵制污秽网络用语等） 提示学生遵守青少年网络文明公约。	认真思考问题。说一说自己的看法。	2分钟
4.小结本课。	整体回顾，加深印象。	学生展示提取的信息和下载的图片。点评，小结本课，引出下一课。	作品展示。回忆本课所学。	3分钟

5.板书：

搜索与保存网络信息

查找：关键词、分类

获取网络信息

下载图片：名字，位置

Chapter

06

第六章

美术篇

《色彩的联想》教学设计

左春燕

教学基本信息					
课题	《色彩的联想》				
是否属于 地方课程或校本课程	否				
学科	美术	学段	第三学段	年级	六年级
相关 领域	造型表现				
教材	书名：义务教育教科书 出版社：人民美术出版社　　出版日期：2014年7月				
教学设计参与人员					
	姓名	单位			
设计者	左春燕	通州区第一实验小学			
实施者	左春燕	通州区第一实验小学			
指导者	李永亮	通州教师研修中心			
课件制作者	左春燕	通州区第一实验小学			
其他参与者	赵鹭	通州区第一实验小学			

指导思想与理论依据

　　本课以小学美术课标为依据，属于造型表现领域，其活动方式强调自由表现，大胆创造，外化自己的情感和认识，通过实践体验造型活动的乐趣，使学生敢于创新与表现，产生对美术学习的持久兴趣。

教学背景分析

教材分析

　　在学习本课之前，学生已经了解了色彩的冷暖、色相、明度、纯度的知识。它与第2课《瓶花写生》构成一个色彩单元，本课是在学生对色彩初步认识的基础上，引导学生通过感受、探究，进一步学习色彩知识，对作品中的色彩进行联想，感受色彩赋予我们的不同视觉体验，并引导学生用他们喜欢的表现方式，创作一幅有明确主题的色彩画作品，培养学生对色彩的学习兴趣。

（续表）

学情分析

本课所授对象为六年级学生，他们已经具备一定的分析能力、理解能力，正逐步形成自己的个性，有自己的想法。一般来说，学生都会根据身边的事物，动物和植物进行具体联想。这种知识经验将会被学生迁移到本课进行新知识的学习。

教学流程图

了解色彩——感悟色彩——体验色彩——应用色彩

教学目标：

1.知道色彩具有象征性，了解色彩在生活中的象征意义。

2.通过欣赏、分析、实践的学习过程，初步学习用色彩的象征性表达自己情感的方法。

3.培养学生对色彩学习的兴趣，感受色彩的联想带来的审美享受。培养学生对自然、对艺术的热爱之情。

教学重点：了解色彩在生活中的象征意义，学习用色彩表达自己的情感。

教学难点：利用色彩的象征性，把颜色恰当的组合，以表现联想内容。

教学材料：教材、各种装饰绘画作品，以色彩为主与色彩表现特点的图片资料、能够演示色彩知识的绘画材料……

教学过程（文字描述）

一、组织教学：用语言组织教学。

1.反馈课前调查结果。

教师提问：

（1）通过课前查找，你了解各种颜色的象征意义吗？

（2）请你试着举一些生活中具有色彩象征性的例子。它使你产生怎样的联想？

学生发言，回答问题。

意图：激发学生学习兴趣。（3分钟）

二、讲授新课：

出示课题：色彩的联想。

1.欣赏画家作品。

（1）出示黄河真实图片。

引导学生感受黄河的色彩。

出示画家吴冠中的油画作品《黄河》，体会画家是如何用色彩表达情感的。是属于具象绘画。

学生感受黄河的色调。

学生欣赏作品，体会色彩在作品中起到的作用。

（2）出示《三兄弟》作品。

引导学生继续探究，理解画面的含义，以及色彩在画面中带来的联想。

学生欣赏。从色彩入手理解这幅抽象作品。

教师小结：艺术家们也是通过色彩来表达自己的情感的，我们从他们的作品中已经感受到了。

2.出示色相带

设问：你现在看这条色带能联想到什么？

学生展开联想，说自己对色彩的感受，展开联想，表达自己的想法。

教师小结：人们看到色彩会产生联想是因为人们在长期的生产生活中经验的积累，所形成的共识。但不同的人对色彩的感受也是不同的。

3.教师演示

（1）现在老师也想用一种颜色来表达我此刻的心情，你们帮我选一种颜色，并告诉我推荐的理由。

（2）教师在大画纸上有力地刷出一组笔触。

（3）师生交流

引导学生对单色进行联想

4.学生尝试表现

（1）每组选一名学生选择一种颜色表达情感。五名学生分别在大画纸上进行表现。

（2）师生交流。

谁能说说看，他们表现了怎样的情感？看看你是否与作者的想法是相通的。

教师小结：对，这些色彩可以给人完全不同的联想，这就是艺术，你们的感觉都很好。

设计意图：学生通过选色体会色彩能表达的情感，初步感受色彩的表达情感的方法。

5.深入尝试表现

（1）刚刚你们用一种颜色进行了体验，感受了色彩带给我们的联想，下面我们也尝试用两种颜色搭配在一起来表现，哪位同学愿意上来在刚才画好颜色的基础上再进一步地表现？

教师鼓励：大胆表现，尽量画满。

（2）师生再次交流。

6.叠形感悟体会色彩的语言

教师出示教具：镂空的鸽子。

把镂空的鸽子模具放在刚刚画好的色块上。

提问：现在你看到的这只鸽子与刚才看到的鸽子有什么不一样？它使你联想到了什么？

7.现在你们再看老师刚刚画的这片绿色，我以它为创作的思路，想在此基础上创作一幅画面，我们先来为我这幅作品起个名字——《春日》。

教师开始创作，完成作品。

8.学生实践：

利用当堂尝试的"作品"进行再一次的创作。

四、评价：

1.你认为谁的画面与主题是一致的？

（续表）

2.请作者讲述自己的作品。充分评价。

设计意图：通过亲自尝试，赋予色彩情感。使学生明白色彩是可以表达情感的。

学习效果评价设计

学习效果评价：

1.利用欣赏、讨论、交流，通过观察、示范、体验等多种教学方法，激发学生学习兴趣，并使这种兴趣转化为持久的情感态度。

2.通过有层次的教学设计，把教学内容中的难点进行分解，逐层解决，选择适合学生年龄特点和接受能力，使全体学生都能用恰当的色彩创作出自己满意的作品。

评价方式：

教师整体评价：从教师感受出发，肯定学生学习情感态度、掌握知识技能情况、学生作品效果来进行评价。

学生评价：

1.自评。我能用色彩表达出感觉。

2.小组评。看谁的画面能让人联想到绘画主题。

3.班内展评。教师组织学生把自己的作品贴到黑板上进行展示，并请本人前来介绍。

评价量规

1.学生创作情况评价：能用色彩表达出一幅有某种感觉的画面。（优）

2.学生能够积极参与教学全过程，课上认真思考，积极举手，能够独立欣赏、分析，并主动参与讨论，表达自己的想法，并能把自己的想法用画面表达出来，彰显个性。（优）

3.课上表现活跃，积极性高，愉快地完成学习任务。（优）

本教学设计与以往或其他教学设计相比的特点（300～500字）

1.以学生为主体，从学生怎样学的角度设计每一个教学环节。而教师就是一个很好的组织者、引导者、激励者。在设计中，这样的一种角色权重的互置，我认为是十分有意义的。

2.三次尝试实践活动，充分调动学生的创作激情。

让学生用当堂尝试的"作品"进行再一次创作，引导学生永远在一个新的视野和艺术角度下进行变废为宝式的创作活动。也由于学生对工具材料有了认知，为在创造奠定了一个很好的前题作用。使创作活动充满挑战和兴趣。

3.教具辅助，事半功倍。

适当的教具准备是备课的一个重要内容，对于儿童的学习活动可以起着事半功倍的作用，许多教师往往注重多媒体的运用，而忽视了这些传统媒体的作用。

（此教学设计获2016年北京市教学设计评比一等奖）

《花手套》教学设计

左春燕

教学基本信息					
课题	《花手套》				
是否属于 地方课程或校本课程	是				
学科	美术	学段	第一学段	年级	一年级
相关 领域	设计·应用				
教材	书名：义务教育教科书 出版社：人民美术出版社　　　出版日期：2013年6月				

教学设计参与人员		
	姓名	单位
设计者	左春燕	通州第一实验小学
实施者	左春燕	通州第一实验小学
指导者	李永亮	通州教师研修中心
课件制作者	左春燕	通州第一实验小学
其他参与者	王子岩	通州第一实验小学

指导思想与理论依据
1.指导思想 　　本课以体现美术课程的价值为指导思想，以有效教学理论作为本课教学设计的理论支撑。以学生为本，精心策划和设计有效教学活动、评价等，提高美术教学效果，注重教学环节的效果、效率、效益。 　　使学生在积极的情感体验中发展观察、思维、创意表现能力，逐步形成设计意识和实践能力。 　　2.理论依据 　　以建构主义和新课标为教学理论依据。

（续表）

建构主义学习理论强调了学习者在建构性学习中的积极作用，课堂教学中利用各种资源激发学生的好奇心和求知欲，使学生主动积极地投入到本课的学习中。以《小学美术课程标准》中的面向全体、激发兴趣、关注生活、注重创新等基本理念为依据，从而体现美术教学的视觉性、实践性、人文性、愉悦性。

教学背景分析

教学内容：《花手套》是《北京市义务教育课程改革美术实验教材》第一册第17课，属于"设计·应用"领域，它是在《小彩灯》之后的又一节对学生设计制作训练教学。本课教学分为三个版面——从我的发现、我爱探究、我能创新、我会评价四个方面分成四次进行呈现，为学生提供了丰富的学习资源。

学生情况：

1.本课教学对象是一年级学生，入学时间不久，工具使用不熟练，动手操作能力较弱。因此把本节教学内容分成两课时，第一课时学习设计并指手套，第二课时学习设计分指手套。本教学设计为第一课时。这样的安排降低了教学难度，符合学生接受能力。另外，学生在前一课学习《小彩灯》时已掌握了卷纸筒的方法，为本课的学习奠定了基础。

2.可能遇到的问题：

a.设计适合自己手掌大小的纸筒。可通过教师提供的多个大小不同的纸筒，让学生进行观察分析比较，从而让学生悟出要设计出适合自己手掌大小的纸筒的方法。

b.设计大拇指与手掌的连接是教学的第二个难点。可引导学生通过观察自己的手或手套，用手或手套放在纸筒上比一比确定出大拇指的位置。

教学方式：问题引领、欣赏分析、合作探究、示范讲授、创作体验等。

教学手段：

（1）借助实物，激发兴趣。

（2）引导观察，自主探究。

（3）关注全体，多元评价。

（4）拓展提升，开拓视野。

技术准备：多媒体课件、手套、学生优秀作品、音频。

（续表）

教学目标（内容框架）

教学目标：

1.知识与技能：

知识：了解手套的外形结构与用途，知道运用纸材设计并指手套的方法。

技能：运用纸材卷、粘、贴的方法设计美观新颖的花手套。

2.过程与方法：通过观察、探究、体验等方法，使学生逐步形成设计意识，发展学生创新能力。

3.情感态度与价值观：在动手制作的过程中培养学生耐心、细致的习惯。

教学重点：运用纸材卷、粘、贴的方法设计适合自己美观新颖的花手套。

教学难点：手套的手掌与手指部分连接处的设计。

教学流程示意（可选项）

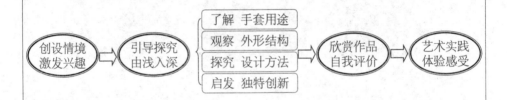

教学过程（文字描述）

一、谈话导入

1.教师谈话：寒冷的冬天到了，看！我们都穿上了厚厚的棉衣，那我们的小手冷了怎么办呢？

（1）学生思考后回答（戴手套）。

（2）教师小结并揭示课题：《花手套》。

【设计意图】引出本节课课题，学生明确学习内容，通过观看教师板书，组织学生认识课题。

2.组织学生戴上自己的手套相互欣赏。

（1）教师夸赞学生的手套漂亮。

（2）小结：手套不只有保暖的作用，它在我们的生活和工作中还有很多用途。

（续表）

3.欣赏图片，了解手套更多用途。

【设计意图】通过观看课件，进一步了解手套的多种用途，激发学生兴趣。

二、讲授新课

（一）观察分析：手套外形特点。

1.教师出示并指和分指手套。

2.引导学生从外形上观察二者区别。

（1）学生观察回答后教师进行归纳：从外形上可分为并指手套、分指手套。

（2）教师提示：今天我们就来学习设计并指手套。

3.进一步分析并指手套结构特点。

在学生分析的基础上教师归纳出：并指手套可分成手掌部分和大拇指部分。

【设计意图】利用实物观察分析出手套的结构特点，为设计进行铺垫。

引导探究：设计适合自己手大小的手套的方法。

1.让学生试说设计思路。

（1）教师提问：谁能说说用彩纸怎样设计并指手套？

（2）在肯定学生设计正确的基础上，引导学生了解并指手套的形状可以设计成筒状。

2.设计适合自己手大小的手套方法。

（1）教师出示一个纸筒，使学生明白用纸筒能设计手套的道理。

（续表）

（2）教师出示多个大小不同的纸筒，请学生观察分析哪个纸筒适合老师手掌的大小。

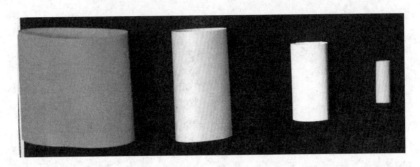

教师根据学生的回答，用自己的手掌放在纸筒上面比较。夸赞学生的观察能力。并提示那个小小的绿色纸筒可以设计手套的大拇指部位。

【设计意图】此环节这样设计，很少有学生再卷出不合适的纸筒了。有效地避免了戴不进去的现象出现。

3.布置任务： 请学生用卷纸筒的方法分别设计出适合自己手掌和大拇指的两个纸筒，比一比谁做得又好又快。

教师反馈学生设计情况：

（1）并让设计较好的学生介绍方法。

（2）指出设计有问题的学生的原因及解决方法。

【设计意图】此环节的设计是初步培养学生的设计理念，知道根据需要而进行设计。

（三）探究手套的手掌与大拇指的连接方法。

1.教师出示两个做好的纸筒提问：我们设计好了手套的大拇指和手掌部分，只要把他们连接在一起就可以了，大拇指应该设计在手掌的什么位置合适呢？有什么好办法？

2.小组谈论：探究如何设计大拇指的位置。

（续表）

3.反馈交流：利用展台介绍。

4.探究手掌与大拇指的连接方法。

（1）教师出示大拇指和手掌两个纸筒，提问：设计好了大拇指的位置，是不是只要把它们粘在一起就可以了？

（2）学生思考并回答：必须要把大拇指伸出来才可以，而且要先剪个洞。

（3）想一想怎么才能使它们连接得又美观又牢固？

（4）学生小组探究，寻找方法。

（5）反馈交流：请连接好的学生介绍制作方法。

a.这种方法牢固不美观。b.由于是插进去的，美观但不牢固。c.从外面粘既美观又牢固。

（6）教师追问：还有不同的连接方法吗？

教师演示一种既美观又牢固的连接方法。

【设计意图】通过分层教学，分散并解决了本节课的教学难点。

（四）启发设计独特创新的花手套方法。

1.教师示范修剪手套外形，使其变得更美观。

2.出示课件，展示各种造型不同的手套。

（续表）

3.出示学生作品，为学生设计新颖的手套拓宽思路。

【设计意图】为学生设计提供丰富资源。

三、学生艺术实践

1.提设计制作要求：

（1）为自己设计制作一副花手套。

（2）要求大小合适、美观新颖。

【设计意图】运用纸材卷、粘、贴的方法设计适合自己美观新颖的花手套。在动手制作的过程中培养学生耐心、细致的习惯。

2.教师巡视辅导。

四、展示评价

1.自评。（是否满意、是否独特、是否有进步）

2.小组评。（评选出优秀作品进行展示）

3.班内展评。（教师组织学生听音乐在班内进行表演）

【设计意图】采取自评、互评、教师评、展评等方式对学生作品进行评价。帮助学生认识自我、建立自信；既对作品进行了评价也使学生之间的情感得到了沟通与培养，同时又学会如何欣赏他人，培养了学生审美能力、欣赏能力和沟通能力；符合学生活泼好动、善于表现的年龄特点，又给学生新鲜感、成就感、享受感、回味感，使学生享受到自己创造的美，进而激发创造更有价值美的志向。

（续表）

五、课堂总结

板书设计：

学习效果评价设计

学习效果评价：

1.利用手套、教具、课件，通过观察、分析、比较等多种教学方法，激发学生学习兴趣，并使这种兴趣转化为持久的情感态度。

2.通过有层次的教学设计，把教学内容中的难点进行分解，逐个解决，适合学生年龄特点和接受能力，使全体学生都能设计出自己满意的花手套。

评价方式：

教师整体评价：从教师感受出发，肯定学生学习情感态度、掌握知识技能情况、学生作品效果来进行评价。

学生评价：

1.自评。通过是否满意、是否独特、是否有进步三方面进行评价。

2.小组评。按照设计要求评选出本组优秀作品。

3.班内展评。教师组织学生听音乐对自己的作品进行表演。

评价量规

1.学生设计情况评价：能为自己设计制作大小合适的手套。（优）

2.学生能够积极参与教学全过程，课上认真思考，积极举手，能够独立观察、操作，并主动参与讨论，掌握设计方法，能够设计出美观新颖的手套，并在设计过程中体现个性。（优）

3.课上表现活跃，积极性高，愉快地完成学习任务。（优）

（续表）

本教学设计与以往或其他教学设计相比的特点（300～500字）
1.借助实物 激发兴趣 　　本节课导入新课，我采取让学生欣赏自己和同学们准备的各式各样的花手套，以此来丰富学生的感知，同时也给课堂增添了一种情趣，活跃了气氛，在互相欣赏的同时夸赞他们的手套漂亮，使课堂气氛变得更加活跃。在新授环节为学生提供了有利于观察、分析、探究、评价、展示等活泼多样的呈现形式和教学方式，从而激发了学生的学习兴趣。达到欣赏美、创造美的目的。 　　2.引导观察 自主探究 　　本节课设计多个环节引导学生观察，进行自主探究：（1）引导学生观察教师直观教具和实物，让学生通过观察、引导、示范，探究出确定手套大小的方法；（2）引导学生观察教师提供的范例和实物以及教师的演示，探究大拇指与手掌的连接方法，启发学生动脑筋思考，解决了教学重点，突破了难点；（3）引导学生观察教师提供的各种不同造型、不同装饰的手套，使学生学会了如何对手套进行装饰。这样的设计，真正做到了以教师为主导，学生为主体，大家共同参与探究学习，共同进步，进行自主探究性的学习活动。使学生真正地投入了探究美术知识、技能的过程中。

（此教学设计获北京市2014年教学设计评比一等奖）

Chapter

第七章

书法篇

《一课一字——庆》教学设计

李红

教学基本信息					
课题	《一课一字——庆》				
是否属于 地方课程或校本课程	地方课程				
学科	书法	学段	第三学段	年级	五年级
相关 领域	汉字演变、书法文化				
教材	书名：书法练习指导 出版社：人民美术出版社　　　出版日期：2014年9月				

教学设计参与人员		
	姓名	单位
设计者	李红	通州区第一实验小学
实施者	李红	通州区第一实验小学
指导者	王伟	通州区教师研修中心

指导思想与理论依据

1.指导思想

一是依据对《中小学书法教育指导纲要》的理解："中小学书法教育以中国传统经典碑帖为基本内容，加强对祖国文字的理解与热爱；以提高汉字书写能力和书法艺术审美能力为基本目标，让每一个学生达到规范书写汉字的基本要求；另外，教育部颁布的《完善中华传统文化教育指导纲要》中要求小学高年级能够"体会汉字优美的结构艺术"，强调实用与审美相辅，注重基本书写技能的培养和书法文化教育，进而提高自身的文化素养、审美情趣和人文底蕴。

二是关注学生核心素养的发展，注重中国优秀传统文化的传承。遵循"软笔适古，硬笔适今""先重结构，再重用笔"等原则；认真贯彻落实北京市"九三一"书法教育理念。在课堂教学中，面向全体，关注学生的体验、感悟和个性化表现；以"一课一字，一字多得"为基本教学理念，不断提高书法课堂教学的实效性。

2.理论依据

书法教育是弘扬传统文化的主要突破口。几千年来，书法的学习方法不外就是通过对中国经典碑帖的临摹。临摹的目的就是从笔画到结构与古人求同求似。根据"先重结构，再重用笔"的原则，首先强调用眼的观察力，其次是手的表现力。只有"察之者尚精"，才能"拟之者贵似"。

建构主义学习理论提倡在教师指导下的以学习者为中心的学习。教师的作用在于激发学生兴趣，引导方向；学生主动探索发现，并且能够在新旧知识间建立有意义的联系。通过多年的书法教学实践，我认为书法学习必须着眼于学生的最近发展区，通过创设任务情境，将学习目标与问题解决联系起来，充分调动学生主体性，培养学生的自主读帖能力，逐渐形成分析能力、临帖能力、鉴赏能力等。

"辅助线标注法""摹临复合法"等书法学习方法，是通过任务驱动调动学生的积极性，发挥其潜能，完成自我知识体系的建构，提高课堂教学实效性。通过课课观察、课课联系、课课积累、课课渗透，形成读帖、临帖、背帖与书法实践的方法建构。通过组织学生自主学习，有效提升了学生的观察能力、分析能力、自主学习能力和艺术表现力，同时增加了学习的趣味性与挑战性。

教学背景分析

教学内容:《一课一字——慶》

依据教材及北京市"九三一"书法教学理念，我校选择欧阳询《九成宫醴泉铭》作为学生的学习范本。此帖笔法刚劲婉润，兼有隶意，是欧阳询晚年经意之作，历来为学书者推崇。本课教学，本着一课一字、集字成篇的教学理念，创造性使用教材，以欧阳询《九成宫醴泉铭》集字"慶"字为例重点突破（本字为庆的繁体字），解决结构重难点并创作完成"吉庆"。

本课所选取的"慶"字包含了横、竖、撇、捺、点等基本笔画；字形、结构特征明显，充分体现了欧体字的书写风貌，非常具有代表性。"慶"字特点如下：

（续表）

（一）庆字笔画、结构特点

1.从笔画看，欧体的笔画特点主要表现在方圆兼施，以方为主，点画劲挺，笔力凝聚，透出一种峻利沉着、骨气雄强、斩钉截铁的明快风格。其中，横竖画多用藏锋，行笔多取直势，左低右高；竖画正直，坚挺有力；撇画的落笔多用藏锋，或方或圆，形态多样；捺画起笔多用折笔藏锋，捺脚饱满含蓄，弧度较小。"庆"字笔画较多，包含4个横向笔画、3个竖向笔画、4个撇画、3个点和1笔捺。第一笔点画写作竖点或右点，位置偏左；第二笔短横，左低右高，笔势上扬；第三笔撇画在横画下方顺锋起笔，呈柳叶状，舒展；被包围部分笔画较多，布白均匀，穿插避让特点明显；其中"横钩"与"捺"为整个字的主笔，尽量右伸，起到稳定重心的作用。另外，字内相同笔画力求变化，避免堆砌、刻板。重叠笔画出现时，变化有致，顾盼通变，各有形制，彼此呼应。如形态变、笔势变、角度变、粗细变化等。如图示：

   横   竖   撇   捺   点   关键笔画

2.从结构看，欧体字结构既欹侧险峻，又严谨工整。欹侧中保持稳健，紧凑中不失疏朗，工整严谨，虚实得当。"庆"字的整体是由呈现出较窄三角形之势的"广字旁"与呈现出宽大三角形之势的被包围部分组合而成的上窄下宽的三角形；笔画穿插避让，或收或放，如犬牙交错，字体生动，结构和谐。

（1）中宫紧收，余笔外拓，分领纵展，神韵突显。如图示：

（2）左收右放，字旁取斜势，含蓄谦和、避于右。如图示：

（3）布白均匀，疏密有度，顾盼呼应，稳重古朴。如图示：

（二）庆字中的文化信息

1.庆字基本含义

（1）可喜可贺的事情。如："校庆""七十大庆"、"国庆"。《国语·周语》下："晋国有忧未尝不戚，有庆未尝不怡。"

（续表）

（2）福泽。《易经·坤卦·文言曰》："积善之家，必有余庆。"《魏书·卷六十七·崔光传》："修德延贤，消灾集庆。"

（3）德、善。《书经·吕刑》："一人有庆，兆民赖之。"孔安國·傳："天子有善，则兆民赖之。"

（4）姓。如汉代有庆鸿。

（5）贺喜。如："庆祝""庆贺""庆功宴"。《国语·鲁语下》："固庆其喜而吊其忧。"

2.吉庆文化内涵

（1）喜庆。亦指喜庆之事。①北齐颜之推《颜氏家训·风操》："父祖伯叔，若在军阵，贬损自居，不宜奏乐讌会及婚冠吉庆事也。"②《魏书·彭城王勰传》："勰生而母潘氏卒，其年显祖崩。及有所知，启求追服。文明太后不许，乃毁瘠三年，弗参吉庆。"③元本高明《琵琶记·旌表》："祥瑞如此，吉庆必来。"

（2）吉福，福禄。唐李翱《祭杨仆射文》："门吏盈朝，宴赏有加。宜哉万寿，吉庆靡他。"

（3）祝颂套语。谓康健多福。①唐韩愈《与孟东野书》："春且尽，时气向热，惟侍奉吉庆。"②明方孝孺《答刘养浩书》之一："秋凉惟侍养吉庆。"

"庆"字孕育着丰富的书法文化、民俗文化、诗词文化等。通过书法课传承、渗透中国传统文化，使书法课不仅成为书法技术的训练课，更要成为传承优秀传统文化的主阵地；学生将"吉"字与"庆"结合，进行书法实践，创作扇面、书签等书法作品。在书法创作实践的过程中体验创作的不同形式美，感受"吉庆"的文化内涵。

每一节书法课都要让学生通过不同形式的书写认识到每一个汉字都是有内涵的文字，都是有诗意的文字，都是有美的规则的文字，都是有生命力的文字。如图示：

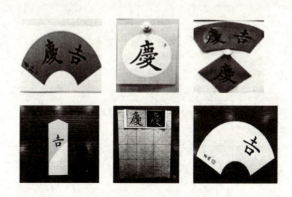

学生情况：

1.书法习惯之双姿。我校五年级学生已有两年的毛笔书写经验，大部分学生双姿基本能够做到端正、平稳。随着课程的深入，有的学生会忘记要求，出现沉肘、弯腰、歪头的现象，个别学生还做不到悬臂书写。

（续表）

2.书法习惯之读帖。学生已经初步掌握了运用辅助线进行读帖的方法，如四点定位、布白均匀、中宫紧收、重心平稳、左收右放等，教师与学生已经基本形成默契，此方法也为提高课堂教学实效性提供了保证。但是，有部分学生对汉字整体字形结构与点画细节特征的把握不到位，读帖能力有待提高。

3.书法习惯之临帖。学生具备良好的观察习惯，能够从一个字的笔画占格、字形结构等方面进行观察；初步掌握毛笔临摹的基本方法，较熟练地书写楷书基本笔画，能够体会提按、力度、节奏的变化；部分学生还不能处理好由米字格向方格的过渡，很难控制汉字的大小和位置。

4.书法习惯之评改。学生已经初步具备运用辅助线进行自评、评他的能力，能够做到先动眼、先动脑、再动手，能够做到每临写一遍均有改进和提高。少部分学生在读帖和临帖过程中，心眼手不能合一，需要多练习多积累。

教学方式：讲授法、示范法、指导法、练习法、讨论法。

教学手段：计算机、投影仪等电教多媒体辅助手段。

技术准备：多媒体课件、教师范字、书写用具、作业纸、作品纸。

教学目标（七要素）

基本目标：

1.观察、分析"廖"字，体会书写要领和结字规律。

2.从中宫紧收、左收右放、布白均匀等方面临摹"廖"字。

高级目标：

1.掌握"廖"字结构特征，反复临写，反复评改。

2.临摹、欣赏经典碑帖提高审美情趣、文化素养和人文底蕴。

技术目标：

1.巩固、强化书写习惯和正确的执笔方法、书写方法。

2.掌握"廖"字基本特征，反复读帖，反复临摹。

艺术目标：

1.掌握"廖"字的笔法特点，体验"廖"字的点画美、结构美。

2.集字创作"吉庆"，感受书法创作的乐趣。

文化目标：

1.了解"廖"的字源演变和"吉庆"相关文化。

2.知道不同书体的"廖"字，感受不同书体的意蕴美与仪态美。

(续表)

教学重点：
1.从布白的角度，解决横向笔画、纵向笔画的布白均匀。
2.把握撇与捺的空间位置关系。
教学难点：中宫紧收、左收右放的适度把握。

问题框架（可选项）

1.创设情境，激发兴趣：你知道这首古诗描绘了怎样的场景吗？诗文中第一个字是什么？

2.渗透文化，感知慶字：你对"慶"字了解多少呢？

3.自主学习，体会要领：你能够运用辅助线读帖法分析"慶"字结构特点吗？

4.自主学习，提升理解：你能够理解老师的示范吗？你还能提出哪些问题吗？

5.拓展延伸，渗透文化：欣赏不同书体的"慶"字，说说你的感受？

6.课堂分享，树立信心：交流分享，深化情感，你的收获是什么？

教学过程（表格描述）					
教学阶段	教师活动	学生活动	设计意图	技术应用	时间安排
创设情境与温故知新	1.配乐吟诵，激发兴趣 《闻衍孙恪得举》 宋·姜特立 （　）事联翩走四邻， 吾家门户一番新。 明年双上青云去， 为汝山园作主人。 2.解谜：慶	听诗文，猜字谜，理解字义。 	诗词与书法整合，渗透文化；增加学书趣味性。	书法作品	2分钟
新知传授与渗透文化	组织学生了解"慶字知多少"	了解慶字字源、书体演变。 了解简体楷书"庆"的由来。	了解字源、书体演变，渗透文化	PPT	2分钟

（续表）

学生实践与分享交流	1.复习旧知，引入新知。 指导学生读帖、临摹、背临。 2.出示庆字，引导欣赏。 3.组织读帖，指导试写。 4.组织交流，归纳总结。	1.课前练笔，尝试背临。 2.欣赏提高，增长学识 欣赏不同书家、不同书体"庆"字，书法文化引领。 3.辅助线读帖，初步感知。 4.交流体会，分享收获。 	复习引入为"集字成篇"作铺垫；拓展视野，提高艺术鉴赏力。	PPT	8分钟
拓展提高与作品展示	1.指导临摹，强化要领。 　布白均匀 　四点定位	1.临摹书写，掌握规律。 		书写用具	18分钟

（续表）

拓展提高与作品展示	中宫紧收 重心偏左 主笔突出 左收右放 2.巡视指导，个别示范随时及时发现问题，如执笔姿势、书写姿势、用墨习惯、观察习惯、书写速度等。 3.组织展评，交流提升。 4.指导创作，培养情趣。 	2.巩固练习，提高技能。 3.展评提高，树立信心。  4.作品创作，感受乐趣。 （1）了解"吉庆"含义 （2）欣赏教师作品 （3）尝试创作 	学生体学在中探实提写在反成获。 在中学习，疑中养成索中践高思合中收成长	书写用具	10分钟

（续表）

学习效果评价设计

评价方式：
辅助线评价、对比评价、教师讲评、学生互评、摹比自评
评价量规：

评价内容 \ 评价等级	好	较好	待努力	评价		
				教师	学生	自我
基本笔画	能够准确、规范地书写基本笔画；准确地把握笔画的起始位置；笔画变化特点突出。	笔画的起笔、行笔、收笔清晰；笔画的起始位置较准确；笔画形态比较准确、规范。	笔画形态基本完整；笔画的起始位置不准确；笔画粗细变化不明显。	☆☆☆	☆☆☆	☆☆☆
字形结构	能够准确地把握"庆"字形结构，做到布白均匀、左收右放、中宫紧收。	能够比较准确地书写"庆"字，结构特征比较明显。	字形、结构特点不明显。	☆☆☆ ☆☆☆		☆☆☆
书写习惯	能够运用正确的执笔姿势和坐姿进行书写；准确地运用辅助线读帖法分析"庆"字书写特征。	能够运用正确的执笔姿势和坐姿进行书写；辅助线读帖法运用恰当。	偶见书写姿势变形；辅助线读帖法有待训练。	☆☆☆	☆☆☆	☆☆☆

本教学设计与以往或其他教学设计相比的特点（300～500字）

　　本课教学设计辅助线读帖、讲练结合、集字创作的方法，通过任务驱动完成教学。课堂上，学生能够端端正正、安安静静，又能够高高兴兴地进行书法学习；课堂教学充满实效性；学生的读帖、临帖和集字创作能力均得到了有效的培养和提高。

　　1.技能训练，突出学生主体性。《一课一字——"庆"》教学设计在鼓励孩子善于观察、乐于思考、敢于尝试、勇于创新的基础上，更加注重以学生学习为主体。在教学过程中以引导学生自觉、主动发现为线索，培养孩子的探索精神，促使他们发现和感悟"庆"字点画之美、结构之美；学会探究和掌握"庆"字的结构规律；学会发现和展示自己的作品；学会发现和欣赏他人的优点……学生在体验中学习，在讨论中深化认识，在质疑中养成探索精神，在运用中实现能力的提高，在合作中反思中成长、收获，做课堂的主人、学习的主人。

（续表）

2.传统文化，渗透增强民族自豪感。书法艺术，既是传统文化中的一个重要组成部分，更是中国文化的"根"。它与中国文化相表里，与中华民族精神成一体，是我国几千年文化的结晶，有着深厚的文化内涵，体现着伟大的民族精神和中华民族的传统美德。《一课一字——"庆"》教学设计注重以书法课堂为载体，弘扬书法艺术，渗透传统文化，释放学生的爱国情怀。设计中以经典碑帖《九成宫醴泉铭》为范本，结合文字演变历史、不同书体集字欣赏、书法创作常识介绍等内容，将书法与诗词整合既体现了新课程的新理念，又进行了人文教育，增强学生民族自豪感和爱国热情。

3.任务驱动提高教学实效性。在任务驱动式教学模式中，教师和学生都围绕如何完成既定任务展开教与学，教师教学思路清晰，学生学习兴趣浓厚，学习目标明确，更好地调动了其主动学习的意识；学生围绕一个个具体任务进行合作学习，使得学生学习的过程既是掌握教学内容的过程，也是综合运用教学内容完成任务的过程；在任务式驱动教学过程中，以小组的形式展开学习，共同完成任务，更利于学生发挥团队精神，提高学生的交流沟通能力和与人交往的能力。

《广字旁　厂字旁》教学设计

李红

教学基本信息							
课名			《广字旁　厂字旁》				
是否属于 地方课程或校本课程			地方课程				
学科	书法	学段	高年级	年级	五年级	授课日期	2016年7月
教材	书名：北京市中小学地方教材 出版社：人民美术出版社				出版日期：2012年11月		

教学设计参与人员		
	姓名	单位
设计者	李红	通州区第一实验小学
实施者	李红	通州区第一实验小学
指导者	王伟	通州区教师研修中心
其他参与者	李超然	北京市第二实验小学通州分校

指导思想与理论依据

1.指导思想

依据对《中小学书法教育指导纲要》的理解：中小学书法教育以中国传统经典碑帖为基本内容，加强对祖国文字的理解与热爱；以提高汉字书写能力和书法艺术审美能力为基本目标，遵循"软笔适古，硬笔适今"的原则，让每一个学生达到规范书写汉字的基本要求；另外，教育部颁布的《完善中华传统文化教育指导纲要》中要求小学高年级能够"体会汉字优美的结构艺术"，强调实用与审美相辅，关注学生的体验、感悟和个性化表现；注重基本书写技能的培养和书法文化教育，进而提高自身的文化素养、审美情趣和人文底蕴。

2.理论依据

建构主义学习理论提倡在教师指导下的以学习者为中心的学习。教师的作用在于激发学生兴趣，引导方向；学生主动探索发现，并且能够在新旧知识间建立有意义的联系。书法学习则是通过对中国经典碑帖的临摹"先重结构，再重用笔"，首先强调提高用眼的观察力，其次是手的表现力。充分调动学生主体性，以学生为中心去观察、去发现汉字字形与结构之美。

（续表）

教学背景分析

（一）教学内容分析：

《广字旁 厂字旁》是经北京市中小学地方教材审定委员会审查通过的北京市中小学地方教材第十册第九课。本课教学是包围式结构中"半包围"结构——"左上包右下"结构的延伸，学习本课起着承上启下的重要作用。

本课讲授广字旁和厂字旁及其结构字的书写方法、结字规律。广字旁与厂字旁都属于半包围结构中左上包右下的字旁，在写法上两者仅差一点。字旁笔画特点突出，即横不宜过长，撇较细且长，点画居中；撇与横可相接（横盖撇），也可断开，但不宜太远。这两种字旁与其他部件组合时要注意字的整体平衡，防止因字旁中的长撇而使整个字左重右轻。秉承"以中国传统经典碑帖为教学范本"的理念，创造性使用教材。教学中，以欧阳询《九成宫礼泉铭》集字"慶"字为例重点突破，解决字旁及结构重难点。

（二）学生情况：

1.五年级学生已有两年的毛笔书写经验，书写兴趣浓厚。

2.学生已初步掌握毛笔临摹的基本方法，较熟练书写楷书基本笔画；但在书写"广字旁 长字旁"结构字时较难准确把握稳定重心的关键笔画导致结构字重心不稳。

3.学生具备良好的观察习惯，能够从一个字的笔画占格、字形结构等方面进行观察，在临摹或其他书写活动中，养成先动眼、先动脑再动手的习惯。

《广字旁 厂字旁》前测统计表

项目	执笔、坐姿习惯	概念混淆	间架结构	占格识格	笔画变化
人数	10人执笔、坐姿不到位	20人不能总结到位	15人结构搭配不合理	7人大小、位置不到位	10人顿笔、轻重无变化
百分比	19.6%	39.2%	29.4%	13.7%	19.6%

（三）教学方式教学手段：

教学方式：讲授法、示范法、指导法、练习法、讨论法。

教学手段：计算机、投影仪等电教多媒体辅助手段。

（四）技术准备：

多媒体课件、教师范字、书写用具、作业纸、作品纸。

（五）前期教学状况、问题、对策：

《广字旁 厂字旁》一课在以往的教学过程中，以传统的教师讲授为主，忽视学生的主体地位，不能体现学生的自主学习、合作学习和探究学习；另外，学生主要临摹教材中的简体例字，没有体现出以"中国经典碑帖"为临摹范本的原则，对学生情感态度价值观方面不能情深感受。

所以，本节教学设计针对这两点进行了改进。首先突出学生的主体地位，重视以学生为主体。在教学过程中引导学生自觉、主动观察、发现、思考、参与，做课堂的主人，做学习的主人；另外，设计中以"经典碑帖"——欧阳询《九成宫礼泉铭》为范本，结合文字演变历史、不同书体集字欣赏、书法创作常识介绍等内容，将书法与爱国主义教育进行整合，既体现了新课程的新理念，又进行了人文教育，增强学生民族自豪感和爱国热情。

教学目标（内容框架）

1.知识与技能：通过观察"广字旁　厂字旁"及其结构字，体会书写要领和结字规律。

2.过程与方法：依据书写要领和规律，练习"广字旁　厂字旁"结构字，掌握书写这类字的技能。

3.情感、态度、价值观：通过临摹、欣赏经典碑帖提高审美情趣、文化素养和人文底蕴；感受中华文化的源远流长，提升民族自豪感和爱国热情。

重点：运用"广字旁　厂字旁"的书写要领和规律进行练习。

难点：掌握并运用"广字旁　厂字旁"结构字的书写要领和技能进行临摹和创作。

问题框架（可选项）

1.创设情境，渗透文化：观察《九成宫礼泉铭》集字，了解"广字旁　厂字旁"演变历史及含义。

2.观察纠错，强化要领：观察错例，初步感知结构特征。

3.示范讲解，体会要领：读帖、临摹《九成宫礼泉铭》集字"慶"，掌握结字要领。

4.巩固练习，掌握规律：临摹巩固，提高书写技能。

5.拓展延伸，渗透文化：欣赏颜、柳、欧、赵四种书体的集字和师生作品，增加书法知识提高鉴赏力。

6.课堂小结，树立信心：欣赏交流，深化情感，树立信心和传承意识。

教学流程示意（可选项）

（续表）

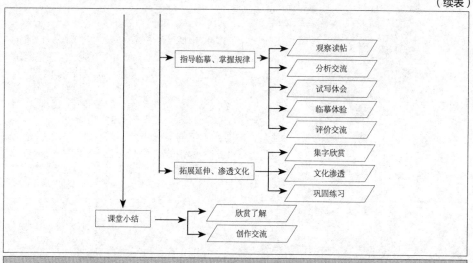

		指导临摹、掌握规律 →	观察读帖
			分析交流
			试写体会
			临摹体验
			评价交流
		拓展延伸、渗透文化 →	集字欣赏
			文化渗透
			巩固练习
		课堂小结 →	欣赏了解
			创作交流

教学过程（表格描述）			
教学阶段	教师活动	学生活动	设置意图
一、创设情境渗透文化	1.出示欧阳询《九成宫礼泉铭》集字，引导观察	1.观察集字中的"广字旁 厂字旁"，总结交流，尝试书写。 尝试总结："广字旁 厂字旁"在写法上两者仅差一点。字旁笔画特点突出，即横不宜过长，撇较细且长，点画居中；撇与横可相接（横盖撇），也可断开，但不宜太远。	树立观察意识，初步感知"广字旁 厂字旁"的形态特征。 （课件1出示：2分钟）
	2. 拓展延伸，渗透文化。	2.从汉字字体演变的角度了解"广字旁 厂字旁"的演变历史及含义。	增加书法知识，培养文化素养与民族自豪感。 （课件2出示：1分钟）

（续表）

二、观察纠错 强化要领	1."放大镜"诊所（出示错例） 2. 引导观察，讲解强化。	1.观察纠错，初步感知。 2.强化理解，掌握要领。 理解掌握："广字旁　厂字旁"与其它部件组合时要注意字的整体平衡，防止因字旁中的长撇而使整个字左重右轻。	提高学生观察能力、辨识能力和诊断能力，达到总结规律，掌握技能的目的 （课件3出示；2分钟）
三、示范讲解体会要领	1.示范例字，引导观察。（欧阳询《九成宫礼泉铭》集字） 2.问题引领，拓展思维。字头笔画特点、笔画占格、被包围部件与字头的关系、被包围部件中稳定重心的笔画处理 3.指导临摹，总结规律。 4.组织展评，鉴赏提高。	1.观察示范，整体感知。 （1）书写笔顺 （2）笔画位置 （3）占格比例 （4）整体字形 （5）结构特征 2.思考问题，加深理解。明确被包围部件中稳定重心的关键笔画。 3.巩固临摹，掌握要领。"庆"字笔画较多，体会理解"布白均匀"结字规律。 4.交流体会，分享收获。	观察体会"庆"字结构之美。 （投影示范：3分钟） 深入思考，理解"庆"字结构特征。 （投影示范：2分钟） 树立书写信心，提高临摹能力。 （投影示范：5分钟） 树立"经典碑帖"意识，增强对祖国文字的理解与热爱。 （投影示范：3分钟）

（续表）

四、巩固练习掌握规律	1.指导临摹，强化要领。	1.临摹书写，掌握规律。字旁笔画特点突出，即横不宜过长，撇较细且长，点画居中；撇与横可相接（横盖撇），也可断开，但不宜太远。这两种字旁与其他部件组合时要注意字的整体平衡，防止因字旁中的长撇而使整个字左重右轻。	发挥学生主体性，主动去探索和发现"庆、厚"字的结构规律。（投影示范：14分钟）
	2.巡视指导，个别示范，随时发现问题，如：执笔姿势、书写姿势、用墨习惯、观察习惯、书写速度等。	2.巩固练习，提高技能。	重视学生书写，及时发现问题，引导学生在体验中学习，在质疑中养成探索精神，在实践中提高书写能力，在合作反思中成长收获。
	3.组织展评，交流提升。	3.展评提高，树立信心。 	多形式评价达到发现问题、解决问题、肯定成绩、养成习惯、掌握规律、形成技能的目的。（投影示范：4分钟）

（续表）

五、拓展延伸渗透文化	1.出示"慶"字颜体、柳体、欧体、赵体的不同形式，引导观察。  2.出示教师集字作品，引导欣赏，指导创作。  	1.观察欣赏，增加知识，了解并初步感知不同书体的不同表现形式。 2.欣赏作品，尝试创作。  	在欣赏碑帖的过程中感受中华文化博大精深、源远流长，提升民族自豪感。 （课件4出示：2分钟） 拓宽学生视野，增加书法知识，提高鉴赏能力，感受书法艺术的魅力。
六、课堂小结，树立信心	课堂总结，表扬激励。 （1）知识方面 （2）书写方面 （3）评价方面 （4）课堂表现	欣赏交流，深化情感。 	课堂总结，树立学生书写信心与传承传统文化的意识；激发创作兴趣，提升民族自豪感和爱国热情。 （2分钟）

（续表）

学习效果评价设计

评价方式

教师点评、生生互评、自我评价。

评价量规

评价内容 \ 评价等级	好	较好	待努力	评价		
				教师	学生	自我
基本笔画	能够准确、规范地书写基本笔画；准确地把握笔画的起始位置；"广字旁 厂字旁"的笔画特点突出。	笔画的起笔、行笔、收笔清晰；笔画的起始位置较准确；能够较准确书写字旁笔画。	笔画形态基本完整；笔画的起始位置不准确；字旁笔画特点不明显。	☆ ☆ ☆	☆ ☆ ☆	☆ ☆ ☆
字形结构	能够准确地把握"广字旁 厂字旁"结构字形和结构特点，汉字重心稳定，并能够按照规律书写这一类字。	能够比较准确地书写"广字旁 厂字旁"的结构字。	字形、结构特点不明显，重心偏左。	☆ ☆ ☆	☆ ☆ ☆	☆ ☆ ☆
书写习惯	能够运用正确的执笔姿势和坐姿进行书写；准确地观察"广字旁 厂字旁"结构字的书写要领和书写规律。	能够运用正确的执笔姿势和坐姿进行书写；观察较准确。	能够运用正确的执笔姿势和坐姿进行书写；观察习惯待培养。	☆ ☆ ☆	☆ ☆ ☆	☆ ☆ ☆

本教学设计与以往或其他教学设计相比的特点（300~500字）

　　1.技能训练，突出学生主体性。《广字旁　厂字旁》教学设计在鼓励孩子善于观察、乐于思考、敢于尝试、勇于创新的基础上，更加注重以学生学习为主体。在教学过程中以引导学生自觉、主动发现为线索，培养孩子的探索精神，促使他们发现和感悟"广字旁　厂字旁"的字旁特点及其结构字的结构美；学会发现和探究"广字旁　厂字旁"结构字的结构规律；学会发现和展示自己的作品；学会发现和欣赏他人的优点……学生在体验中学习，在讨论中深化认识，在质疑中养成探索精神，在运用中实现能力的提高，在合作中反思中成长、收获，做课堂的主人、学习的主人。

（续表）

2.渗透传统文化，增强民族自豪感。书法艺术，既是传统文化中的一个重要组成部分，更是中国文化的"根"。它与中国文化相表里，与中华民族精神成一体，是我国几千年文化的结晶，有着深厚的文化内涵，体现着伟大的民族精神和中华民族的传统美德。《广字旁　厂字旁》教学设计注重以书法课堂为载体，弘扬书法艺术，渗透传统文化，释放学生的爱国情怀。设计中以经典碑帖《九成宫醴泉铭》为范本，结合文字演变历史、不同书体集字欣赏、书法创作常识介绍等内容，将书法与爱国主义教育进行整合，既休现了新课程的新理念，又进行了人文教育，增强学生的民族自豪感和爱国热情。

Chapter

08

第八章

×

音乐篇

×

《银杯》教学设计

孙淑环

教学基本信息					
课题	《银杯》				
是否属于 地方课程或校本课程	否				
学科	音乐	学段	3—6学段	年级	六年级
相关 领域	本领域核心内容：歌曲《银杯》的演唱。 本领域相关内容：《银杯》的识读乐谱。演奏。 它领域的相关内容：（1）感受与欣赏：《银杯》的音乐表现要素、音乐的情绪与情感。（2）音乐与相关文化：音乐与社会生活。				
教材	书名：教育部审定义务教育教科书音乐五线谱六年级下册 出版社：人民音乐出版社　　出版日期：2015年1月				

教学设计参与人员		
	姓名	单位
设计者	孙淑环	通州区第一实验小学
实施者	孙淑环	通州区第一实验小学
指导者	王静	通州区第一实验小学
课件制作者	孙淑环	通州区第一实验小学
其他参与者		

指导思想与理论依据

一、指导思想：

根据歌曲《银杯》的音乐特点（旋律悠扬、连绵不断、起伏较大；节奏紧凑；稍快的速度；倚音、下滑音以及富有特色的衬词的运用，浓郁的蒙古族音乐特色），以及学生已有的认知水平进行本课教学设计。

二、理论依据：

《义务教育音乐课程标准》中明确指出：表现是学习音乐的基础性内容，是培养学生音乐审美能力的重要途径。唱歌教学中应努力培养学生自行的演唱、演奏能力，以及在发展音乐听觉基础上的读谱能力。

（续表）

感受与欣赏是重要的音乐学习领域，是整个音乐学习的基础，是培养学生音乐审美能力的有效途径。良好的音乐感受能力与鉴赏能力的形成，对于丰富情感、提高文化素养具有重要意义。

《课标》中关于"课程价值"的论述："音乐课程具有文化传承价值"，让学生在学习中感知民族音乐的风格与情感，热爱中华民族音乐文化，理解音乐文化的多样性。

教学背景分析

教学内容：

（一）蒙古族民歌的分类：

蒙古族民歌有两种分类方法，一是题材分类，分为牧歌、赞歌、思乡曲、宴歌、叙事歌、儿歌等；二是体裁分类，可概括为长调和短调两类。歌曲《银杯》就属于一首风俗性宴歌，体裁是短调。长调的曲调悠长，节奏自由，曲式篇幅较长，带有浓郁草原气息。牧歌、赞歌、思乡曲及一部分礼俗歌都属于长调范畴。短调曲调较紧凑，节奏整齐，曲式篇幅较短，狩猎歌、叙事歌以及一部分舞蹈性的礼俗歌都属于短调歌曲。

（二）歌曲旋律分析：

《银杯》是流传在鄂尔多斯草原的一首短调民歌（风俗性宴歌）。每当节日集会、招待宾客的时候，主人家便会在饮宴的过程中载歌载舞地高唱宴歌，以示对宾客的盛情。歌曲采用五声羽调式构成旋律，旋律悠扬、起伏较大，4/4拍，单乐段结构，紧凑的节奏，中速稍快的速度，使得音乐带有欢快、热烈的情绪特征。旋律进行除了级进，多次出现四度、五度、八度大跳。这不仅使音乐情绪更加高昂、兴奋，体现了蒙古族民歌悠扬连绵起伏的风格特点，同时也突显了歌曲蒙古族草原风格和蒙古民族的豪情。旋律中的倚音、下滑音的音乐符号，以及富有特色的衬词，体现了蒙古族洒脱与豪迈。

（三）歌词分析：

在蒙古族人的观念中，银杯要比金杯更尊贵，因此招待宾客时选用银杯，表现了蒙古族人民的纯朴与热情。歌曲由两个乐句组成，每一个乐句都是六个小节，前四小节为实词，后两小节为衬词。通常，宴歌的歌词多为珍重友谊、尊老爱幼、提倡团结的格言警句。奶酒、全羊肉、塞勒日外咚赛等歌词的出现，更是深刻体现出了蒙古族人民以酒寄情、以歌会友的品质。

（续表）

学生情况：

（一）情感体验

学生对通俗歌曲比较喜爱与关注，对于民族歌曲接触比较少。课本中以前出现过几首民族歌曲，能够辨别其所属的民族，对于不同民族音乐的风格特点表现欠佳，需进一步感受体验。

（二）识谱能力

经过一个学期的五线谱识读练习，学生知道了移动"do"识谱方法，能够根据不同歌曲的主音位置准确识读乐谱。本首歌曲属于民族五声调式，do re mi so la五个音，识读起来相对容易。

（三）演奏能力

学生经过一段时间的口琴吹奏练习，掌握了口琴的演奏方法以及低、中、高音区的音位，并能够用口琴演奏《小雨沙沙》《送别》《红河谷》等十多首乐曲，对于跳动比较大的旋律音位找得还不是很准，低音区气息控制和大调音程上需要进一步加强训练。

（四）演唱技巧

学生具备用自然的声音演唱歌曲，本首歌曲旋律起伏较大，出现了四度、五度、八度大跳音程，这对于部分已进入变声期的同学来讲，音色显得弱而发虚，对高音区的音有躲避、胆怯感，在教学过程中教师引导学生聆听范唱，并运用手势辅助，提示学生有气息控制和有位置的演唱。

教学方式：

1.聆听体验：音乐是听觉的艺术，教学中运用初听感受、带着问题有针对性的整体感受歌曲，加深对歌曲的体验与理解。

2.自主学习：运用器乐辅助教学，培养探究的愿望和学习主动性，提高学生对音准的把握能力。

3.探究合作：以聆听为基础，充分调动学生参与的积极性，探究音乐要素对表现民族特点的作用，并通过师生接唱、合作演奏等形式增强协作能力。

教学手段：

1.情感处理：以学生感兴趣的话题导入，分享媒体歌曲，聆听体验装饰音对表达情感的作用，解析歌词，以及对蒙古族酒文化的介绍，激发学生对歌曲情感的把握。

2.音准把握：运用器乐辅助、手势提示、教师示范等形式提高音准能力。

3.知识掌握：拓展聆听两首体裁不同的蒙古族歌曲，探究其在情绪、速度、节奏、曲调等方面的区别，掌握长调、短调的知识。

4.歌唱技巧：激励性的语言消除躲避高音的心理，并运用教师示范、手势辅助，让学生运用聆听、模仿以及轻声演唱的方式进行练习。

技术准备：

1.采用音乐软件"作曲大师（Composer Master）2011"制作歌曲的歌篇。

2.采用"Microsoft office PowerPoint"制作演示文稿。

3.其他技术准备：教师课件、多媒体设备。

（续表）

教学目标（内容框架）

教学目标：

情感态度价值观：

引导学生主动参与课堂活动，体验歌曲所传递的情感。

过程与方法：

首先视频导入初步感受。其次用聆听、演唱（奏）、对比分析等方法进行歌曲表现。最后运用拓展聆听、归纳总结对所学内容恰当反馈并拓展视野。

知识与技能：

1.掌握演唱技巧，更好地表达蒙古族民歌的特点。

2.能够用口琴有气息控制的吹奏乐曲。

教学重点：

歌曲《银杯》的演唱及情感把握。

教学难点：

1.大跳音程音准掌握。

2.装饰音的演唱技巧。

教学过程（文字描述）

本节课由**谈话激趣 聆听感受——器乐辅助 自主学谱——深入理解 唱好表现——梳理总结 布置作业**四个教学环节组成。

一、谈话激趣 聆听感受

【阶段目标】激起学习欲望，初步了解蒙古族民歌的知识。引出本课歌曲《银杯》整体感受。

活动1.1 谈话导入，聆听感受。

1.请个别同学说出一档音乐娱乐节目名称，并说出一首喜爱的歌名。

2.教师分享自己喜欢的歌曲《鸿雁》。

3.学生讨论对于歌曲的感受与理解。如（情绪、民族、演唱者等）

4.引导学生试着说一说你对蒙古族音乐知识还有哪些了解。

5.教师对学生反馈进行总结蒙古族民歌知识，并引出宴歌《银杯》。

活动1.2 聆听《银杯》，整体感受。

1.一听歌曲，初步感受

2.学生对初听歌曲的感受进行反馈。

3.有问题指向地二听歌曲，歌曲的节拍、速度是怎样的。

4.给学生留出探究性的问题：在学习过程中思考《银杯》属于长调还是短调歌曲。

设计意图：以学生感兴趣的话题和视频歌曲导入，探讨总结蒙古族民歌知识，在感受歌曲同时抛出探究性问题引发思考。

（续表）

二、器乐辅助 自主学谱

【阶段目标】掌握大跳音程的音准以及装饰音的唱法，了解作用，并能准确的演唱、演奏曲谱。

活动2.1默认曲谱，感知调式。

1.出示曲谱，聆听歌曲midi音响，视听结合判断旋律中出现了哪几个音？

2.学生判断有了do re mi sol la五个音。

3.出示五声音阶，老师口琴吹奏，学生感知音高并练唱。（感受歌曲民族调式）

4.音乐游戏："音乐对对碰"，借助口琴，运用分组吹奏、个别示范的形式吹奏大跳音程，帮助学生更好地掌握音准。

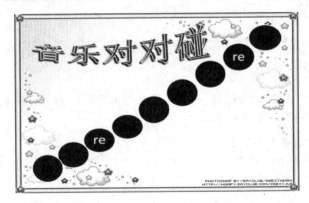

活动2.2 自主练习，初步吹准。

1.学生看谱自主练习吹奏。

2.集体反馈吹奏。

3.针对出现的问题采用层层递进的方式练习，简化学习难度。

4.通过吹奏，引导学生体验歌曲用大跳的音程表现歌曲连绵起伏的特点，表现蒙古族地域的高而平旷、连绵不断。

5.采用集体、师生接龙、个人吹奏的形式进行练习，并引导学生对个人吹奏进行评价。

6.集体、小组形式演唱曲谱，在高音区采用教师范唱、手势辅助等手段引导学生高位置唱准大跳音程。

活动2.3 体验探究，感受特点。

1.聆听：完整聆听歌曲，让学生在聆听中探究并感受到歌曲中所运用到的装饰音符号，如倚音、下滑音。

（续表）

2.体验：出示倚音讲解概念，并运用晃头的方式指导学生掌握倚音唱法。

3.加入倚音完整演唱曲谱。

4.运用手势指导学生练唱下滑音记号。

5.加入装饰音完整演唱曲谱。

6.探究：倚音、下滑音符号的运用突出了蒙古族音乐的风格特点。

7.师生合作演唱。

设计意图：由于歌曲的旋律跳跃性很大，八度音程不容易唱准，因此利用口琴辅助教学，提高学生的音准能力。并采用聆听、体验、探究、合作的方式，引导学生发现音乐要素、掌握演唱方法、理解作用，帮助学生更好的感受音乐、体会音乐、理解音乐。

三、深入理解 唱好表现

【阶段目标】探索音乐内涵，挖掘歌曲所表现的情感，达到有感情地演唱歌曲。

活动3.0 理解歌词 唱好表现。

1.学生跟随范唱音乐轻声唱词。

2.掌握一字多音处唱法，体会圆滑线作用。

赛 勒 日 外 咚 赛

3.引导学生观察旋律特点：1-4小结旋律比较平稳，5-12小结旋律起伏较大。再加上紧凑的节奏，歌曲的情绪更加激昂、兴奋。

4.引导学生用热烈的情绪演唱歌曲。

5.进行演唱技巧的处理练习并演唱歌曲。

6.朗读歌词，品味蒙古族人以酒寄情、以歌会友的品质并激趣演唱：让我们举起酒杯，用歌声送去最美的祝福。

7.搭建平台，展示才艺。

设计意图：从音乐本体出发，探索音乐内涵，在理解歌词的基础上激发兴趣，更好表现。

四、梳理总结 布置作业

【阶段目标】巩固理解长调和短调知识，并配以课下聆听作业，进一步拓展理解。

活动4.0 梳理总结。

1.以表格的形式进行知识梳理。让学生从速度、情绪、节奏、曲调四个音乐要素对歌曲《银杯》进行分析。

（续表）

2.学生解答课前探究问题：判歌曲《银杯》属于蒙古族短调歌曲。

3.布置聆听作业：聆听《辽阔的草原》完成表格内容。

设计意图：完整学唱完歌曲《银杯》以后，让学生从音乐要素上进行分析，达到梳理总结的目的，并判断出《银杯》属于短调歌曲。聆听作业有助于学生自主学习能力和分析能力的培养。

学习效果评价设计

评价方式

1.教师评价：教学过程中教师对学生集体和个体的感受、歌唱、演奏能力进行评价，以鼓励性为主，目的是建立学生音乐想象、表现的能力与自信心，这种评价是随时进行的。

2.学生自评：

（1）在小组演唱、个别演唱等环节运用学生互评的方法，引导学生针对音准、情感、演唱效果进行评价。

（2）对他人演奏的音色、音质、气息、完整性进行评价。

评价量规

1.感受能力：

能听辨歌曲节拍、速度、情感等，知道歌曲的风格特点。（良好）

感知音乐要素对表现音乐特点所起的作用。（优秀）

2.歌唱能力：

准确演唱歌曲《银杯》。（良好）

能够把握歌曲情绪，有表现力演唱《银杯》。（优秀）

3.演奏能力：

积极参与课堂演奏活动，并初步完成歌曲《银杯》的演奏。（良好）

能够有气息控制地连贯演奏歌曲。（优秀）

本教学设计与以往或其他教学设计相比的特点（300～500字）

（一）器乐辅助提高识谱能力

美国著名的音乐教育心理学家詹姆士·莫塞尔曾说过："器乐教学可以说是通往更好体验音乐的桥梁"，音乐教学的总目标中明确提出：学生音乐技能的培养包括了听、唱、奏等的基本要素。因此乐器引进课堂是最佳的实践活动，学习器乐演奏的过程，同时也是识谱的过程，本节课以口琴辅助课堂教学，体现了全员参与的意识，不仅能正确地演奏出乐谱中的音符，还能通过反复聆听潜移默化地树立音高概念，掌握四度、五度、八度大跳音程的音准，有效地增强了识谱能力。

（续表）

（二）探究歌曲用音乐的手段表达情感

1.探究歌曲用紧凑的节奏、中速稍快的速度，表现歌曲欢快、热烈的情绪。

2.大跳音程使得情绪更加高昂、兴奋，体现了蒙古族民歌悠扬连绵起伏的特点。

3.装饰音使用突出风格特点，体现了豪迈与洒脱的情怀。

4.圆滑线使歌曲更加连贯。

Chapter

09

第九章

体育篇

《小篮球——原地运球》教学设计

孙静波

教学基本信息					
课题	《小篮球——原地运球》				
是否属于 地方课程或校本课程	否				
学科	体育	学段	小学	年级	二年级
相关 领域	水平一				
教材	书名：体育与健康　　　出版社：人民教育出版社				
教学设计参与人员					
	姓名	单位			
设计者	孙静波	通州区第一实验小学			
实施者	孙静波	通州区第一实验小学			
指导思想与理论依据					
本课依据《体育课程标准》，以"健康第一"为指导思想。根据小学生的生理、心理特点，采用情境式、启发式教学，遵循由易到难、由简到繁的循序渐进原则。通过游戏促进学生学习兴趣，有效增强学生身体素质，让学生充分体验游戏的过程和结果，促进学习兴趣的提升。同时提高不同能力水平的学生对活动的参与度，使学生在"乐中学""玩中练""玩中创造"。					
教学背景分析					
教学内容分析 1.锻炼价值及育人功能 　　"原地运球"发展学生上肢、手指关节协调性和小肌肉群的力量，以及注意力和空间位置的感知能力。从而培养学生今后对球类项目的兴趣，也为小篮球运球动作奠定基础，也培养了学生刻苦锻炼、团结协作的良好品质。					

2.在学科体系中的纵向联系

原地运球是篮球运动的基础动作，它是学生在之前的体育教学中掌握了传接地滚球、抛接球等篮球游戏的基础上进一步学习的内容，从而进一步提高学生篮球运动兴趣的同时提升技术水平，为下一阶段（水平二）学习行进间直线运球技术打下良好的基础。

3.单元教学计划

原地单手拍球共设计5次课，本课为第1次课。

课次	教学目标	教学重难点
1	**知识**：全体学生建立原地运球的技术动作概念，使80%以上的学生掌握正确的运球手型，体会用正确的运球动作运球30次以上。 **技能**：培养学生身体协调性、灵敏性、发展上下肢力量，提高学生躲闪能力。 **情感**：体验篮球运动带来的快乐，培养学生诚实守信、团结友爱、积极进取的良好品质。	**重点**：五指分、掌心空。 **难点**：手对球的控制。
2	**知识**：通过观察模仿，反复练习，使100%的学生进一步了解原地运球的动作方法。 **技能**：使90%左右的学生进一步掌握运球的动作方法，体会运球动作，从而进一步巩固运球手型。 **情感**：通过教学及游戏培养学生刻苦练习、不畏艰难的良好品质。	**重点**：手臂带动手腕。 **难点**：对球的控制。
3	**知识**：通过教学，使100%的学生进一步理解原地运球的动作方法。 **技能**：使80%左右的学生能够稳定球的落点，提高对球的控制能力。 **情感**：培养学生积极刻苦、团结友爱的良好品质。	**重点**：按球正上方；五指自然分开，弯曲。 **难点**：手对球的控制
4	**知识**：通过教学，使100%的学生进一步掌握原地运球的动作方法。 **技能**：使90%左右的学生在运球时能够做到手型准、不低头、拍得稳，提高对球的控制能力。 **情感**：通过游戏培养学生诚实守信、积极动脑的良好习惯。	**重点**：手对球的控制能力。 **难点**：上下按压。
5	**知识**：通过考核，使100%的学生进一步掌握原地运球的动作方法。 **技能**：使95%左右的学生能够做到手型准、不低头、运得稳，提高手对球的控制能力。 **情感**：通过考核培养学生积极向上、勇于拼搏的良好品质。	**重点**：运球速度快。 **难点**：上下按压。

（续表）

学生情况分析

1.结合学生身心发展规律进行分析

二年级学生正处在发展身体素质，提高活动能力的敏感期，有很强的模仿能力，同时也是学习掌握动作的良好时期。学生在认知发展、感知能力上有了进一步的提高，身体素质和运动能力也有了一定基础，这些都为我们开展这个项目的教学提供了依据。

2.学习本课之前学生的知识背景、能力水平和学习过程中可能遇到的问题

（1）知识背景

我所授课的班级是二年级（1）班的32名学生，他们在一年级时已经接触到了简单的篮球游戏，但从未系统地接受过篮球运球等技术动作的学习，基础较差，但他们对篮球有浓厚的兴趣，学习积极性高，这对本节课学习原地运球起到了促进作用。

（2）能力水平

本班学生篮球基础比较差，虽然一年级接触过篮球游戏，但并未系统地接受过篮球技术动作的学习，但是他们在身体素质方面正处在灵敏发育期，适于球类等技术动作的学习，同时也为今后学习直线运球、曲线运球等技术打下基础。

在学习中遇到的问题及解决方法

问题：预备姿势不正确。

解决方法：歌谣、提示、展示。

问题：手打球。

解决方法：①根据歌谣练习；②利用手型贴；③篮球正上方贴标志贴。

问题：注意力不集中。

解决方法：情景游戏。

教学对策

1.教法

讲解示范法、直观演示法、评价鼓励法、游戏法。

2.学法

观察法、模仿法、自主学练法、自我评价法等。

3.教学手段

限制性手段和评价激励手段。

教学目标

1.知识：使全体学生建立原地运球的技术动作概念，使85%以上的学生掌握正确的运球手型，体会用正确的运球动作运球30次以上。

2.技能：培养学生身体协调性、灵敏性，发展上下肢力量，提高学生躲闪能力。

3.情感：体验篮球运动带来的快乐，发扬学生之间团结友爱、积极进取的良好品质。

（续表）

4.运动负荷：练习密度预计45%左右，预计平均心率120~130次左右/分钟。

5.思想教育：通过教学使学生养成积极动脑、刻苦锻炼的习惯。通过游戏培养学生诚实守信的意识和集体主义精神。

教学过程

教学内容

1.小篮球：原地运球；2.游戏：渔翁钓鱼。

教学目标

1. 通过教学使全体学生建立原地运球的技术动作概念，使85%以上的学生掌握正确的运球手型，能连续运球30次以上。

2. 通过教学，培养学生身体协调性、灵敏性，发展上下肢力量，提高学生躲闪能力。

3.体验篮球运动带来的快乐，培养学生诚实守信、团结友爱、积极进取的良好品质。

重点：五指分，掌心空。

难点：手对球的控制。

开始部分

一、课堂常规		
1.班长整队	1.等待学生站队	四列横队
2.报告人数	2.问好：同学们好！	
3.师生问好	3.宣布本课内容，提出练习要求	
4.宣布内容		
约3分钟		

二、队列练习		
快快排队	1.教师口令学生迅速站队	2.教师评价
要求：	快、静、齐	

准备部分

一、一般性准备活动		
篮球操	1.教师领做	半圆形队
	2.教师评价	

二、专项准备活动		
游戏	照镜子	
	1.教师领做	2.教师评价
要求	动作一致	精神集中
约8分钟		

（续表）

基本部分

一、原地运球

动作方法：

运球时，两脚开立，两腿弯曲，上体前倾；五指自然分开，用手指手掌触球（手心空出），以肘关节为轴，当手触球时小臂和手腕随球向上的缓冲，然后小臂下伸，手向下按压将球拍到地面。如此反复进行。

重点：五指分，掌心空　　　**难点**：手对球的控制

准备动作歌谣：	运球歌谣：
两脚分开左右站，	按拍迎球不要打，
屈膝前倾眼看前。	五指分开粘住它。
双手持球腰腹间，	异侧手臂要保护，
准备动作要保持。	抬头左右要观察。

教学步骤

1.组织学生尝试各种方式运球。

2.教师讲解示范原地运球动作。

3. 教师出示歌谣并组织学生练习。　　　　　　　　　　半

4.带领根据歌谣组织学生有节奏运球练习。　　　　　　圆

5.学生根据歌谣自主练习。　　　　　　　　　　　　　型

6. 教师巡视指导。　　　　　　　　　　　　　　　　　队

7.组织学生进行说歌谣运球比赛：　　　　　　　　　　列

两人一组运球比多

8.组织学生进行各种姿势运球。

9.教师组织学生各种姿势运球比赛进行比赛。

（1）两人一组

（2）多人一组

10.组织学生进行看裁判手势运球。

11.教师移动学生看题板运球。

12.教师小结。

（约19分钟）

二、游戏：渔翁钓鱼

游戏方法：

学生围成圆形念歌谣，歌谣结束后教师扮演"渔翁"开始钓鱼，学生在场地内躲避教师。被钓到的同学就要站到指定区域内运球20次，之后接着游戏。

规则：

1.不允许出界。　　　　　　2.被钓到的同学要及时站在指定区域内运球。

要求：遵守规则，注意安全。

（续表）

1.教师讲解方法及规则并带领学生尝试练习。 2. 教师扮演"渔翁"。 3.教师更换鱼钩和找学生扮演"渔翁"。 4.教师小结。 约10分钟	散
结束部分 1.游戏"小鱼回家"，带领学生听音乐放松。 2.小结、讲评。小结归纳本课学习情况。 3.宣布下课。道别：同学们再见！ 生理负荷曲线预计：最高心率145次/分。 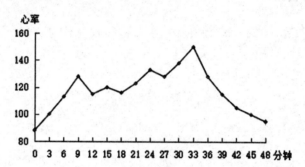 练习密度预计：45%左右 **器材准备：** 篮球 50 音响 1 鱼钩 2 **安全措施：** 科学合理地布置场地器材，认真组织学生做好准备活动。	点

学习效果评价设计

评价方式

	内容	等级	评价形式
知识	初步学习原地运球，体会"五指分，掌心空"运球动作方法。	能说出原地运球的动作方法。 **（六字秘诀：五指分，掌心空）**	学生自评
技能	针对教学目标，制定本课技能评价。	1.能够边说歌谣右边运球（节奏之星）。 2.能用各种姿势运球，球不掉有节奏（节奏之星）。 3.能抬头运球（观察之星）。	师生互评 学生互评

（续表）

教学设计特色
1.以歌谣的形式拓展学生的形象思维，通过手、脑、语言、多感官的参与共同促进学生对动作的理解与掌握。 　　2.利用辅助教具手型贴以及圆形贴，解决不同学生的问题。 　　3.根据学生的身心特点制定游戏，以游戏串联本课在提高学生兴趣的同时也增强本课练习的强度与密度，达到全面健身的目的。 　　4.注重对学生篮球知识和意识进行拓展和应用，使本课不只是一节原地运球课，还培养了学生的篮球意识和习惯，以及增加学生对篮球比赛的认识。

（本教学设计荣获北京市通州区小学第十届"春华杯"课堂教学评优一等奖）

《小足球——前额正面头顶球》教学设计

孙静波

教学基本信息					
课题	《小足球—前额正面头顶球》				
是否属于 地方课程或校本课程	否				
学科	体育	学段	小学	年级	六年级
相关 领域	水平三				
教材	书名：体育与健康　　出版社：人民教育出版社				

教学设计参与人员		
	姓名	单位
设计者	孙静波	通州区第一实验小学
实施者	孙静波	通州区第一实验小学

指导思想与理论依据

本课以"健康第一"为指导思想。以课标中倡导的"激发学生的运动兴趣，培养学生体育锻炼的意识和习惯"这一理念为理论依据。根据运动技能水平三"基本掌握一些球类运动项目的技术动作组合"这一目标的要求并结合我校的场地器材情况，对本节课进行设计的。

教学背景分析

教学背景分析

（一）教学背景分析

1.教材内容分析

前额正面头顶球是小足球的技术动作之一，前额正面头顶球的技术动作，可以发展学生的颈部力量、上下肢力量。以及身体协调性。体验前额顶球有利于培养学生勇敢、顽强、果断和克服困难的良好品质，帮助学生树立安全意识，防止意外事故的发生。

（续表）

2.前额正面头顶球在学科体系中的纵向联系

在已学过的简单动作的基础上，进一步改进学过的基本技术。重点学习前额正面头顶球的技术动作，由于前额正面头顶球触球部位是前额，所以对学生身心条件要求较高。培养良好的心理素质，为以后进一步学习足球技术打下基础。

3.本课重难点

重点：头触球的部位。难点：动作协调。

（二）**学情分析：**

1.结合学生身心发展规律进行分析

本课的教学对象是六年级学生，六年级学生基本活动能力比五年级有了较大发展，并对运动技能性练习开始产生兴趣。在感知、注意、记忆、思维、情感、意志、道德品质等方面也有明显发展。六年级学生模仿能力强，爱表现，有很好的学习欲望等心理特征。愿意参加集体活动，也逐步树立起集体荣誉感。

2.学习本课之前学生的知识背景、能力水平和学习过程中可能遇到的问题。

本班学生具有较强的挑战精神和集体荣誉感，因此对于小足球项目的学习有浓厚的兴趣。但是本校学生因为场地、人数等原因接触足球较少，球感较差。有的女同学是初次接触足球，所以教师在教学过程中多用鼓励性语言激发学生练习的积极性。

在教学中出现的问题：

1.学生出现不敢顶的问题。

（1）教师用语言激励　　　　（2）教师用气球代替小足球

2.学生出现触球部位和时机不准确的问题。

（1）教师组织学生顶钟摆球球　　（2）教师要求抛球学生要抛球到位

（3）教师组织学生多做徒手练习　　（4）教师大声语言提示

3.针对教材分析及学情分析设计相应对策。

教法：直观演示法、讲解示范法、游戏竞赛法、评价鼓励法。

学法：观察法、模仿法、自主学练法、自我评价法。

教学手段：钟摆球球、气球、竞赛、评价。

单元课次

本教材选自人教版第六册。本教学内容共安排了四课次，本课为第一课次。

课次	教学目标	教学重难点
1	学习前额正面头顶球的动作，100%学生建立正确的动作概念，使85%以上学生能完成动作，发展学生颈部、上下肢力量，提高学生的协调、灵活和平衡能力。培养学生勇敢、顽强、果断和克服困难的良好品质。	重点：头触球的部位。难点：全身协调用力。

（续表）

2	继续学习前额正面头顶球动作，90%左右的学生能够完成动作，发展学生颈部、上下肢力量，提高学生的协调、灵活和平衡能力。培养学生勇敢、顽强、果断和克服困难的良好品质。	重点：前额正面触球的部位。 难点：主动迎球。
3	巩固前额正面头顶球动作，100%的学生能完成动作。发展学生颈部、上下肢力量，提高学生的协调、灵活和平衡能力。培养学生勇敢、顽强、果断和克服困难的良好品质。	重点：前额正面触球的部位。 难点：全身协调用力。
4	考核课，检查教学效果，完成考核任务	重点：前额正面触球的部位。 难点：全身协调用力。

教学目标

1.知识目标：初步学习小足球原地前额正面头顶球的技术动作，使100%学生能够建立完整的技术动作观念。体会前额正面头顶球动作要领。

2.技能目标：体会前额正面头顶球动作要领，使85%以上的学生能运用前额正面头顶球回给抛球的同伴，头触球位置准。

发展学生颈部、上下肢力量，提高学生的协调、灵活和平衡能力。

3.情感目标：通过教学培养学生勇敢、果断的心理素质，并在活动中培养学生的团队意识和合作能力。

运动负荷：练习密度预计40%左右，预计平均心率125次/分钟左右。

教学过程

学习目标

1.初步学习小足球原地前额正面头顶球的技术动作，使100%学生能够建立完整的技术动作观念，体会前额正面头顶球动作要领，使85%以上的学生能运用前额正面头顶球回给抛球的同伴，头触球位置准。

2.发展学生颈部、上下肢力量，提高学生的协调、灵活和平衡能力。

3.通过教学培养学生勇敢、果断的心理素质，并在活动中培养学生的团队意识和合作能力。

内容：（1）小足球：前额正面头顶球；（2）游戏：趣味接力。

重点：头触球的部位。**难点**：协调用力。

开始部分

一、常规教学

1.体委整队	1.教师与学生问好
2.报告人数	2.教师宣布本节课内容及要求
3.师生问好	3.安排见习生

（续表）

4.宣布本节课内容及要求	
5.安排见习生	

二、队列练习

1.向后转走	1.学生与教师问好
	2.学生听讲
要求	节奏感强，动作整齐。

准备部分

一般准备性活动		
1.慢跑热身	1.教师带领学生热身	
2.足球操	2.教师评价	
要求	动作规范、正确，精神饱满。	
专项准备活动		
1.游戏：顶气球	1.教师讲解游戏方法	
2.教师组织学生进行游戏	2.组织学生游戏	

基本部分

一、前额正面头顶球

原地顶球：身体正对来方向，两脚前后开立，膝关节微屈，上体稍后仰，重心在后脚上，两臂自然张开，当球到身体垂直的时候，后脚用力蹬地，借收腹的力量使上体急促前倾，重心前移，用前额正面击球的后下方或中部。顶出球后，上体随出球方向前移，双眼注视出球方向。

重点： 头触球的部位

难点： 协调发力

1.教师引入用前额正面头顶球的技术动作，并且再次组织学生进行顶气球游戏。

2.教师介绍颈部发力，组织学生进行游戏小海豹顶球。

（1）小海豹俯撑顶球。

（2）小海豹站立顶球。

3.教师讲解示范完整动作，并组织学生进行徒手练习。

4.教师组织学生进行顶钟摆球球练习。

5.教师组织学生两人一组在相距2米处进行站立式前额正面头顶球的练习。

6.教师进行择优展示，并提出评价标准。

7.教师组织学生两人一组互评。

8.教师激励学生进行头顶球争星比赛。

9.教师组织学生四人一组进行头顶球的传球接力比赛。

10.教师进行小结。

（续表）

二、游戏：趣味接力

游戏方法：八人一组，7人俯撑，一人地滚球穿过所有人，跑获取拿球后，传给下一人接力。

规则：

1.俯撑的同学不被叫到名字不能起立。

2.只能投地滚球。

要求：遵守纪律

1.教师讲解游戏规则及方法

2.教师组织学生进行练习

3.教师组织学生进行比赛

4.教师评价

结束部分

1.听音乐放松	1.教师组织学生听音乐放松
2.教师小结	2.教师小结
3.收拾器材	3.组织学生归还器材
4.宣布下课	

运动负荷生理曲线

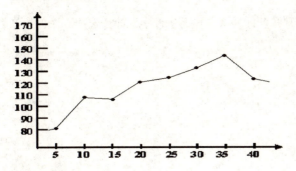

预计密度：40%左右

安全措施

1.做好充分的准备、放松活动。

2.课前检查场地器材，课上及时处理偶然发生事件。

3.及时地帮助和提示。

场地器材

小足球33个，钟摆球32个，大气球16个，软梯2副，播放器1台。

（续表）

学习效果评价设计		

评价方式

评价内容	评价方式	评价标准
队列：向后转走	教师评价	转体、上步动作整齐划一，节奏明显
准备活动：慢跑，球操	教师评价	动作整齐
前额正面头顶球	教师评价、师生共评、学生互评	相距2.5米头顶球5次 成功传回5次　　　顶球大师 成功传回4次　　　顶球达人 成功传回3次　　　顶球之星 成功传回少于3次　顶球明日之星

设计特色

1.教师语言提示，加强了学生对动作的理解，使学生养成准备以及跟进的足球习惯。

2.首先用气球代替足球，难度安排有梯度，能使学生有效地克服胆怯畏难的心理。

3.加大学生使用钟摆球的练习，使学生更好地掌握前额正面头顶球的技术动作。

4.教学过程中教师激励学生模仿练习、竞赛、自主练习形式，增加学生学习兴趣。

（本教学设计荣获2016年北京市基础教育优秀课堂教学设计评选优秀课例一等奖）

《小篮球——原地单手拍球》教学设计

李偲

教学基本信息						
课名	《小篮球——原地单手拍球》					
是否属于 地方课程或校本课程	不属于					
学科	体育	学段	水平一	年级	二年级	授课日期	2016年9月13日
教材	书名：体育与健康 出版社：北京出版社　　出版日期：2014年7月					

教学设计参与人员		
	姓名	单位
设计者	李偲	通州区第一实验小学
实施者	李偲	通州区第一实验小学
指导者	崔宝春	通州区教师研修中心
其他参与者	白敬军	史家小学通州分校

指导思想与理论依据

　　本课依据《体育课程标准》，以"健康第一"为指导思想。根据小学生的生理、心理特点，采用情境式、启发式教学，遵循由易到难、由简到繁的循序渐进原则。通过游戏促进学生学习兴趣，有效增强学生身体素质，让学生充分体验游戏的过程和结果，促进学习兴趣的提升。同时提高不同能力水平的学生对活动的参与度，使学生在"乐中学""玩中练""玩中创造"。

教学背景分析

教学内容分析

1.锻炼价值及育人功能

　　"原地单手拍球"发展学生上肢、手指关节协调性和小肌肉群的力量，以及注意力和空间位置的感知能力。从而培养学生今后对球类项目的兴趣，也为小篮球运球动作奠定基础。也培养了学生刻苦锻炼团结协作的良好品质。

（续表）

2.在学科体系中的纵向联系

原地运球是篮球运动的基础动作，它是学生在之前的体育教学中掌握了传接地滚球、抛接球等篮球游戏的基础上进一步学习的内容，从而进一步提高学生篮球运动兴趣的同时提升技术水平，为下一阶段（水平二）学习行进间直线运球技术打下良好的基础。

3.单元教学计划

原地单手拍球共设计5次课，本课为第1次课。

课次	教学目标	教学重难点
1	**知识**：全体学生建立原地运球的技术动作概念，使80%以上的学生掌握正确的运球手型，体会用正确的运球动作运球20~30次。 **技能**：培养学生身体协调性、灵敏性，发展上下肢力量，提高学生躲闪能力。 **情感**：体验篮球运动带来的快乐，培养学生团结友爱、积极进取的良好品质。	**重点：五指自然分开、掌心空出、手触球正上方。** **难点：手对球的控制。**
2	**知识**：通过观察模仿，反复练习，使100%的学生进一步了解原地运球的动作方法。 **技能**：使90%左右的学生进一步掌握运球的动作方法，体会运球动作，从而进一步巩固运球手型。 **情感**：通过教学及游戏培养学生刻苦练习、不畏艰难的良好品质。	**重点：手臂带动手腕。** **难点：对球的控制。**
3	**知识**：通过教学，使100%的学生进一步理解原地运球的动作方法。 **技能**：使80%左右的学生能够稳定球的落点，提高对球的控制能力。 **情感**：培养学生积极刻苦、团结友爱的良好品质。	**重点：按球正上方；五指自然分开，弯曲。** **难点：手对球的控制**
4	**知识**：通过教学，使100%的学生进一步掌握原地运球的动作方法。 **技能**：使90%左右的学生在运球时能够做到手型准、不低头、拍得稳，提高对球的控制能力。 **情感**：通过游戏培养学生诚实守信，积极动脑的良好习惯。	**重点：手对球的控制能力。** **难点：上下按压。**
5	**知识**：通过考核，使100%的学生进一步掌握原地运球的动作方法。 **技能**：使95%左右的学生能够做到手型准、不低头、运得稳，提高手对球的控制能力。 **情感**：通过考核培养学生积极向上，勇于拼搏的良好品质。	**重点：运球速度快。** **难点：上下按压。**

（续表）

学生情况分析

1.结合学生身心发展规律进行分析

二年级学生正处在发展身体素质，提高活动能力的敏感期，同时也是学习掌握动作的良好时期。学生在认知发展、感知能力上有了进一步的提高，身体素质和运动能力也有了一定基础，这些都为我们开展这个项目的教学提供了依据。

2.学习本课之前学生的知识背景、能力水平和学习过程中可能遇到的问题

（1）知识背景

我所授课的班级是我校二年级四班的32名学生，他们在一年级时已经接触到了简单的篮球游戏，但从未系统地接受过篮球运球等技术动作的学习，但他们对篮球有浓厚的兴趣，在班级中有五名学生参加了学校的篮球社团，这对本节课学习原地单手拍球起到了促进作用。

（2）能力水平

我校二年级四班的学生篮球基础比较差，虽然一年级接触过篮球游戏，但并未系统的接受过篮球技术动作的学习，但是他们在身体素质方面正处在灵敏发育期，适于球类等技术动作的学习，同时也为今后学习直线运球、曲线运球等技术打下基础。

（3）在学习中遇到的问题及解决方法

问题：预备姿势不正确。

解决方法：提示、评价、展示。

问题：手打球。

解决方法：在手心中贴上小动物的贴画，并在练习时提示学生它是我们的好朋友，要保护好它，所以我们要在运球时把掌心空出，手腕柔和。

问题：注意力不集中。

解决方法：情景游戏。

教学对策

1.教法

讲解示范法、直观演示法、评价鼓励法、游戏法。

2.学法

观察法、模仿法、自主学练法、自我评价法等。

3.教学手段

限制性手段和评价激励手段。

教学目标

1.知识：使全体学生建立原地运球的技术动作概念，使80%以上的学生掌握正确的运球手型，体会用正确的运球动作运球20~30次。

2.技能：培养学生身体协调性、灵敏性，发展上下肢力量，提高学生躲闪能力。

3.情感：体验篮球运动带来的快乐，发扬学生之间团结友爱、积极进取的良好品质。

4.运动负荷：练习密度预计38%左右，预计平均心率120~130次左右/分钟。

5.思想教育：通过教学使学生养成积极动脑、刻苦锻炼的习惯。通过游戏培养学生诚实守信的意识和集体主义精神。

教学流程示意图

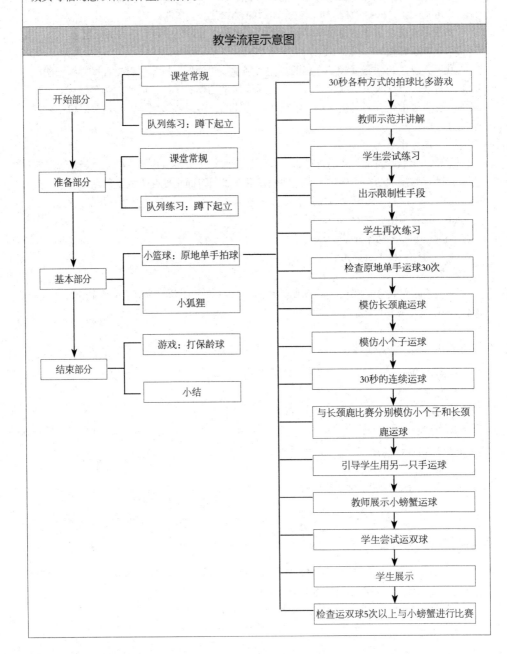

（续表）

教学过程						

课时计划　预计人数：32人

教学内容	1.小篮球：原地运球。			2.游戏：智斗小狐狸。		
教学目标	1.全体学生建立原地运球的技术动作概念，使80%以上的学生掌握正确的运球手型，体会用正确的运球动作运球20~30次。 2.培养学生身体协调性、灵敏性，发展上下肢力量，提高学生躲闪能力。 3.体验篮球运动带来的快乐，培养学生团结友爱、积极进取的良好品质。					

课的结构	教学内容	时间	次数	教学过程	学习过程	组织场地与阶段目标
开始部分	一、课堂常规 1.班长整队 2.报告人数 3.师生问好 4.宣布内容 5.提出要求： 团结协作 遵守纪律 二、队列练习：蹲下起立 要求：动作一致，口令声洪亮。	约3分钟	1 1 3	1.等待学生站队。 2.问好：同学们好！ 3.宣布本课内容，提出练习要求 4.分享时刻 5.口令引导学生进行练习。	1.班长整队。 2.问好：老师好！ 3.认真听讲，遵守要求。 4."小老师"在前面给大家讲解30秒的篮球知识。 5.按照教师口令及要求练习。	集中注意力训练 组织： ☺☺☺☺☺☺ ☺☺☺☺☺☺ ☺☺☺☺☺☺ ☺☺☺☺☺☺ ★
准备部分	一、篮球操 八节篮球操 二、专项准备活动 1.通过语言引导学生模仿长颈鹿、螃蟹、等动物。	约5分钟	1 1 1 1	1.教师领做。 2.教师评价。 3.组织学生模仿练习体会持球动作（无球与有球结合）。 4.教师评价。	1.听音乐，模仿教师动作，依次完成各项动作。 2.学生认真听讲 3.按要求练习。 4.学生认真听讲	四列横队 散点练习 四列横队

（续表）

基本部分	一、原地运球 动作方法： 运球时，两脚开立，两腿弯曲，上体前倾；五指自然分开，用手指手掌触球（手心空出），以肘关节为轴，当手触球时小臂和手腕随球向上的缓冲，然后小臂下伸，手向下按压将球拍到地面。如此反复进行。 重点：五指分，掌心空 难点：手对球的控制 动作口诀： 运球不是打，五指要分家，掌心空出来，好似黏住它。	约19分钟	1	1.30秒各种方式的拍球比多游戏。	1.学生自主体验各种方式的原地运球。	散点练习
			1	2.教师示范讲解动作方法。	2.学生认真观察。	四列横队
			2	3.教师组织学生学习原地运球的预备姿势。	3.学生边说动作方法边练习。	散点练习
			4	4.组织学生拍静止球并传授口诀。	4.学生边说口诀边练习。	
			1	5.组织学生尝试原地运球。	5.学生体验并练习。	四列横队
			1	6.教师发现问题并提示学生不要打球，手腕要柔和，并引导学生在掌心里贴上一枚可爱动物的贴画。	6.学生按要求练习。	
			1	7.组织学生进行连续原地运球。	7.学生认真练习。	
			1	8.组织学生做游戏提高控球能力。 a.挑战冲关 b.挑战长颈鹿 c.终极大对决	8.学生进行游戏。	
			1	9.组织学生尝试运双球。	9.学生进行练习。	
			1	10.运双球挑战赛（与教师扮演的"小螃蟹"进行比赛）。	10.学生进行比赛。	
			1	11.教师小结。		

基本部分	二、游戏：智斗小狐狸 游戏方法： 学生围成圆形闭眼念歌谣，在这过程中教师把小狐狸的头饰戴在个别同学的头上，当教师说睁眼时，戴头饰的小狐狸们就要去抓其他同学，被抓住的同学就要站到指定区域内。 规则： 1.念歌谣时要闭眼。 2.不允许出界。 3.被"小狐狸"抓住的同学要及时站在指定区域内。	约10分钟	1 1 1 1	1.教师讲解方法及规则并带领学生尝试练习。 2.教师组织游戏。 3.教师再次组织游戏。 4.教师小结。	1.认真听讲，了解游戏方法及规则，并随教师尝试练习。 2.一名学生扮演"小狐狸"。 3.多名一起学生扮演"小狐狸"。 4.学生认真听老师小结。	散点
结束部分	一、身体放松练习 二、小结、讲评 三、宣布下课	约3分钟	1 1	1.带领学生进行游戏"打保龄球"。 2.小结归纳本课学习情况 3.道别：同学们再见！	1.跟随老师一起进行游戏。 2.认真听讲。 3.道别：老师再见！	组织：四列横队

（续表）

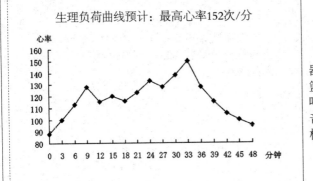

生理负荷曲线预计：最高心率152次/分

练习密度预计：38%左右

器材准备：
篮球70个
呼啦圈8个
音响1台
标志贴若干

安全措施：
科学合理的布置场地器材。
认真组织学生做好准备活动。

学习效果评价设计

评价方式

	内容	等级	评价形式
知识	初步学习原地运球，体会"五指分，掌心空"运球动作方法。	能说出原地运球的动作方法**（六字秘诀：五指分，掌心空）**	自评
技能	针对教学目标，制定本课技能评价	能够做出原地运球的动作	教师评价
		能够做到运球手型正确，运球30次	学生自评

本教学设计与以往或其他教学设计相比的特点（300-500字数）

　　本节课是一节篮球课，授课对象是我校二年级（4）班的学生，他们生性活泼好动，集中注意力时间短，在一年级时他们已经接触到了一些简单的篮球游戏，但从未系统地学习过篮球，篮球基础较差，但对于学习篮球的热情很高涨，也很好奇。本节课的设计我是采用情景式教学和启发式教学相结合，利用最近热播的卡通电影《疯狂动物城》为情景来展开本节课的学习。

（续表）

篮球是一项要经过反复练习才能够学好的体育项目，尤其是原地单手拍球，本节课是第一次课，第一节课就是要让学生反复练习，教师通过语言一会儿做游戏，一会儿小比赛，利用这样的方式不断地刺激学生的大脑，让他们充分爱上篮球不感觉枯燥。"以趣促动、动趣相连"游戏贯穿本课，轻松快乐地学会动作。通过限制贴画，轻松突破教学重点。